教育部人文社会科学研究规划基金项目[12YJA880021]
"基于大学组织结构理论的民办高校转型发展研究"
成果

河南省高校哲学社会科学智库研究项目[2021-ZKYJ-09]
"新中国70年河南教育的政策演变及发展走向研究"
成果

MINBAN GAOXIAO ZUZHI JIEGOU
ZHUANXING YANJIU

民办高校组织结构转型研究

胡大白　樊继轩　著

河南大学出版社
HENAN UNIVERSITY PRESS

·郑州·

图书在版编目（CIP）数据

民办高校组织结构转型研究 / 胡大白，樊继轩著．-- 郑州：河南大学出版社，2024.5
ISBN 978-7-5649-5834-3

Ⅰ．①民… Ⅱ．①胡… ②樊… Ⅲ．①民办高校－组织结构－研究－中国 Ⅳ．① G648.7

中国国家版本馆 CIP 数据核字（2024）第 056973 号

责任编辑　杨光辉　薛建立
责任校对　郑　鑫　柴桂玲
封面设计　凌小凡

出版发行	河南大学出版社
	地址：郑州市郑东新区商务外环中华大厦 2401 号
	电话：0371-86059701（营销部）
	网址：hupress.henu.edu.cn　　邮　编：450046
排　版	河南大学出版社设计排版部
印　刷	广东虎彩云印刷有限公司
版　次	2024 年 5 月第 1 版　　印　次　2024 年 5 月第 1 次印刷
开　本	787mm×1092mm　1/16　　印　张　23.25
字　数	323 千字　　定　价　78.00 元

（本书如有印装质量问题，请与河南大学出版社联系调换。）

前　言

《民办高校组织结构转型研究》以大学的组织结构理论为依据，借鉴梳理了国外应用技术大学的发展经验，以黄河科技学院应用型创新人才的培养模式为案例，构建并设计转型后民办本科高校的大学组织结构。通过该院从传统的本科教育模式向以"本科学历教育与职业技能培养相结合"人才培养模式的转型发展，从教育政策和大学组织结构理论的视角设计了民办高校组织结构转型后创建应用技术大学人才培养体系的路径。

在现实的大学世界中，不同取向的大学组织目标选择就有不同的组织结构设计。在民办高校发展的初期阶段，大学组织结构是创业者组织结构，这种结构类似于精英化初期阶段的大学组织结构。高等教育大众化阶段的高扩张必然引起组织规模的扩大，由小型组织到大型组织。民办高校也由初创发展时期的创业者组织演化到直线－职能制大学组织。研究认为：民办高校组织结构的演化具有滞后性特征。

《民办高校组织结构转型研究》首次提出并构建了民办高校由精英阶段向大众化阶段转型的适宜组织结构。民办本科高校转型后的大学组织结构应趋向于大众化阶段的大学组织结构，即为社会服务的大学组织结构。我国的民办本科高校目前还是一种高度集权体制下的组织结构，由于我国民办本科高校与公办高校的体制差异，在大众化阶段，要加强党对民办高校的领导，发挥学校党委的政治核心作用，确保民办高校始终坚持社会主义的办学方向。

研究认为，民办高校在长期的发展过程中，从初创时期由创办人及亲属组成的"一级核心行政组织"管理到发展时期形成的由留校生和创办人人脉关系形成的"二级核心行政组织"创业者组织结构，经过"转移－改造－提升"的三次转型，形成了一种以创办人和家族为核心的、独特的、超稳定的"三级核心行政组织"管理体系。该组织管理体系与转型后的直线－职能制大学组织构成了当代万人、数万人大型、巨型民办高校的大众化组织结构。

在党和政府教育政策的正确引导下，根据对应用技术大学组织结构的设计，本研究提出了民办高校向应用技术大学转型的"延展型院系结构"和"无系层级扁平结构"等多元化组织结构体系，并通过实证研究，探讨了创建应用技术大学人才培养设计方案，从大学组织结构理论的视角设计了民办高校转型后创建应用技术大学人才培养体系的路径。

目　录

绪　论 1

第一章　应用技术大学的内涵与发展 19
　　第一节　应用技术大学的形成与发展 20
　　第二节　国外应用技术大学办学特征 44
　　第三节　转移、改造、提升 57

第二章　大学组织与组织结构理论 72
　　第一节　组织与大学组织变革的特征 72
　　第二节　组织理论与组织结构理论 88
　　第三节　多元化特征的大学组织结构 108

第三章　多元化的大学组织结构设计 121
　　第一节　大学组织结构的设计 122
　　第二节　现代大学组织结构设计指向 134
　　第三节　集权制与分权制的大学组织结构设计 149
　　第四节　基于分阶段论的大学组织设计 164

第四章 民办高校组织结构的转型途径 ... 178
第一节 民办高校组织结构的历史演化 ... 179
第二节 民办高校内部治理结构类型及演变 ... 198
第三节 民办高校的组织管理与组织转型 ... 212
第四节 应用技术大学的组织结构设计 ... 238

第五章 应用技术大学的人才培养模式 ... 256
第一节 应用技术大学人才培养模式概述 ... 256
第二节 应用技术大学人才培养方案设计 ... 266
第三节 应用技术大学人才培养路径设计 ... 292

第六章 民办高校组织转型的路径与实践 ... 311
第一节 政策牵引、体制创新引领转型 ... 312
第二节 双创背景下创建应用技术大学 ... 322
第三节 民办高校组织转型途径及建议 ... 334
第四节 结论、对策建议、改进与完善 ... 342

参考文献 ... 349

后记 ... 362

绪　　论

20世纪60年代中期，德国、瑞士、奥地利、荷兰和芬兰等欧洲国家陆续将职业性院校合并升格为应用技术大学，形成与普通大学相互补充、共同发展的双轨制格局。应用技术大学（University of applied sciences）在有的国家又称应用科技大学，是比较强调技术的积累、研发和传承的应用型大学，属于应用型大学的范畴。

应用技术大学主要包括两个方面的含义：一是要以科学知识和技术成果的应用为导向进行办学，但侧重点在技术知识和技术成果的应用，教育内容以技术学科或应用型学科为主；二是人才培养目标主要是高级技术型人才。[①] 应用技术大学是一种与普通大学并行、以专业教育为主导和面向工作生活的类型教育，是高等教育体系的重要组成部分，肩负着培养高层次应用型创新人才，开展应用技术研发创新、传播转化、服务就业和区域发展及促进终身学习等多重使命。从研究与政策导向上看，应用技术大学是一种新型大学，在类型上是应用型，与学术型大学有着不同的功能定位和社会分工；在层次上以本科教育为主，与学术型

---

① 胡天佑：《技术本科教育理念的逻辑与拓新》，《职教论坛》2014年第19期，第40-43页。

本科院校同级，但有类差，与高等职业专科院校同类，但有级差。①

2014年4月，全国178所地方本科高校、31个行业企业、33个政府部门和国外部分高校齐聚河南省驻马店市，参加"产教融合发展战略国际论坛"，会议主题是"建设中国特色的应用技术大学"。与会代表发表了《驻马店共识》："愿意成为这一改革的积极探索者和实践者。""引导部分普通本科高校向应用技术型高校转型。"《驻马店共识》的发表表明，"中国特色应用技术大学建设之路"已经开启，应用技术大学将成为中国大学的一个重要类型。民办本科高校是地方本科高校的重要组成部分，在各级政府教育政策的引导下，深入研究应用技术大学基础组织结构的特征与构成，推进地方本科高校向应用技术大学转型，建设中国特色的应用技术大学体系，业已成为深化教育领域综合改革和优化高等教育结构的重要内容。

一、研究背景

创办应用技术大学的落脚点是培养应用型创新人才。其核心要素是：办一所什么样的学校？怎样办好学校？培养什么样的人？如何培养人？这也是民办普通本科高校向应用技术大学转型所面临的最根本的问题。

习近平总书记指出：人才是创新的根基，创新驱动实质上是人才驱动，谁拥有一流的创新人才，谁就拥有了科技创新的优势和主导权。党的十八届三中全会的《中共中央关于全面深化改革若干重大问题的决定》明确指出："创新高校人才培养机制，促进高校办出特色争创一流。"提高创新能力已成为国家间竞争的核心要素。高等学校不仅是原始创新的主力军、技术创新的生力军，更是创新型人才的主要培养基

---

① 饶丽娟：《比较视野下应用技术大学内涵与规定性的分析》，《齐齐哈尔大学学报》（哲学社会科学版）2018年第1期，第170-173页。

地,是培养高层次创新型人才和应用型创新人才的"大本营"。培养应用型创新人才,是国家实施创新驱动发展战略的迫切需要;是推进高等教育综合改革、促进高校毕业生高质量创业就业的重要举措;也是对以往高等教育人才培养理念的一次超越,满足高等教育大众化阶段学生个体发展的需要。

2021年习近平总书记对职业教育工作又作出重要指示,他强调,要坚持党的领导,坚持正确办学方向,坚持立德树人,优化职业教育类型定位,深化产教融合、校企合作,深入推进育人方式、办学模式、管理体制、保障机制改革,稳步发展职业本科教育,建设一批高水平职业院校和专业,推动职普融通,增强职业教育适应性,加快构建现代职业教育体系,培养更多高素质技术技能人才、能工巧匠、大国工匠。[①]

随着劳动密集型产业向知识、技术密集型产业转化,技术的综合程度以及生产设备的复杂度和精密度都大幅提升,社会急需既有扎实专业理论知识和实践操作能力,又有跨界和应用能力的高层次技术型人才。有研究表明,在制造业中,职工受教育年限每提高1年,劳动生产率就会上升17%。在我国现行高等教育体系中,研究型大学和高职(专科)院校的定位相对明确。传统的职业教育以技能培训为主,传授技术原理等专业理论知识较少、较浅,缺少系统的学科理论教学,而普通高等教育则偏重专业理论教学而轻视实践操作和技术应用能力的培养。[②] 大学的主体部分地方普通本科高校作为夹心层,定位常有"高不成,低不就"的困惑。潘懋元等在对国际教育分类基础上,结合中国教育实际,

---

① 乐水:《人人出彩技能强国,职业教育大有可为》,https://politics.gmw.cn/2021-04/16/content_34770797.htm。

② 阙明坤、武婧、李东泽:《本科职业技术大学的兴起背景、国际经验及人才培养机理》,《教育与职业》(下) 2019 年第 20 期,第 43-48 页。

将高等教育分成综合性研究型、专业性应用型、职业性技能型三种。[①]其中，专业性应用型就是应用型本科院校的定位所在。民办本科院校属于地方高校的范畴，学生的培养主要为地方经济或行业服务，绝大多数学生毕业后主要不是"学问家"，而是熟悉现代科学知识、管理知识，掌握应用能力的高级专业人员，是工业化向信息化时代转型和发展过程中各行各业急需的应用型创新人才[②]。随着国家政策指向的明确和地方经济结构的引导，民办本科院校向应用技术型高校转型发展成为当前国内高等教育发展趋势的热点。因此，推动民办本科高校向应用技术大学转型，将极大地促进我国高等教育结构的优化和现代职业教育体系的构建。

改革开放以来，民办高等教育办学规模持续增长，多元化的办学格局初步形成。来自教育部的数据显示，截至2023年，高等教育的毛入学率为60.20%；全国共有普通高校3074所，在校生4763.19万人。民办高校789所，约占全国高校总数的25.67%。其中，普通本科学校391所，本科层次职业学校22所，高职（专科）学校374所，成人高等学校2所。民办普通本科、职业本专科在校生994.38万人。[③]民办高校规模的快速增长既受到我国1998年高校大规模扩招的影响，也是投资办学驱动下民办高校注重办学规模的必然结果。扩招背景下，我国民办高校复苏进程加快，民办高等教育的体量不断增大，有力满足了适龄青年接受高等教育的需要，加快了我国高等教育普及化的进程。

2008年至今，我国民办高校的规模与比例基本稳定，已迈入质量提

[①] 潘懋元、石慧霞：《应用型人才培养的历史探源》，《江苏高教》2009年第1期，第7-10页。

[②] 樊华、周庆贵、刘平昌：《应用型创新人才培养目标与途径》，《辽宁教育研究》2006年第10期，第55-58页。

[③] 教育部：《2022年全国教育事业发展统计公报》，http://m.moe.gov.cn/jyb_sjzl/sjzl_fztjgb/202209/t20220914_660850.html。

升的内涵式发展新阶段。这标志着我国民办高等教育发展已从注重规模扩张的外延式发展阶段，逐渐向注重质量提升的内涵式发展阶段转型。其中，民办高校的办学层次升级既是这一转型的重要推动因素，也是这一转型的必然结果。目前，我国民办本科高校与民办高职（专科）高校的数量大致相当。除四川、河南、福建、重庆、北京等地区外，多数地区的民办高校以本科层次为主。①（如图1所示）2003年以来，我国民办高校的生源结构发生了深刻转变。

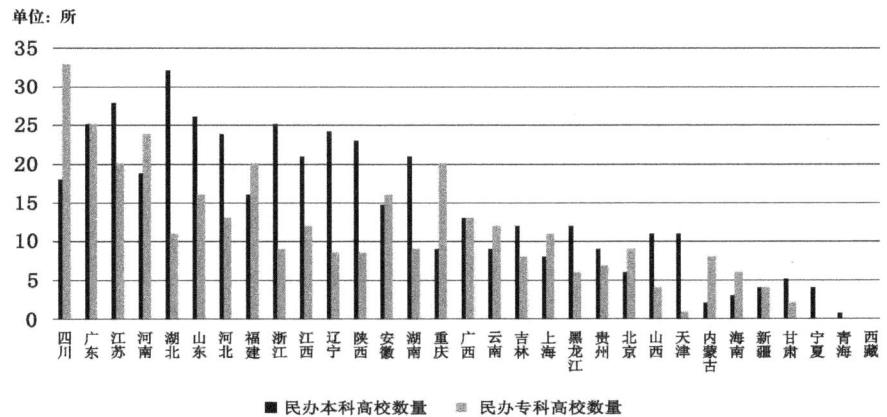

图1　各省（自治区、直辖市）民办本科和专科高校数量对比

一是民办高校在校生数量逐年增长，为应用型人才培养规模的扩大作出重大贡献。2010年，中共中央、国务院颁布《国家中长期教育改革和发展规划纲要（2010—2020年）》（以下简称《教育规划纲要》），强调要"重点扩大应用型、复合型、技能型人才培养规模"。2003年，我国民办高校在校生仅为81万人，2023年增加到994.38万人，民办高校在校生数由占全国普通本专科在校生数的7%跃升到20.88%。

---

① 闫丽雯：《优化与新发展格局相适应的高等教育结构——基于对民办高等教育结构的分析》，《中国高教研究》2021年第6期，第23-29页。

二是我国民办高校在校生结构不断优化，形成了专科生、本科生、研究生并存的在校生结构。2003年至2010年，我国民办高校在校生主要是本科和专科。2011年10月，经国务院学位办批准，吉林外国语大学、河北传媒学院、黑龙江东方学院、西京学院及北京城市学院成为全国首批具有硕士专业学位研究生培养资格的民办院校，我国民办高校在校生开始突破本科和专科生为主的单一结构，形成了专科生、本科生、硕士生并存的在校生结构。2012－2020年期间，民办高校硕士研究生在校生已从155人增加到2556人。民办高校普遍将应用型人才培养作为自身的重要使命，为社会培养出大批应用型、技能型人才，有力推动了我国经济社会的发展。①

进入21世纪以来，我国经济结构从制造到创造、技术结构从模仿到创新对人才提出了新需求。产业加速转型和高技术的技术型人才匮乏引起的供求之间的结构性矛盾，经济结构深度调整，行业产业结构优化升级，人才类型和结构深刻变化，迫切需要高等教育供给侧结构性改革。②近年来，为适应经济社会转型及产业升级的现实需求，我国加快了对高等教育内部结构体系的改革调整。教育部于2012年底开始组织学习借鉴欧洲应用技术大学的建设经验，启动我国应用技术大学建设战略研究工作，并于2013年6月选定了35所地方本科院校，正式组建成立"应用技术大学联盟"，黄河科技学院、上海杉达学院、宁波财经学院、安徽新华学院、山东英才学院等15所民办本科高校作为联盟首批成员单位，与其他高校一同开始了试点改革探索。

2014年2月，国务院常务会议部署加快构建以就业为导向的现代

---

① 闫丽雯：《优化与新发展格局相适应的高等教育结构——基于对民办高等教育结构的分析》，《中国高教研究》2021年第6期，第23-29页。

② 饶丽娟：《比较视野下应用技术大学内涵与规定性的分析》，《齐齐哈尔大学学报》（哲学社会科学版）2018年第1期，第170-173页。

职业教育体系，采取试点推动、示范引领等方式，引导一批普通本科高校向应用技术型高校转型。作为我国高等教育大众化的重要力量，多年来，新建民办本科高校坚持"地方性、应用型"的办学导向，不断激发体制机制活力，加强内涵和特色建设，提高应用型人才培养质量和科技服务能力。民办本科高校是培养以学生就业技能发展为取向的应用型人才的地方高校。可以说，新建民办本科院校是我国应用技术大学战略改革的重要组成部分，应用技术大学作为一种新的教育类型，已经成为一批地方本科高校尤其是新建民办本科院校转型的理想选择。[1]

二、研究意义

本书拟从大学的组织结构理论方面，研究探讨民办本科高校从创业者组织结构向大众化阶段的组织结构转型发展，构建民办高校以应用型创新人才为培养模式的应用技术大学组织结构的途径问题。

理论意义：在高等教育大众化背景下，以学术发展为取向的研究型大学将知识的创新作为其组织目标，以社会服务为取向的教学研究型大学将知识的综合、应用作为其组织目标，以学生就业技能发展为取向的教学型大学将知识的传递和技能的培养作为其组织目标。而由于组织目标的差异，必然有不同的大学组织结构设计，以实现多样化的组织目标。民办本科高校作为以学生就业技能发展为取向的教学型大学，也就是应用技术大学，其组织目标既不同于研究型大学，又不同于一般以职业技能培养为主的高职高专类院校，如何在明确组织目标的基础上，做好组织结构设计，使其办学效益得到最大的发挥，是一个值得深入探讨的问题。

学术意义：高等教育的不同发展阶段对大学组织结构会产生不同的

---

[1] 白海雄：《新建民办本科院校向应用技术大学转型发展的比较优势与路径》，《教育与职业》2016年第20期，第20-23页。

影响。长期以来，我国大部分民办高校的大学组织结构基本上是一种创业者组织结构。在创业者组织结构的战略制定中，主要负责人的战略远见起重要作用。在高等教育大众化阶段，民办本科高校的大学组织结构面临着如何转型发展的问题。高等教育分类发展的理论是构建应用技术大学的理论基础。民办本科高校的发展方向应是培养应用型人才的应用技术大学。本书从大学的组织结构理论角度来研究民办本科高校应用型创新人才的培养体系，并以新的视角构建民办本科高校的应用大学组织结构，丰富了应用技术大学的相关理论。

应用意义：本书以我国批准的第一所民办本科高校——黄河科技学院为例进行案例研究。通过该院从传统的本科教育模式向以"本科学历教育与职业技能培养相结合"人才培养模式的转型发展的研究，论证了民办本科高校从组织结构上转型的必要性。本研究由于以理论与案例相结合，不仅对民办本科高校（含独立学院）组织结构转型发展具有很强的实践指导意义，而且对政府相关部门规范民办高校的健康发展，向应用技术大学转型也具有参考价值。

2010年颁布的《国家中长期教育改革和发展规划纲要（2010—2020）》提出："支持民办学校创新体制机制和育人模式，提高质量，办出特色，办好一批高水平民办学校。"这意味着作为高等教育重要组成部分的民办高等教育发展的战略重心已到了由规模数量的扩张向以提高院校建设质量和人才培养质量的内涵式发展转型的历史新阶段。因此，研究民办高校组织结构转型定位，也是民办高校走出办学的规模扩张阶段，提高办学质量，增强办学实力，"办好一批高水平民办学校"，实现内涵式可持续发展的需要。

三、研究现状综述

(一) 国外对有关大学组织结构理论的研究

在国外，组织理论自 20 世纪 60 年代被运用于大学研究领域。西奥多·卡普洛和里斯·麦克吉在《学术的市场》中剖析了美国 10 所著名大学内部的活动方式。约翰·克森在《大学和学院的管理》一书中，把大学与政府、企业组织的管理进行比较，主张大学采用来自企业和政府的先进管理技术，实现大学组织管理的现代化。加利福尼亚大学校长克拉克·克尔在《大学的功用》中提出了巨型大学的概念。迈克尔·科恩和詹姆斯·马奇在《领导和模糊概念：美国大学校长》中，把大学描绘成"松散结合""有组织的无序状态"，其特点是目标不确定，参与者不固定。维克多·鲍德里奇以纽约大学作为个案，1971 年出版《大学里的权力与斗争：复杂组织的社会学研究》。他认为大学有两种并存的组织结构形式：联邦或联盟式的"学者共和国"和等级森严的科层组织。乔治·凯勒在他发表于 1983 年的著作中阐述了由于计算机的广泛使用给 20 世纪 80 年代大学组织管理方式带来的变化。系统分析大学组织特性的当数弗莱蒙特·卡斯特和詹姆斯·罗森茨维格，他们在《组织与管理——系统的方法与权变的方法》中，从变化的环境、目标与价值系统、技术、结构、社会心理和管理六个纬度分析了大学与其他的大型复杂性组织城市与医院的差异。美国著名大学组织分析家伯顿·R.克拉克在他著名的《高等教育系统——学术组织的跨国研究》中对大学的组织特性作了经典分析。[①] 他从分析构成大学系统的三个基本要素知识、工作、信念和权力入手，考察了大学的组织特征。

---

① 伯顿·R.克拉克：《高等教育系统——学术组织的跨国研究》，王承绪、徐辉、殷金平等译，杭州大学出版社，1994，第 313 页。

（二）国内对大学组织结构理论的研究

从组织理论的角度研究大学管理，应该说是近年来我国高等教育研究的一个热点，有不少研究成果问世。这些成果可以粗略地分为下列几类。一是从分析大学组织的特点入手，思考我国大学管理改革问题。例如，阎光才认为，大学组织是"松散结合的系统"，其内部存在着"有组织的无序状态"。[①] 王乾坤首先分析了大学的组织特性，即松散结合系统，特殊的权力形态——感召权力无所不在，多重目标功能；他考察了欧美大学的管理模式，自主办学体系、二元权力关系、三层组织结构，强调基层管理；最后对我国大学管理改革提出建议。[②] 刘勇武、张光根据组织结构理论分析了我国大学管理中权力配置和组织结构的张力，提出了大学组织结构调整的原则和途径。[③] 二是对大学组织文化的研究。例如，倪辉从多校区大学类型、多校区大学管理困境解析、组织文化及其使用、组织文化重建的必要性、途径与方法等几个方面探讨多校区大学在现实条件下的组织文化重建。[④] 郭祖仪探讨了高校组织文化的提升和组织形象的塑造。三是根据大学组织管理的现实概括大学的组织特性。例如，眭依凡指出，大学作为一种现代组织，除具有一般组织所共有的特征外，还具有区别于其他组织十分突出的特性，即复杂性、多样性、统一性、开放性、矛盾性五大特性。[⑤] 张玉堂认为，大学组织正走

---

① 阎光才：《大学组织的管理特征探析》，《高等教育研究》2000年第4期，第53-57页。

② 王乾坤：《大学组织特征及管理模式探析》，《武汉理工大学学报》2001年第8期，第78-81页。

③ 刘勇武、张光：《组织结构理论的发展和大学组织结构的调整》，《教育科学研究》2000年第3期，第46-51页。

④ 倪辉：《多校区大学组织文化的重建》，《南京晓庄学院学报》2002年第2期，第130-134页。

⑤ 眭依凡：《关于大学组织特性的理性思考》，《高等教育研究》2000年第4期，第49-52页。

向灵活应对环境要求、在多端中保持平衡的柔性化态势。①魏玉、王名认为大学是一种特殊的非营利性组织。②杨明则认为高等学校兼具事业性与企业性，是准营利性组织。③迟景明认为学术型是大学与生俱来的根本属性，行政性是在大学发展过程中不断增加的重要组织特性，前者使大学与其他社会组织相区别，后者使大学与其他社会组织相联系。就国内来看，比较系统的研究成果有吴志功的《现代大学组织结构设计》、阎光才的《释读大学——组织文化的视角》和宣勇、郭石明等学者的专著。吴志功介绍了国内外各种组织结构理论，分析了组织结构设计的诸多要素，阐述了如何把组织结构理论应用于大学组织结构设计，并对美国加州大学、日本筑波大学的组织结构进行了案例分析，主要是对大学组织结构进行研究；阎光才从文化的视角，采用释读的策略，"来认识、领会和理解大学作为组织而存在的理由、意义和价值，或者说大学所独具的文化内涵"。

（三）国内外对有关应用技术大学的研究

国外十分重视应用型创新人才的培养。19世纪50年代美国的赠地学院和英国的城市学院已具备了应用技术大学的特征；20世纪六七十年代，德国产生了"满足职业需求、理论和实践相结合，立足于应用研究和开发，服务区域经济"的应用科技大学（Fachhochschule，FH）；20世纪80年代至90年代澳大利亚成立的理工大学实施以学科为基础、面向职业和产业结合的学位教育，属于应用技术型大学的范畴。从世界范围来看，应用技术型高校产生于20世纪60年代中期的欧洲。20世纪

---

① 张玉堂：《走向"柔性化"的大学组织》，《高教探索》2000年第1期，第45-49页。
② 魏玉、王名：《大学——一种特殊的非营利组织》，《高教探索》2001年第3期，第74-77页。
③ 杨明：《从高校与企业的似与不似看高校组织的性质》，《浙江大学学报》（人文社会科学版）2002年第3期，第117-124页。

70年代以来，为应对劳动密集型经济向技术密集型经济转变，我国台湾地区于1974年成立的台湾工业技术学院最早开始进行本科技职教育，1997年以来，台湾已建立起了由专科、本科、硕士、博士学制组成的高等技职教育体系，其主要办学机构为技术学院和科技大学，本科层次职业技术大学的培养目标是生产一线的技术人才。①

21世纪初，国内一批新晋本科院校提出了以培养应用技术型人才为目标的发展思路。马陆亭认为，向应用技术型转变不局限于"专升本"的高校，但也以这些高校作为转型主体。2001年5月教育部曾组织部分院校在长春进行"应用型本科人才培养模式研讨"。2002年11月，全国高等学校教学研究中心组织部分新建本科院校，在南京召开了"21世纪中国高等学校应用型人才培养体系的创新与实践"课题立项研讨会，并以此为起点，开始进行应用型人才培养体系的研究，此后，分别在湖南、黑龙江、福建等地召开了研讨会。2004年8月，全国高等学校教学研究中心和全国高等学校教学研究会在西安共同主办了"高等学校办学的合理定位与分类发展"的学术论坛。2004年，以潘懋元教授为代表的国内一些专家学者就高等教育分类发展问题作了深入的研究。北京联合大学多年来卓有成效地开展了一系列应用型本科教育的研究和教学改革探索实践，完成了全国教育科学"十五"规划国家级课题，并于2006年出版了系列学术专著，如高林的《应用型本科教育导论》、孔繁敏的《建设应用型大学之路》等。

随着对应用型人才和应用型大学研究的深入，作为应用型大学的一种类型——应用技术大学的研究也进入了国内学者的视野。学者认为应用技术大学既有高等教育属性，又有职业技术教育属性，由高等教育和

---

① 阙明坤、武婧、李东泽：《本科职业技术大学的兴起背景、国际经验及人才培养机理》，《教育与职业》2019年第20期，第43-48页。

职业技术教育的跨界生成。中国教育科学研究院课题组的《欧洲应用技术大学国别研究报告》较详细地介绍了欧洲应用技术大学的产生背景、整体概况和办学特征。2014 年 2 月，国务院常务会议要求"引导一批普通本科高校向应用技术型高校转型"。2014 年 4 月，随着在河南驻马店市以"建设中国特色的应用技术大学"为主题的"产教融合发展战略国际论坛"的召开，对应用技术大学的研究进入了较深入的阶段。马陆亭在《中国高等教育》2014 年第 10 期发表了《应用技术大学建设的若干思考》。应用技术大学（学院）联盟地方高校转型发展研究中心 2014 年发表了《地方本科院校转型发展实践与政策研究报告》，不仅详细地介绍了国外应用技术大学，而且对国内建设应用技术大学进行了深入的研究。孙诚、杜云英在《中国高等教育》发表了《欧洲应用技术大学的发展思路》。王新俊、姜峰对芬兰应用技术大学的现状、问题及其对策进行了研究。邓泽民、董慧超出版的《德国应用科学大学研究》对德国应用科学技术大学的产生与发展、学制与衔接、法律与治理、专业与课程、教学与研发、学生与师资、招生与就业、校企与教产、学分与学位、投入与经费、质量与评价共 11 个领域 23 个方面进行了全面系统的介绍与分析。侯长林、罗静、叶丹在《教育研究》发文对应用型大学视域下新建本科院校办学定位选择进行了深入的探讨。孙泽文对应用技术大学发展动因与运行机制进行了探寻。郑薇薇研究了我国应用技术型大学基础组织结构。

  从资料查询看出，虽然近年来国内对应用型本科教育和应用技术大学的研究论文较多，但多是从高等教育分类发展理论方面研究探讨应用型本科教育和应用技术大学。由于我国民办高等教育还处于发展的初级阶段，本书拟从大学组织结构理论角度研究民办高校的转型发展和创建应用技术大学的问题。

（四）国内外对有关大学转型问题的研究

关于大学转型概念的定义和理解学术界并没有统一的权威标准。现有的研究者，如美国的 Steven Brint 和 Burton R.Clark，主要以组织社会学理论为基础，运用历史文献分析和深度访谈的方法对大学组织变化发展的过程、要素（途径）、目标进行研究。美国学者在对高等教育发展和大学演变的历史分析的基础上论证了大学或大学种群的转型和组织变革，认为大学要满足现代社会不同群体的需要，必须打破传统办学框架，创新开拓，增强自身的适应能力。伴随着大学组织理论的发展，大学转型，特别是学校组织转型的研究在20世纪80年代后开始受到重视。随着20世纪90年代以来我国高校调整、重组活动的大量出现，大学组织转型问题也受到国内研究者的重视。周进、张慧洁、阎凤桥分别研究了重点理工科大学、综合性研究型大学和巨型大学的转型问题。陈笃彬、阎光才、王庆辉、赵炬明等则从不同侧面研究了大学在"合并升格"、"转型升格"和"改制升格"过程中转型的特点，以及"升格"与"转型"的关系等问题。这些研究主要从教育教学改革的实践和大学重组的现象出发，运用深度访谈和一般数据统计分析来论述大学如何通过组织要素的变革实现转型。

目前的研究中，对大学转型的类型、理论依据、具体诱因、过程与要素等分析因缺乏系统性和实证研究，对民办高校转型的指导意义也不是很大。甚至有研究者认为，民办本科高校尤其是独立学院，虽然有了十多年的办学历史，但是学校定型和定位问题并没有得到很好的解决，学校究竟是什么类什么型，很多学校还不很明确，《教育部　国家发展改革委　财政部关于引导部分地方普通本科高校向应用型转变的指导意见（教发〔2015〕7号）》提出推动部分普通本科高校转型发展，倒不如说推动"定型发展"。研究民办本科高校的"定型"发展问题，是正确引导其"转型"发展的先决条件。①

1988年,潘懋元教授发表文章强调发展民办高等教育的必要性,引发了我国教育界对民办高等教育的关注和研究。潘懋元、韩延明等学者认为,民办高等教育的社会功能是高等教育区域性发展研究的重要一环。民办本科院校向应用技术型高校转型将产生对人口结构、资源配置、国情发展等众多角度的社会功能,同时也因其非营利性而具有社会公益性的特征。别敦荣认为,我国民办院校承担的社会功能还较为单一,很多民办院校一开始是从短训班和自学助考班演变而来,办学基础较薄弱,在人们的意识里地位较低。郭建如也认为,从企业到学校的兼职教师群体与学校的关系较为单纯,对学校的认同感相对较低。邬大光、吴华等人也提出政策环境不稳定不利于民办高校的发展。由于政策支持的缺乏,民办本科院校的发展步履维艰,只能在有限的能力范围依靠自身的能力一点点壮大。因此,向应用技术型高校转型不仅能长期适应国家对高级应用技术型人才的需求,更能使自身在高等教育的舞台上展示特色。所有教育上的改革与转型都体现了经济增长方式的变化。陈新民认为,民办高校的发展与市场有着天然的联系,其发展是市场经济的必然结果。民办本科院校的不断扩张也是高校扩招政策背景下的必然结果。然而,任何高校的发展都必须在其合理规模内进行。根据规模与质量的辩证关系分析,规模的扩张必然引发质量的升级与调整。

随着应用技术大学建设的渐受关注,对民办高校转型的相关研究也得到了研究者的注意。李庆阳认为,民办高校面临着转型拐点,相较于公办高校,其转型来自"顶层设计"的改革意愿更强,转型摩擦成本更低,转型压力传导迅速且内部自组织效率较高。民办高校在转型发展过程中能够凸显其体制性优势,建立完善的动力体系。河南省民办高校转

---

① 邹晓霞:《民办高校定型发展研究》,硕士学位论文,长江大学,2016。

型发展的动力系统,即依靠顶层设计的牵引和指导,经由管理部门的推行和落实,以师资队伍的承受能力为底线,不断激发广大学生的创新与创业力;反过来,学生创新、创业能力的培育将会提升就业率,带来招生规模的扩大,进一步将收益回馈到民办高校的各个主体,产生动力循环体系,走上良性循环的内涵式发展模式。①

我们认为,转型作为某一主体为了适应新形势新环境的变化,对其体制机制、运行机制、发展模式和发展战略进行大范围的动态调整和变动的活动或过程,目的是将不符合时代发展的旧模式转变为适应当前时代要求的新模式。这样看来,"定型"实际上可以说是"转型"的一种。

综上所述,本书通过对"大学组织结构""应用型创新人才""应用技术大学""教育转型"等核心概念的界定,以马丁·特罗的高校分类定位理论和大学的组织结构理论为依据,以黄河科技学院围绕应用型创新人才的培养模式,进行大学组织设计的实践为例,并结合国外应用型大学的发展模式,研究在高等教育大众化背景下,我国民办本科高校如何围绕创新型人才培养的目标、进行组织转型的问题。从理论和办学实践上论证在民办本科高校中通过构建"本科学历教育与职业技能培养相结合"的人才培养模式,以培养应用型创新人才为办学目标,进行转型后民办大学的组织结构设计,实现建立应用技术大学的有效途径。

四、研究要点

本书以大学组织结构理论的不同发展阶段的大学组织结构为研究的切入点,对民办本科高校的发展历程进行组织结构的分析,采取综合研究与专题研究相结合、理论研究与实践论证相结合、内部研究与外部咨询相结合的研究思路开展课题研究。

---

① 李庆阳:《河南省民办高校转型发展模式研究——体制特征、动力机制、路径选择》,《商丘师范学院学报》2017年第7期,第94-99页。

其一，通过对"大学组织结构""应用型创新人才""应用技术大学""教育转型"等核心概念的界定，以大学的组织结构理论为依据，以黄河科技学院围绕应用型创新人才的培养模式为案例，结合国外应用型大学的组织结构发展模式，构建设计转型后民办本科高校的大学组织结构。

其二，大学组织是开放的社会系统，大学组织的创立和发展具有明确的目的性。大学组织是人们实现目标的工具，是由目标指导的并有特定目的的实体。民办本科高校组织目标是组织存在的基础，要研究组织首先要从组织目标出发。大学组织的绝大多数决策、活动和成果都源于对外部环境的刺激反应。因此，民办本科高校组织设计必须考虑环境的影响，努力求得生存和发展。

其三，作为一个组织系统，民办本科高校组织的构成要素一般包括四个方面，即大学组织目标、大学组织结构与设计、大学组织文化和组织内的群体。而大学组织目标又是对组织结构进行设计的基础，不同的组织目标需要设计不同的组织结构去实现它，以满足组织的高效运作。

其四，在现实的大学世界中，不同取向的大学组织目标选择就有不同的组织结构设计。在民办高校发展的初期阶段，大学组织结构是创业者组织结构，这种结构类似于精英化初期阶段的大学组织结构。高等教育大众化阶段的高扩张必然引起组织规模的扩大，由小型组织到大型组织。因此，民办本科高校的组织结构也应转型为适应高等教育大众化阶段的大学组织结构。这是我们研究民办本科高校大学组织结构的判断基础。

其五，高等教育大众化的过程与多样化的过程是紧紧联系在一起的。高等教育大众化的办学目标和模式应该是多层次、多规格、多样化的多元立体组合，在大众化阶段，不同层次、不同类型的民办高校（高职高专生、本科生、研究生教育）有不同的办学目标和模式，也必然有不同的大学组织结构，而它们之间又从整体上达到协调。

其六，综上所述，民办本科高校转型后的大学组织结构应趋向于大众化阶段的大学组织结构、为社会服务的大学组织结构。我国的民办本科高校目前还是一种高度集权体制下的组织结构，由于我国民办本科高校与公办高校的体制差异，因此，在大众化阶段，转型后的民办本科高校其大学组织结构应是集权体制与分权体制相融合的混合组织结构。

探讨民办本科高校从创业者组织结构转型为大众化阶段的大学组织结构的途径，提出民办本科高校建立以"本科学历教育与职业技能培养相结合"人才培养模式为定位的应用技术大学的论点是本书拟突破的重点。对黄河科技学院构建"'本科学历教育与职业技能培养相结合'人才培养模式的应用型大学"案例的研究是本书一大特色，因此，本研究将具有一定的可操作性、可模仿性和可推广性，对当前民办本科高校（含独立学院）的健康发展具有较强的针对性和实践指导意义。

《国家中长期教育改革和发展规划纲要》第四十三条指出：对具备学士、硕士和博士学位授予单位条件的民办学校，按规定程序予以审批。为保持研究的前瞻性，本书研究论证的转型后的民办高校将是含有应用型本科、应用型硕士、应用型博士教育的应用型教育体系，因此，对教育行政部门决策咨询和民办高校的转型定位、健康发展均具有参考作用。

第一章　应用技术大学的内涵与发展

　　大学作为一个开启智慧、弘扬文化、传播知识的古老组织机构，在其历史发展过程中，经历了从精英教育向大众化教育的演化，从学术象牙塔到社会服务站的转化，从相对封闭的自我系统向置身于社会生活中心的转变。

　　"应用技术大学"虽然是 20 世纪 60 年代中期才提出的一种新的大学类型，但实际上，应用技术大学的基础组织结构变迁早有渊源。诞生于 12 世纪的中世纪大学以应用学科为主，19 世纪美国诞生的赠地学院及近代美国"硅谷"、日本"筑波科学城"、英国"剑桥工业园"都成功诠释了大学驱动知识经济发展的理念，凸显了大学的社会服务功能。[①]德国的应用技术大学更为典型，其办学特色鲜明，定位于向社会输送实用型的高级技术人才，尤其强调学生的技术应用和开发创新能力的培养。[②]

　　随着我国经济建设发展对应用型创新人才的培养需求，应用技术大学已成为中国大学的一个重要类型。我国民办高校的办学定位在近 40

[①] 郑薇薇：《我国应用技术型大学基础组织结构研究》，《教育与职业》2016 年第 4 期，第 10—13 页。

[②] 侯长林、罗静、叶丹：《应用型大学视域下新建本科院校办学定位选择》，《教育研究》2015 年第 4 期，第 61—69 页。

年里经历了三次持续的"转移-改造-提升"的转型阶段,已成为培养区域应用型创新人才的地方高校的组成部分。民办高校向应用技术大学转型是历史和逻辑的选择,将为进一步深化民办高校的内涵式发展奠定坚实的基础。

第一节 应用技术大学的形成与发展

一、应用技术大学的缘起和发展

应用技术大学是针对应用技术人才培养而提出的,即应用技术大学作为一种人才培养类型的大学,是伴随大学人才培养职能而产生的。

(一)应用技术大学的历史探源

现代意义上的大学产生于中世纪后期的欧洲,大学初始的"主要任务是职业训练,培养专业性应用型人才。大学只是在有限的意义上为了高深学问的探究而存在的,研究只是学者个人行为"[①]。中世纪大学设有法学院、医学院、神学院,这些学科都是应用型的。在医学、法学、神学三个高级学院里,法律、医药、神学和文艺等都是需要有一定能力的和受过学校专门教育的人。[②] 法学院、神学院培养一般应用型人才,而医学院所培养的医学技术人才则是比较典型的应用技术人才。中世纪大学虽然也培养出社会舆论的制造者、法学家、哲学家、逻辑学家和神学家,"但不可否认,早期的大学开始是目的有限的机构——主要从事专

---

① 潘懋元、石慧霞:《应用型人才培养的历史探源》,《江苏高教》2009年第1期,第7—10页。

② S.E.佛罗斯特:《西方教育的历史和哲学基础》,吴元训、张俊洪、宋富钢等译,华夏出版社,1987,第159页。

业人员的训练"。牛津和剑桥这样的大学也认为:"设立大学是为给教会和政府培养服务人员,就大学毕业生而言,在当时,他们都做实际工作者而不做思想家,做主教而不做神学家,做政治家而不做哲学家,做学校领导而不做学者。"① 培养做实际工作的人,就是培养应用型人才。现代意义上的早期大学就是应用型大学。②

欧洲的17、18世纪,大学进入了"冰河期"。由于宗教藩篱的树起,教会完全控制了大学,经院哲学、教条主义成了唯一出路,大学不思进取普遍走向衰落。随着社会的蓬勃向前发展,在欧洲大陆新生了两类社会组织,独立的研究机构和技术学校,它们替代了大学应该承担起的社会功能。随着历史的变迁,昔日的技术学校如今在德国已进化为工业大学,在法国则涅槃出了工程师学校,成为法国最精英的高等教育机构。③

美国早在19世纪就发展了高等工业教育。1824年,创立了伦塞勒综合技术学院。1865年,建立了麻省理工学院。1862年,林肯总统批准的《莫雷尔法》规定,联邦政府根据各州在国会的议员人数,按每位议员三万英亩的标准向各州拨赠土地,各州应将赠地收入用来创办或资助农业和机械工艺学院,或者开办农工学院,在原有大学内附设农工学院。美国早期农工学院的发展开创了高等教育为工农业生产服务的方向,促进了美国农业和工程技术教育的发展,改变了高等教育重理论轻实践的传统。④ 19世纪末20世纪初,美国大力兴办公立高等教育,提出了大学向所有人开放、向所有领域开放的办学思想,明确把服务社会

---

① 阿什比:《科技发达时代的大学教育》,滕大春、滕大生译,人民教育出版社,1983,第9页。
② 侯长林、罗静、叶丹:《应用型大学视域下新建本科院校办学定位选择》,《教育研究》2015年第4期,第61—69页。
③ 马陆亭:《应用技术大学建设的若干思考》,《中国高等教育》2014年第10期,第10—14页。
④ 吴式颖:《外国教育史教程》,人民教育出版社,2006,第394页。

作为大学的重要职能。①

（二）政策引路诞生欧洲应用技术大学

第二次世界大战结束后，德国确立了社会市场经济体制。依靠良好的工业基础和较高的劳动力素质，德国经济很快复苏并迅速发展。20世纪60年代，德国超过英国、法国成为世界第三大经济体。

第二次世界大战前，德国已经建立了较为完善的职业教育和培训体系，持续培养了大批高素质技术工人，这也成为德国经济复兴和迅速发展的保障。经济的快速发展和工业化进程的不断升级对劳动力提出了新的要求。德国原有的大学（Universität）定位于学术型人才的培养，功能和目标相对单一，专业设置以基础性学科为主，且学制较长，获得大学文凭至少需要五年时间，无法满足新增的社会需求。而在大学之外，德国自19世纪开始建立了很多工程师学校（Ingenieurschule）、高级技术学院（Höhere Technische Lehranstalt）、机械学院（Maschinenbauschule）等机构，在培养专业工程技术人员方面有很好的基础。②

20世纪60年代末，产业界对于提升工程技术人员培养层次的呼声越来越高，但传统职业技术教育体系所培养的一线技术工人难以胜任，大学培养的人才因偏重理论和基础研究，也难以完成一线技术开发的任务。德国政府决定建立一种新型的、以培养应用型人才为目标的高等教育机构。1968年10月，联邦德国各州州长达成了《联邦共和国各州高等学校协定》，一致同意将原有的基础较好的工程技术类学校进行合并或改革，建立高等专科学校（Fachhochschule），即应用技术大学。至今为止，德国所有应用技术大学中有1/3是在原有的工程技术类学校基础

---

① 李为民：《大学组织价值定位探析》，《内蒙古大学学报》（哲学社会科学版）2011年第1期，第56—60页。
② 中国教育科学研究院课题组：《欧洲应用技术大学国别研究报告》，http://kjc.mnust.cn/d/?63.html2014-3-27。

上建立的。

1976年德国颁布的《高等教育总纲法》正式明确了应用技术大学作为高等教育机构的法定地位。"两德"统一后，民主德国的一些高等工程技术院校也改建为应用技术大学。在1993—2018年的20多年里，德国应用技术大学的数量已经占到所有大学的一半。[①] 经过半个世纪的发展，应用技术大学已占据德国高等教育的半壁江山。当前的德国高等教育体系为"双元"结构。随着"博洛尼亚进程"的实施，德国高校引入了国际上通行的三级学位体制，应用技术大学拥有与综合性大学同等效力的学士和硕士学位授予权（如图1-1所示）。[②]

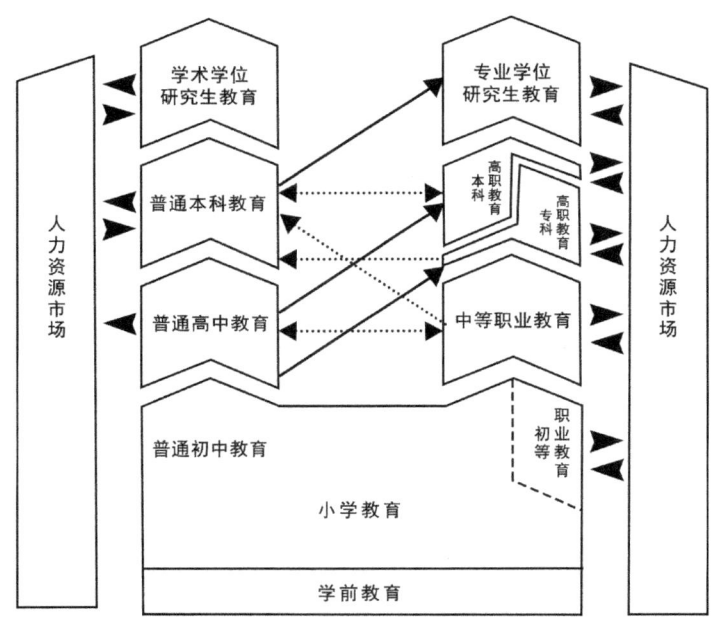

图1-1 现代职业教育体系建设规划

---

① 周钢、张凯：《德国应用技术大学的发展历程研究》，《山西科技》2019年第3期，第61-65页。

② 应用技术大学（学院）联盟地方高校转型发展研究中心：《地方本科院校转型发展实践与政策研究报告》，http://www.docin.com/p-1753215789.html。

在英国的 20 世纪 60 年代，政府逐渐意识到综合型大学教育已经无法满足经济社会发展对专业型人才的需求。1966 年，英国推出《应用技术学院和其他学院发展计划》白皮书，强调根据英国 31 类技艺发展非综合性大学的高等教育，应用技术学院教育由此引入，形成了"双元"结构的高等教育体系。1992 年，英国议会通过了《继续教育和高等教育法案》，授予应用技术学院在命名和集资项目方面与大学同等的地位，所有符合条件的应用技术学院全部升格为大学，建立统一的高等教育体制。

（三）欧洲应用技术大学的发展

德国的应用技术大学模式后来直接影响到了奥地利和瑞士的高等教育，它们也分别建立起应用科学大学（UAS）。以瑞士为例：从 1995 年起，瑞士开始了大规模的改革，调整职业培训系统，并且建立了一个高等教育第二部门以作为传统大学架构的补充。大学和应用科学大学的目标不同：前者主要开展基础科学、前沿技术研究和教学活动，培养人才到博士层次；后者重视实践性教学，突出应用型研究和开发，培养人才到硕士层次。此次改革历经 10 多年，瑞士将 60 多个规模较小的学院合并为 7 所区域性的"应用科学大学"，覆盖了瑞士各大地区。此外，瑞士还建立起两所私立的应用科学大学。[①]

从 20 世纪 60 年代中期开始，德国、瑞士、奥地利、英国、荷兰和芬兰等欧洲国家陆续将职业性院校合并升格为应用技术大学，形成与普通大学相互补充、共同发展的双元格局。应用技术大学是一种与普通大学并行、以专业教育为主导和面向工作生活的类型教育，是高等教育体系的必要组成部分，肩负培养高层次应用型人才、开展应用研发创新、

---

① 马陆亭：《应用技术大学建设的若干思考》，《中国高等教育》2014 年第 10 期，第 10—14 页。

服务就业和区域发展及促进终身学习等多重使命。①

应用技术大学的技术研发、传播和转化是其基本特色和重要使命。"应用技术大学"英文名称为"Universitiy of Applied sciences",并于1998年通过决议正式使用。其后,奥地利、荷兰、瑞士和芬兰陆续使用这个英文国际名称。该类大学主要是将自然科学的知识应用到实际问题上,包含工程和技术等31个子分类,基本来源于实践,完全符合应用技术大学以实践为导向的办学定位。②

应用型大学不等于应用技术大学。应用型大学是高等教育大众化的产物,是区别于研究型大学的一种新大学类型,是一个比较宽泛的概念,它不仅包括应用技术大学,还包括教学服务型大学等。这种新的大学类型强调与市场、产业、行业和岗位群的紧密结合,其主要任务是为经济社会发展培养本科层次的应用型人才,包括创业型大学、技术本科(大学)、教学服务型大学等。应用技术大学显然属于应用型大学的范畴,只不过它比较强调技术的积累、研发和传承。因此,"应用型大学"和"应用技术大学"在逻辑上是属种关系。"应用型大学"是上位概念,"应用技术大学"是下位概念。③

欧洲应用技术大学的发展使进入高等教育深造的学生数增加,学费相对研究型大学也较为便宜,就业率较高,因此很多人愿意选择就读。应用技术大学由于增加了学生的入学机会,提升了国民受教育层次,因此,更好地体现教育公平的诉求。

---

① 应用技术大学(学院)联盟地方高校转型发展研究中心:《地方本科院校转型发展实践与政策研究报告》,http://www.docin.com/p-1753215789.html。

② 中国教育科学研究院课题组:《欧洲应用技术大学国别研究报告》,http://kjc.mnust.cn/d/?63.html2014-3-27。

③ 百度百科:《应用技术大学》,http://baike.baidu.com/。

二、国外应用技术大学的发展现状

就国外应用技术大学创建的整体而言,共有新建、升格和改造三种设置模式。1991 年,芬兰合并 214 所职业高中和职业学院组建 27 所技术学院。1993 年,奥地利通过《应用技术大学法案》,合并职业性院校,在 9 个省建立以科学为基础、以实践为导向的应用技术大学。荷兰的应用技术大学最早可以追溯到 1682 年成立的海牙皇家艺术学院,原被视为中等教育的一部分,直至 1986 年,《高等职业教育法案》确立了其与大学教育同等的法律地位。荷兰是一个高度发展的二元制国家,有 65% 的学生就读于应用技术大学,只有 35% 的学生就读于传统的大学。

芬兰统计局(Statistics Finland)于 2014 年 12 月发布的统计数据显示,2014 年,芬兰应用技术大学共有 138700 名学生。其本科生为 129500 名,比 2013 年减少了 800 余名;硕士研究生为 9200 名,比 2013 年增加了 600 余名。在芬兰所有的应用技术大学中,学生数量最多的是赫尔辛基城市应用技术大学(Helsinki Metropolia University of Applied Sciences),该校共有 16200 名学生;学生数量排在第二位的是哈格哈里亚技术学院(HAAGA-HELIA Polytechnic),该校共有 10200 名学生。学生数量最少的学校是芬兰警察学院(the Police College of Finland),该校只有 160 名学生。[①]

欧洲应用技术大学在创办之初就规定可获得学士学位授予权,之后又延伸到可获得硕士学位授予权。2003 年,瑞士联邦委员会批准应用技术大学具有学士学位授予权,2008 年具有硕士学位授予权。2003 年,芬兰修改《多科技术学院法》,法律赋予应用技术大学享有职业技术教育学士学位授予权,2005 年再次修订法律,获得了硕士学位授予权,并

---

① 王新俊、姜峰:《芬兰应用技术大学的现状、问题及对策》,《世界教育信息》2016 年第 6 期,第 38-41 页。

取消专科层次教育。办学层次的不断提升大大增强了芬兰职业技术教育的吸引力。

目前,欧洲应用技术大学以本科学位教育为主,本科生占到了94.4%。尽管硕士生仅占5.6%,但为学生本科毕业后继续学习打开通道。甚至德国的应用技术大学还可以与研究型大学联合培养博士,这使学生可以顺利地接受更高层次的专业教育,满足了社会经济发展对人才越来越高的要求。[①] 欧洲应用技术大学已经占据了欧洲高等教育的很大份额,引领着职业教育的改革发展。至2008年7月,欧洲部分应用技术大学数据见表1-1。

表1-1 欧洲应用技术大学部分统计数据

	机构数量(UAS)	应用技术大学学生数量	应用技术大学学士项目学生数量	应用技术大学专业硕士项目学生数量	应用技术大学学生占全国高教学生的比例	半时夜校等学生占全国高教学生的比例
奥地利	20	31,063*	17,184	2,754	12%	32%
丹麦	10	68,512	68,512	0	34%	0
爱沙尼亚	21	21,224	21,131	93	32%	10%
芬兰	28	134,400	131,000	3,400	46%	2.40%
法国	116	122,000	122,000	0	5%	n.a.
德国	126	545,000*	242,000	22,500	29%	n.a.
爱尔兰	13**	52,295	51,360	595	44%	38%
立陶宛	27	60,096	60,096	0	29%	55%
荷兰	39	378,585	365,882	12,637	65%	19%

---

① 孙诚、杜云英:《欧洲应用技术大学的发展思路》,《中国高等教育》2014年第12期,第60-63页。

续表

	机构数量（UAS）	应用技术大学学生数量	应用技术大学学士项目学生数量	应用技术大学专业硕士项目学生数量	应用技术大学学生占全国高教学生的比例	半时夜校等学生占全国高教学生的比例
葡萄牙	20	96,391	12,383	81,843 2,165	40%	n.a.
瑞士	9	60,800*	47,900	2,100	34%	28%

* 这些学生总数中包括文凭课程的学生：11,126（奥地利）、280,500（德国）和 10,800（瑞士）。

** 不包括都柏林理工学院，博士研究生数量为 340 人。

三、德国应用技术大学的发展

（一）德国应用技术大学的起源

19 世纪中期，德国工业革命处于发展阶段，急需各种技术工人，作坊式的学徒培养模式已不能满足工业发展对技术工人的需求，于是开始出现由新兴的工业企业创办的私立技术培训学校。1889 年，德国工程师联合会统一设立中等技术学校，到 19 世纪末 20 世纪初发展成为高级机械制造学校。第一次世界大战之后，在魏玛政府执政期间，于 1931 年改名为高级技术教育机构。德国在 1938 年统一将这些技术教育机构更名为工程师学校（Ingenieurschulen）或高级专业学校（HohereFachschulen）。第二次世界大战后，这类承担德国技术职业培训的学校还保持原来的名称，一些新的专业如社会服务或商务经济领域也成立了新的培训学校，成为当时德国中等教育领域中的重要组成部分。

第二次世界大战后的联邦德国在 20 世纪 50 年代实现"经济奇迹"式发展。在此期间，联邦德国工业生产年平均增长高达 11.4%，国内生产总值翻 2 倍多。20 世纪 60 年代初，德国经济生产总量超越英国、法国，成为欧洲经济首位，劳动力市场出现"完全就业"。经济奇迹的实现除了有社会福利市场经济的制度基础和货币改革、美国的扶持等因素外，还离不开德国传统的技术培训所造就的人才，尤其是技术人员的高素质。①

随着经济的飞速发展，德国自60年代起推行扩张式教育政策，德国工程师学校与高级专业学校快速发展。1957年至1958年冬季学期在校生为36000人，毕业生为9200人；到1967年至1968年的冬季学期在校生几乎翻了一番，达到615006人。1968年7月，联邦各州州长发表设立高等专科学校的基础声明，并于同年10月签订《联邦各州建立统一高等专科学校协定》，在原来经济、社会教育和社会服务、设计和农业领域中的工程师学校和高级专业学校的基础上，合并建立新的高等教育领域的学校类型。②

(二) 德国应用技术大学的发展历程

1969年第一批3所高等专科学校在德国石勒苏益格—荷尔斯泰因州的弗兰斯堡、基尔和吕贝克市建立。1970年，德国学术委员会（Wissenschaftsrat）发布了有关今后高等教育体系内理顺结构和扩建的建议书。1976年首次颁布的《联邦高等学校总纲法》正式在联邦层面上承认高等专业学校属于高等教育范畴，并被认定为学术型的综合大学之外的另一种独立的教育机构。它应该有统一的学制学时，也应如它的前身一样提供实践培训，只不过这种培训更具有学术型。高等专业学校的学科不断增加，但工程制造依然是主要门类，随着科技进步，各类学科又进一步细化为更多的科目。由于高等专科学校的入学资格变得越来越

---

① 周钢、张凯：《德国应用技术大学的发展历程研究》，《山西科技》2019年第3期，第61—65页。

② BMBF.DieFachhochschuleninDeutschland4.überarbeiteteAuflage, geanderter NachdruckBonn, Berlin2004[EB/OL][.2019-01-20].https://www.gtai.de/GTAI/Content/JP/Invest/_SharedDocs/Downloads/GTAI/Topics-of-the-Investment-Guide/download-brochure-on-universities-of-applied-sciences-in-german-only-6149.pdf.

高，越来越多的学生把上高等专科学校当成今后继续在高校学习的一个中间过程，这类学生约占应用技术大学学生的1/3。

随着1985年《高校教育框架法》的修订及各州《高校教育框架法》的贯彻实施，高等专科学校除了教学和培养实践型人才又增加了新的任务，即开展应用型研发工作。1990年两德统一后，原东德地区9个州依据德国学术委员会（Wissenschaftsrat）的建议，将所有的工程师专业学校、大部分的技术专业学校转成高等专业学校，以满足东部各州经济转型和建设对高等技术人才的需求。①1992年联邦教育与研究部推行促进高等专业学校的应用型研发计划，使应用研究与企业需求的结合更加紧密，同时鼓励高等专业学校开展高校间合作，在经济、科技、研究以及其他领域找到合作伙伴。

自2000年起，随着博洛尼亚进程的推进，为了更好地与国际和欧盟接轨，德国的高等专业学校在这期间再次更名，有些学校将专业两字去掉更名为高等学校，有些使用英文名称改为技术应用大学（University of Applied Sciences），有些直接就改为英文的大学（University）（以下统一称为应用技术大学）。德国应用技术大学引入学士和硕士两级学制。学生完成学士和硕士阶段的学业便可以获得学士和硕士文凭，这等同于综合性大学的相应文凭。为了更好地实现欧盟内部的统一学分认证，各应用技术大学纷纷推出模块化课程体系，将原来课程重新调整，按照不同专业方向组合成不同模块，这些模块不仅在各应用技术大学间，甚至是欧盟内部各高校同一专业方向内实现内容统一，学分互认。

应用技术大学的硕士毕业生可以在综合性大学和其他高校中继续读博。也有例外，2016年黑森州的福尔达应用技术大学首开先河，成为德国第一个可以授予博士学位的应用技术大学。在巴登符登堡州还有

---

① 周钢、张凯：《德国应用技术大学的发展历程研究》，《山西科技》2019年第3期，第61-65页。

一类与应用技术大学极为近似的高校类型,即双元制高等学校(Duale Hochschule)。它的前身始于1974年成立的职业教育学院(Berufs akademie),2009年升格成为高等学校,并可以颁发经过认证的学士学位(Bachelor)。2018年巴登符登堡州的双元制高等学校共有9所,有学生3.3万人,与这些双元制高校合作培训的企业和机构达9000多家[①]。可以说这类学校就是中等教育中的双元制职业培训的高等教育领域中的升级版。更密切的学校教育是与企业培训的结合,它可以按照当地的地区经济发展的特殊需要培养输送专业人才。企业可以自己选择来参加实践培训的学生,可以得到更符合自己企业要求的专业人才;学生也能在校期间就同企业建立联系,有利于今后的就业。[②]

(三)德国应用技术大学的发展现状

1990年两德统一,德国应用技术大学迅速发展,其中私立办学成为应用技术大学发展的主要推动力。德国高等教育各类型高校总数在1992年至2012年间从318所增长到423所,其中绝大部分的增长源自应用技术大学。1992年德国应用技术大学共有125所,到2012年几乎翻了一番,达到212所。其在高校数量上的比例从39%上升到50%。2012—2018年,德国高等院校数量基本稳定,2018年数量为429所,其中应用技术大学218所。私立应用技术大学从1992年的33所猛增到2012年的111所,甚至超过了公立学校的数量。私立应用技术大学成为既能满足经济界对专业人才的需求,又能满足学生接受实用型高等教育的新途径。

---

① DualeHochschuleBaden-Württemberg[EB/OL].[2019-01-20].https://mwk.baden-wuerttemberg.de/de/hochschulen-studium/hochschularten/duale-hochschule-baden-wuerttemberg/.

② 周钢、张凯:《德国应用技术大学的发展历程研究》,《山西科技》2019年第3期,第61-65页。

1980 年德国高等教育新生总人数为 19.3 万人，应用技术大学新生占比 22.6%；2004 年其占比已超过 30%，达到 11 万人；至 2013 年应用技术大学的新生入学人数在 10 年间又几乎翻了一番，为 19.6 万人，在高等教育新生总数中占 38.7% 的比例。在校生数量也迅速发展。1972 年是德国应用技术大学的前身专业高等学校转型的初年，在校生仅为约 11 万人，占整个高等教育在校生比例为 16.7%。2000 年，在校生人数已增长为 42.6 万人，占高校学生总数的 23.7%；到 2013 年德国应用技术大学在校生人数已接近 85 万人，占高校学生总数的 32.4%；2016 年达到 95.7 万人，占高校学生总数的 34%。2018－2019 学年德国高校登记注册的新生数达到 287 万人，创历史新高。其中应用技术大学（含管理类应用技术大学）的新生数约为 139 万人，占高校学生总数的近 1/2。① 德国应用技术大学以极强的实践融合性、应用导向性为其特色，以学生就业需求为导向，强调培养实际工作需要的人才，受到学生青睐和社会认可，成为"德国工程师的摇篮"。德国 2/3 的工程师及近半数的企业经济师、信息技术人员都出自应用技术大学。②

随着德国社会结构的不断变迁以及生产结构和劳动力需求结构的变化，应用技术大学的专业配置也在不断地调整。20 世纪 70 年代刚刚建立之初，工程学独霸天下，在 20 世纪 80－90 年代，法律、经济和社会学在应用技术大学的专业设置中的地位不断提升，而工程类学科比例却在逐步萎缩。由于德国人口老龄化不断发展，所需医疗卫生方面的专业人才越来越多，自 2004 年开设相应专业课程之后，学习医学以及医疗卫生专业的学生比例不断上升。

---

① 周钢、张凯：《德国应用技术大学的发展历程研究》，《山西科技》2019 年第 3 期，第 61-65 页。
② 阙明坤、武婧、李东泽：《本科职业技术大学的兴起背景、国际经验及人才培养机理》，《教育与职业》2019 年第 20 期，第 43-48 页。

目前技术和经济学专业以及社会科学主导着应用技术大学的专业设置，根据 2017 年的统计数据，这些专业培养了德国 90% 社工和社会教育者，70% 的工程师以及 55% 企业经营者和计算机工作人员。在学术委员会的建议下应用技术大学引入了新的专业，如非医生类的健康及护理学专业，并且在传统的专业方向中确定了新的重点，产生了诸多跨学科的专业，如经济工程学、经济数学、生物技术、化学工程等。① 德国 80% 的健康及护理职业从业人员是由应用技术大学所培养的。根据 2018 年的统计数据，德国 218 所应用技术大学共提供 6122 个专业课程，其中学士学位课程为 3633 个，硕士学位课程为 2433 个专业，还有 56 个专业是传统的工科硕士（Diplom）。

根据德国高校框架法律和各联邦州统一高校结构的规定以及 2017 年 12 月 7 日各州文教部长联席会议的决定，高等教育中的学士学位的学制为 3—4 年，并必须取得 180—240 个学分（ECTS）；硕士学位的学制为 1—2 年，要求取得 60—120 个学分。应用技术大学获得学士学位的平均时间为 5.9 个学期，低于其他类型大学的 7.5 个学期。②

由于应用技术大学没有国家考试课程，所以 99.1% 进入德国应用技术大学的新生开始都是学习学士或硕士学位课程③。根据 2010 年 2 月各州文教部长联席会议关于统一高校结构的新规定，应用技术大学和综合性大学一样要为在职或已有工作经验的人提供继续教育培训的硕士学位

---

① StudierenanFachhochschuleninDeutschland［EB/OL］.［2019-01-20］.http://www.deutschland-infothek.de/fachhochschulen.php#4.

② 周钢、张凯：《德国应用技术大学的发展历程研究》，《山西科技》2019 年第 3 期，第 61—65 页。

③ StatistischeDatenzuStudienangebotenanHochschu-lenin Deutschland, StatistikenzurHochschulpolitik1/2018［EB/OL］.2019-01-20］.https://www.hrk.de/filead-min/redaktion/hrk/02-Dokumente/0-06-Hochschulsys-tem/Statistik/HRK_Statistik_BA_MA_UEbrige_WiSe_2018_19.pdf.

专业学习机会。① 在当时应用技术大学的 1830 个硕士专业中，有 430 个专业是明确为继续教育培训性质的，这远远高于综合性大学所提供的硕士学位继续教育培训的比例（7.1%）。应用技术大学可以提供国际认证的联合学位课程比例也大大高于综合性大学，2018－2019 学年，在 253 个国际学士联合学位课程中，应用技术大学就占了 154 个；在 471 个硕士联合学位课程中，应用技术大学占了 105 个。这体现出：相较于德国的综合性大学，应用技术大学学士阶段的国际化要更加领先一些。②

（四）德国应用技术大学的科研现状

近年来为追赶世界一流大学，德国实施了"卓越计划"，通过集中高教资源资助精英大学③，但应用技术大学参与度很低。因此德国政府出台相关政策措施，通过扩展其应用研究型功能，提高其参与工业和社区服务能力。

1. 应用型研究功能的产生与发展

20 世纪 70 年代，应用技术大学成立时主要为学生教学和职业培训服务，开设工程技术和管理类应用课程，以满足当时高校学生人数扩张需求。20 世纪 80 年代应用技术大学为促进学生和教师参与企业实践，产生了以面向生活实践为特征、服务于教学的研究功能。1985 年德国《高等教育总纲法》正式将研究作为其法定任务。新世纪之交，德国政府为改变高校管理低效率和官僚僵化等问题，对高校实施目标管理和绩

---

① HORSTKOTTE, HERMANN.MasterzumMitnehmen［EB/OL］.［2019-01-20］. https://www.zeit.de/studium/hochschule/2012-01/master-hamburg, 18.Januar2012.

② HochschuleninZahlen2018［EB/OL］.［2019-01-20］.https://www.hrk.de/fileadmin/redaktion/hrk/02-Dokumente/02-06-Hochschulsystem/Statistik/2018-05-17_Final_fuer_Homepage_2018.pdf.

③ JungblutJ, JungblutM.Alldifferent?Allequal?－Differen-tiationofUniversities'MissionStatementsandExcelleneeIn-itiativesinGermany[J].3.ScienceandPublicPolicy, 2017，44（1）：535-545.

效评估，使其成为具有竞争、质量和服务意识的高校。① 为吸引更多企业和社会参与者加入区域经济服务，政府采取一系列激励措施提高应用技术大学应用型研究水平，使其从早期为教学服务扩展到为区域工业和社区服务。②

2. 应用型研究功能的制度环境

近年来联邦政府下放权力，使各州和高校获得更多自主权。2006年宪法修正案规定联邦政府权力仅限于高校学生入学和毕业以及科研资助等事务；2008年则废止了调控全国高校的《高等学校基准法》，将权力交予各州政府。州政府大力支持应用技术大学发展应用型研究。自主权力下放还体现在政府提高应用型研究水平是通过科研项目间接引导，而非行政手段。这些科研项目总体可分为三种类型：第一类旨在促进其与大学等机构的合作；第二类是为了加强其与中小型企业合作；第三类通过吸收新生人数获得财政资助，如《2020年高等学校协议》（Hochschulpakt 2020），该协议中教学经费和科研经费不分开计算和拨付，可以间接补充研究经费。高校自主权扩大，相应经费拨款方式也发生变化。许多州引入竞争性经费分配方式，采用绩效评估进行拨款。但是，这种方式也会加剧高校资助不稳定性，德国各州实际上采用政府基本补助与竞争性经费相结合的中间模式。以北莱茵－威斯特法伦州的经费拨款为例，2015年该州应用技术大学绩效评估指标所占比重分别为教

---

① SehimankU, LangeS.Germany：ALatecomertoNewPublicManagement[M]//ParadeiseC, RealeE, BleiklieI, FerlieE.UniversityGovernance.Higher Education Dynamics, 2009, vol25.Springer, Dordrecht.

② 陶东梅、Isabel Steinhardt、杨东平：《德国应用技术大学研究功能的扩展及启示》，《江苏高教》2018年第7期，第104-107页。

学（75％）、研究（15％）和性别平等（10％）。①

其中，研究方面具体评价指标是第三方资金（Drittelmittel）。第三方资金是指高校从州政府以外渠道获得的资助，包括联邦各部委、公共科研机构和工商企业等。传统大学以基础研究为导向可以获得高额资助，而应用技术大学很少获得资助。以2014年为例，传统大学从DFG获得的经费占到其总经费的37％，应用技术大学只占其总经费的1％。应用技术大学第三方资金主要来源于联邦政府和工商企业。②但是，从增长速度看，应用技术大学教授人均第三方资金增长速度明显高于传统大学。自2010年到2014年，共增长了44.2％，而传统大学增长率仅16.7％。综上而言，政府通过第三方资金这种绩效评估方式进行拨款，客观上促进了应用技术大学与企业开展应用型研究合作。③

为促进高校资源均衡发展，2016年7月德国政府启动"创新型高校计划"（Innovative Hochschule），重点扶植应用技术大学科研发展。德国政府计划从2017年到2027年资助总额为5.5亿欧元，明确规定应用技术大学将获得超过半数的资助金额和项目，入选高校每年最多可获得200万欧元资助。④例如，获批的下莱茵应用技术大学从2018年起，在未来五年内每年将获得127万欧元预算。国家资助转向应用技术大学等弱势高校，有利于促进不同高校均衡发展。

---

① deBoer HF, Jong bloed BWA, Benneworth PS, eta1.Per-formance-based Fundingand Performance Agreementsi Fourteen Higher Education Systems[R].Center for Higher Education Policy Studies（CHEPS），2015.

② Hather O, KrackenG.Higher Educationin Germany－Re-cent Development sinan International Perspective[M].High-er Education Dynamics，2018，vol49.Springer，Dordrecht.

③ 陶东梅、Isabel Steinhardt、杨东平：《德国应用技术大学研究功能的扩展及启示》，《江苏高教》2018年第7期，第104-107页。

④ Innovative Hochschule [EB/OL].[2018-02-13].https://WWW.bmbf.de/de/innovative-hochschule-2866.html.

3. 应用型研究发展的院校策略

除了制度因素的影响外，德国应用技术大学自身也积极回应政策引导，在战略定位、组织结构和学术人员建设上采取措施增强研究能力。

应用技术大学在发展定位上积极回应政策可通过院校使命宣言得以体现。德国高等教育中心（CHE）调查发现，在政府引导之后这些院校多数都制定了明确的战略计划。使命宣言文本内容陈述基本涉及"教学与应用型研究"，突出诸如"为未来城市服务""汽车技术与服务"等区域特色。传统大学在世界一流大学建设下研究功能重新定位，在区域服务功能上留下空缺，应用技术大学在此方面可有效进行填补。①

应用技术大学为完成研究使命，需要建设有决策能力的高效组织管理机构。2010年德国高校人员调查数据显示，1992年至2007年应用技术大学员工总人数中管理人员增长比例为23.9%，大学则呈现下降趋势（减少9.5%）。② 应用技术大学在组织结构上采用现代企业管理模式，成为强有力的决策行动者，校长和系主任也相应获得更多发言权。这是因为相较于传统大学，应用技术大教授大多具有企业工作经历，对类似企业组织管理方式接受程度较好。

博士生是高校开展科研的重要力量。博洛尼亚进程后，应用技术大学可以通过与传统大学合作来培养博士生，然而实施起来也存在诸多困难。特别是大学教授还喜欢将应用型研究问题改成普通理论性问题。因此不少应用技术大学积极争取博士学位授予权。2016年富尔达应用科学大学成为德国第一个可以独立授予博士学位的应用技术大学。需要强调的是，这类院校争取博士学位不是为了声望的获得，而是为了开展应用

---

① 陶东梅、Isabel Steinhardt、杨东平：《德国应用技术大学研究功能的扩展及启示》，《江苏高教》2018年第7期，第104-107页。

② Georg Kracken. A European Perspectiveon New Modes of University Governanceand Actorhood[R/OL]. https://files.eric.ed.gov/fulhext/ED529727.pdf.

型研究。这类院校设立博士学位是让少数对应用研究问题真正感兴趣的学生留在本校攻读博士学位以提高其研究水平。

四、国外应用技术大学的发展背景

欧洲各国应用技术大学的创建时间不一,但总体而言,当时欧洲国家的社会经济已经发展到一定水平。当人均 GDP 达到 3000 美元后,经济发展由主要靠投资驱动逐步转向主要依靠创新驱动,技术创新逐渐成为经济社会发展的重要驱动力。经济的发展对人才尤其是高技能人才提出了更高要求,学术型大学人才培养模式不能较好适应经济发展所需,应用技术大学因势出现。

(一)应用技术大学起步于国家快速城镇化时期

欧美发达国家从 20 世纪 60 年代开始进入城镇化时期。在 20 世纪 70 年代,欧洲几个国家的城镇化率均已经达到 50% 以上,其中英国已经达到了 77.1%,德国达到了 72.3%,平均来看,目前欧洲已经达到 80% 的城镇化率。城镇化率的不断提高表现了城市社会化大生产过程的不断扩大,表现为产业结构转变和生产生活方式的变革。产业结构的改变势必要求人才培养结构的变革。教育成为解决城镇化过程中人力资源瓶颈的重要手段,这一时期也正是各国应用技术大学迅速发展时期。

(二)应用技术大学发展于各国经济快速提升时期

1986 年,美国经济学家钱纳里在工业化阶段理论方面作了开创性研究。钱纳里借助多国模型,利用回归方程建立了 GDP(生产总值)市场占有率模型,即提出了标准产业结构。即根据人均国内生产总值,将一国(或地区)不发达经济到成熟工业经济整个变化过程划分为三个阶段六个时期(见表 1-2),从任何一个发展阶段向更高一个阶段的跃进都是通过产业结构转化来推动的。其中,第 2—4 个时期为工业化阶段,第5—6个时期为后工业化阶段。①

20世纪60—70年代以德国、法国等为代表的西欧发达国家按人均GDP测算,进入工业化实现阶段的中期阶段。(注:2008年中国人均GDP达到3050美元,相当于德、法等国当时的水平。)1970年时,这几个国家的人均GDP在2300—6500美元之间,OECD国家的人均GDP均值为3496美元。欧洲国家瑞士、瑞典和荷兰人均GDP达到了4000美元以上,其中瑞士达到了6467美元。1980年时,除了爱尔兰,其他国家的人均GDP均已达到8000美元以上。

表1-2 钱纳里的多国模型对工业经济发展阶段的划分(人均GDP美元)

	工业化起始阶段	工业化实现阶段			后工业化阶段	
		初期阶段	中期阶段	后期阶段	发达经济初级阶段	发达经济高级阶段
1964年人均GDP	100—200	200—400	400—800	800—1500	1500—2400	2400—3600
1970年人均GDP	140—280	280—560	560—1120	1120—2100	2100—3360	3360—5040
1996年人均GDP	620—1240	1240—2480	2480—4960	4960—9300	9300以上	
2007年人均GDP	748—1495	1495—2990	2990—5981	5981—11214	11214以上	
2008年人均GDP	819—1638	1638—3277	3277—6553	6553—12287	12287—19660	19660—29490

---

① 互动百科:《钱纳里工业化阶段理论》,http://www.baike.com/wiki/。

20世纪80年代后期是各国应用技术大学快速发展的时期，也是瑞士、芬兰、德国、英国等各国人均GDP迅速增长的时期，尤其是瑞士人均GDP的增长幅度惊人。产业结构的调整是高等教育体系结构变革的动力源，同时，经济的迅速发展得益于产业结构的升级和高等教育结构的调整，两者渗透于经济发展的过程中，并最终决定各国经济发展的状况。①

（三）国家产业结构的调整促进了应用技术大学的发展

20世纪70年代以来，欧洲一些国家的农业、工业比重持续下降，服务业比重上升。产业结构特点是第一产业在GDP中的比重明显下降，产业结构重心向第二、第三产业转移。整体产业结构中，第三产业逐步取代第二产业据主导。产业结构变化必然引起就业结构的变化，而就业结构的变化又必然促进高等教育专业结构的调整。

1990年，这些国家的农业比重下降到10%以内，到2008年以后农业比重下降到3%以内。然而，这些国家的农业产值虽然占国内生产总值的比重不高，但是其结构之高效、加工体系之发达，使其极具竞争力。1990年，这些国家的工业比重下降到40%以内，到2008年以后工业比重基本下降到30%。奥地利、芬兰、德国和爱尔兰的工业比重相对略高，荷兰和英国较低。例如，德国的四大支柱产业是汽车、机械制造、电子电气、化工，近年可再生资源、纳米技术和环保产业也成为优势产业。瑞士的优势产业为机电金属、化工医药、钟表制造及银行和保险业。芬兰是高科技国家，在信息科学、生命科学、能源和可再生能源科学、新材料、空间科学、海洋科学、环境科学以及管理科学等领域都在世界占有自己的一席之地。

在荷兰，应用技术大学培养的人才不仅在数量上适应经济发展需

---

① 应用技术大学（学院）联盟地方高校转型发展研究中心：《地方本科院校转型发展实践与政策研究报告》，http://www.docin.com/p-1753215789.html。

求，而且在专业结构上也符合产业结构发展的需求。从 1970 年至 2009 年，荷兰的农业增加值比重从 5.7% 下降至 2%，工业增加值比重从 23.7% 下降至 23.9%，而服务业增加值比重从 56.6% 上升到 74.1%。与产业结构高度匹配的是，2009 年，荷兰从事农业的劳动力人口占 2.8%，从事制造业和建筑业的劳动力人口占 16.7%，从事服务业的劳动力人口占 80.5%。可以看出，应用技术大学主要培养从事第三产业的人才，其人才结构与国家的经济发展结构以及就业人员结构显示出高度的匹配性。[①]

（四）应用技术大学在高等教育中的办学定位

欧洲应用技术大学办学定位比较明确：培养应用型人才，开展应用型科研，为区域经济发展提供服务；人才培养要求具有良好的理论知识和文化基础，具备专业技能和实践能力，突出应用型和实践性，直接面向社会经济生活，为社会经济发展服务。例如，德国应用技术大学培养的人才成为了企业高层次技术人员、一线管理人员、社会服务领域专业从业人员的重要来源；瑞士应用技术大学则主要培训未来的专业技术人才、管理者和艺术家；爱尔兰理工学院直接面向经济生活，培养社会经济建设急需的实用型、创造型人才，从技术员到高级工程师都是在其培养目标之列。[②]

（五）应用技术大学发展的成功要素

应用技术大学发展的成功要素如下所述。

1. 国家法律为应用技术大学的发展地位提供了保障

1976 年，德国颁布的《联邦高等教育总纲法》正式明确了应用技

[①] 应用技术大学（学院）联盟地方高校转型发展研究中心：《地方本科院校转型发展实践与政策研究报告》，http://www.docin.com/p-1753215789.html。

[②] 孙诚、杜云英：《欧洲应用技术大学的发展思路》，《中国高等教育》2014 年第 12 期，第 60—63 页。

术大学作为高等教育机构的法定地位。1992 年，英国议会通过了《继续教育和高等教育法案》，授予应用技术学院在命名和集资项目方面与大学同等的地位，所有符合条件的应用技术学院全部升格为大学。1986 年，荷兰《高等职业教育法案》的颁布确立了应用技术大学与大学教育同等的法律地位。1993 年，荷兰《高等教育和研究法案》出台，使高等职业教育和高等学术教育得到了很大的融合。2003 年，芬兰通过法律，明确了应用科技大学的地位和使命。1993 年，奥地利通过《应用科技大学法案》。1995 年，瑞士颁布了《联邦高等职业学院法》，将全国 60 多所高级职业技术学院按地区合并成 7 所应用技术大学。

2. 应用技术大学的发展取得了社会的广泛认可

德国、荷兰等国的应用技术大学毕业生就业率均高于学术型大学，在社会公众的心中两者一样重要，没有优劣之分。应用技术大学凭借其准确的面向实际、服务地方的办学定位和鲜明的学以致用的办学特色，获得了广泛的认同。应用技术大学主要培养有一定理论基础、掌握新技术、具备较强实践能力和创新意识的高层次应用型人才，主要发展本科教育，适度发展专业学位研究生教育，逐步停办专科教育。大学普适意义上的理念和制度以及内涵、本质、社会功能、规律、组织结构等都适用于应用技术大学。

实践证明在欧洲的企业，应用技术大学的毕业生要比学术型大学的毕业生更受欢迎。德国社会上几乎所有的社会工作者或称之为社会教育工作者，约三分之二的工程师和一半的企业经济家（大众汽车集团公司三分之二的工程师，西门子公司四分之三的工程师）及计算机信息人员都是由这种应用科技大学培养出来的。德国教育界和工商界为此而感到自豪、引以为荣，称之是"过去数十年中，德国高等教育最富成效的革新之一"。

3. 应用技术大学为实体经济发展提供了应用技术型人才保障

应用技术大学的建立和发展为实体经济发展提供了应用技术型人才保障。图1-2是欧洲部分国家应用技术大学在校生占高等教育在校生的比例。从图1-2可以看出，瑞士、芬兰、荷兰、德国应用技术大学在校生占高等教育在校生的比例比较高，分别为34%、46%、65%、29%，有效地支撑了实体经济的发展。表1-1则显示了欧洲部分国家应用技术大学的机构数量、学生数量、学士项目学生数量、专业硕士学位项目数量、占高等教育的比例有关统计数据。[①]

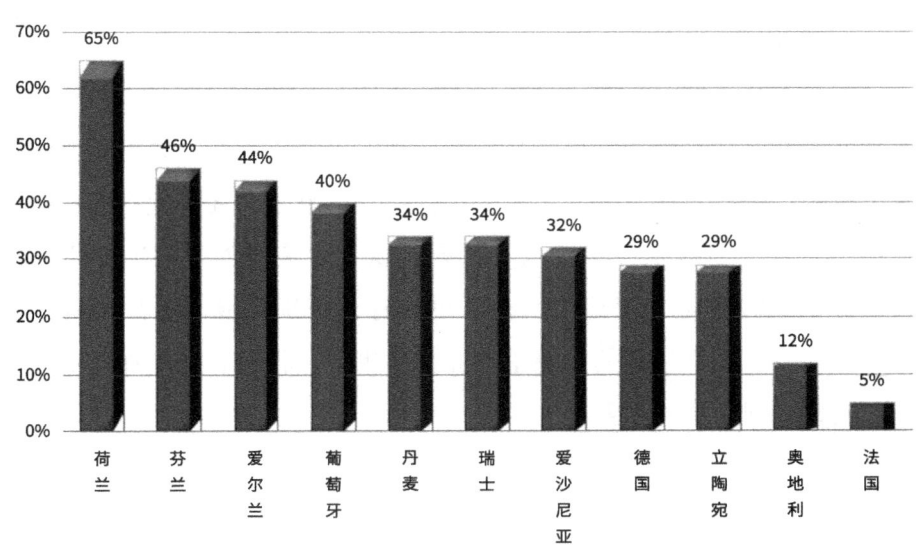

图1-2 欧洲部分国家应用技术大学在校生占高等教育在校生的比例

应用技术大学的建立和发展有力地支撑了国家产业结构的调整。产业结构变化必然引起就业结构的变化，而就业结构的变化又必然促进高

---

① 中国教育科学研究院课题组：《欧洲应用技术大学国别研究报告》，http://kjc.mnust.cn/d/?63.html 2014-3-27。

等教育专业结构的调整。在产业结构调整上，欧美发达国家经历了三次产业调整后，形成了第三产业占比最高、第二产业居中、第一产业占比最低的基本格局，从 20 世纪 70 年代开始，第三产业占比逐渐扩大。欧美发达国家三产业结构和比例的变化，向教育结构提出了培养更多高端服务类、技术技能及创新型人才的需求，而应用技术大学的人才培养在其中发挥了重要作用。

第二节　国外应用技术大学办学特征

应用技术大学是一种有别于传统综合大学的新型高等教育机构，它有独特的任务和鲜明的特色。在很大程度上，它以职业的要求和需求为指导思想，重视实践教学，其人才培养的目标就是为社会提供高素质的应用型人才。与传统大学相比，它强调以专业实践为导向的知识和技能，提供的教育更具有跨学科性，更具有以解决实践问题为导向的特性。应用技术大学培养的毕业生专业技术更强，行业企业更加欢迎，毕业生同样受到社会的尊重。

一、国外应用技术大学的办学特色

（一）办学定位于为本地经济服务

应用技术大学学生培养目标比较明确，突出应用型和实践性，直接面向社会经济生活，为社会经济发展服务。例如，芬兰应用技术大学注重学科专业设置与区域产业结构对接，人才培养与社会、经济和就业市场需求对接，设置了八个学科领域。奥地利应用技术大学的学科和专业设置紧紧围绕国家需要学科设置涉及经济和商业管理、旅游工程科学、计算机科学和信息技术、传媒设计、卫生和福利、新闻业和军事服务等领域。

（二）学制灵活满足学习者的需求

灵活的学制可以使不同的学习者根据自己的时间灵活安排学习，是应用技术大学满足不同学习者需求的基本保障。英国"新建大学"学生可以采取全日制方式，也可以采取工学交替方式，此外还可以参加夜校、脱产培训班以及其他各种类型的部分时间制课程。荷兰提供四年制学士学位学习，也提供两年制的副学士学位学习，学生可以采用全日制、部分时间制或两种兼用的方式。①

在欧洲，学术型大学与应用技术大学是相互融通的。例如，就读荷兰应用技术大学的过程中，通过预备期考试的学生可以进入学术型大学一年级学习，学生在获得应用技术大学学士学位后可以攻读高等职业教育的硕士学位，也可以攻读学术型大学的硕士学位。

（三）招生上注重生源的多样化

应用技术大学招生兼顾职业教育和普通教育，为职业教育和普通教育的贯通开辟了通道。一些国家有相当开放的准入制度，并且有多种多样地从中等学校（职业学校）进入应用技术大学的渠道，以最大限度地参与高等教育。从法律上来说，荷兰应用技术大学对所有拥有普通中等教育、中等职业教育和大学预备教育文凭及任何同等资格的学生开放。超过21岁的不具备所要求资格的学生还可以通过参加入学考试进入应用技术大学。

（四）人才培养理论与实践相结合

应用技术大学注重培养学生理论联系实际的能力，通常采用理论学

---

① 孙诚、杜云英：《欧洲应用技术大学的发展思路》，《中国高等教育》2014年第12期，第60—63页。

习与实践实习并重的方式，其课程设置含有大量的实践性课程和案例教学，强调学生应用理论知识解决实际问题的能力（如图1-3所示）。欧洲应用技术大学一个突出特点就是提供灵活且创新的学习方式以迅速回应产业和社会的需求。因此，人才培养方面注重学生的多样化需求，重视培养学生理论联系实际的能力，采用理论学习与实践实习并重的方式。因此，其学制设置、专业设置、课程设置、师资配备和毕业考核等方面都紧扣这一目标。

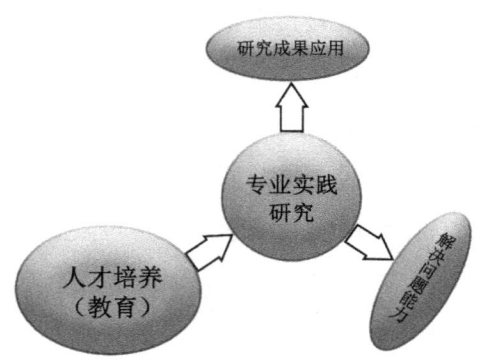

图1-3　应用技术大学的特征

（五）办学经费多来源于政府机构

政府拨款是欧洲应用技术大学最主要的经费来源（约占70%）。例如，荷兰应用技术大学的经费来源包括政府拨款、合同收入、学生学费和公司资助。2010年，荷兰教育、文化和科学部为应用技术大学提供了23.86亿欧元，学生学费提供了6.37亿欧元，合同收入提供了4.28亿欧元。可以看出，政府拨款约占70%，是应用技术大学最主要的经费来源。

（六）以本科和硕士层次教育为主

欧洲应用技术大学以本科学位教育为主，本科生占到了94.4%。尽管硕士生仅占 5.6%，但为学生本科毕业后继续学习打开了向上的通道。特别是在向着博士学位发展的阶段，更是如此，爱尔兰是唯一一个应用技术大学提供了博士学位的国家。在德国和奥地利，应用技术大学的文凭证书学位和硕士学位持有者都具有在学术型大学所有博士学位项目注册学习的合法权利。

（七）研究侧重于应用型研发创新

应用技术大学瞄准区域社会经济发展需求，与地方政府、企业和组织共同设立研发项目，学生通过参与项目来培养实践能力和综合职业能力。[①] 为了获得研究经费，应用技术大学的研发活动主要依赖于与区域经济实体的合作，这些合作主要是应用型研究。应用技术大学特别强调自身科学研究所具备的国际竞争力，研究主题选择与地方、国家以及国际发展潮流密切相关联。这些学校在地方特色优势领域、跨区域合作以及密切的国际合作网络中成功开展研发工作。奥地利应用技术大学通过合同融资的数量在不断增加：2002 年获得 2114.4 万欧元，2004 年获得 2815.1 万欧元，2006 年则增加到 4349.3 万欧元。[②]

应用技术大学人才培养直接为区域发展和产业振兴服务。通过产教融合、校企合作、工学结合，培养生产服务一线的高层次技术技能人才，逐步实现人才培养和就业需求的无缝对接。其专业设置与产业需求、课程内容与职业标准、教学过程与生产过程"三对接"，推行学历证书和职业资格证书"双证书"制度，做到学以致用。在更高层次应用技术人才培养方面，应用技术大学未来侧重发展专业硕士培养，少数顶尖院校可以与综合研究类高校联合培养专业博士。

---

① 孙诚：《欧洲应用技术大学七大经验》，《瞭望》2014 年第 23 期，第 37-38 页。
② 中国教育科学研究院课题组：《欧洲应用技术大学国别研究报告》，http://kjc.mnust.cn/d/?63.html2014-3-27。

二、国外应用技术大学的人才培养

欧洲应用技术大学在教育理念和培养模式方面冲击和变革了传统高等教育教学。根据应用型技术和技能人才的培养目标，应用技术大学大都与当地企业合作开展"双元制"人才培养，强调教学环节的实践性。大型企业一般都设有实训的生产岗位和企业培训中心，中小型企业可提供培训岗位，实现了人才培养校企共同承担。学校负责理论教学，企业主导实践教学，评价、考核学生实践教学成绩。学生实习前必须先到相关企业签订实习合同，直接参与企业的某个课题或项目，最后一个学期的实习往往与毕业设计或毕业论文一起进行，以解决企业中的实际问题作为研究的题目。[1]

（一）特别注重与行业、企业协同培养

芬兰的应用技术大学四年制课程中安排了一个学期的实习课，学生与企业签订书面合同，合同规定学生在企业一线经验丰富的技术人员指导下，参与足够的生产或技术项目。荷兰的应用技术大学在企业进行为期一年的实习，主要是与学习领域相关职业的实习，每个学生在学校和工厂都配备了一名导师，负责对学生的指导，学生定期回校报告实习进展，参加讨论，最后递交一份详细的工作报告。

学徒制与就业有着更为密切的关系，使得个人从教育到就业的过渡更为顺畅。传统学徒制是一种带有职业教育功能的劳动就业制度，而现代学徒制则兼具教育与就业功能。学徒培训参加比例在 30% 以上的德国、奥地利和丹麦，青年失业率远低于 15%，而在参加比例不到 6% 的希腊、葡萄牙、西班牙和意大利等国，青年人失业水平常常在 25% 以

---

[1] 应用技术大学（学院）联盟地方高校转型发展研究中心：《地方本科院校转型发展实践与政策研究报告》，http://www.docin.com/p-1753215789.html。

上。表 1-3 是 2009 年部分国家学徒制培训学生比例。

表1-3 2009年部分国家学徒制培训学生比例（%）

序号	国家	学徒制培训学生比例（%）	序号	国家	学徒制培训学生比例（%）
1	瑞士	60.1	9	冰岛	15.4
2	丹麦	46.5	10	芬兰	14.7
3	德国	45.3	11	卢森堡	14.5
4	奥地利	35.9	12	匈牙利	14.3
5	捷克		13	法国	12.4
6	斯洛伐克		14	波兰	6.3
7	荷兰		15	以色列	3.6
8	挪威		16	中国	1.0
OECD 平均			12.1		
欧盟 21 国平均			13.9		

（二）入学渠道的多样化

荷兰：拥有大学预备教育毕业证书（学制 6 年）或普通教育高中毕业证书（学制为 5 年）或职业教育高中长期课程毕业证书（学制为 4 年）的学生可以进入应用技术大学。

芬兰：中等职业教育学生完成了 3 年至 4 年的职业教育后，可以凭借联邦职业教育结业证书，直接进入应用技术大学，接受 3－4 年的高等职业教育，完成 180 个学分便可获得职业学士学位。也可以在参加工作后，继续通过考试和培训获得高等职业教育文凭。

奥地利：应用技术大学的入学条件非常宽松，但竞争较为激烈。高中毕业生、学徒、中等职业学校毕业生都可以具备录取资格。

（三）理论教育与实践教育相结合

荷兰的应用技术大学提供课程的方式包括全日制和部分时间制。2011年，荷兰近42万学生中，有81%采用全日制方式，15%采用部分时间制，还有4%同时采用两种方式。第一年主要学习基础理论课程，学习结束时要进行预期考试。

1996—1997学年，奥地利应用技术大学开始提供适宜在职人员学习的课程。这些课程安排在工作之余，例如在晚上或者周末，也有部分课程采用了远程教育的方式。应用技术大学中40%的课程属于这种类型。如果申请人能提供足够的相关职业活动证明，可以免除实习环节。

在芬兰的大学头两年教育中，教学计划有针对性地弥补两类生源知识基础和结构上的差异，普高生源适当加强专业基础课学习，而职高生源则适当加强文化课学习。

三、国外应用技术大学的教师与科研

（一）欧洲应用技术大学非常重视教师队伍的建设

欧洲在发展应用技术大学过程中格外重视教师队伍的建设。首先，对教师的学历和工作经验都有较高要求。一般而言，要求普通科目的教师必须获得博士学位，专业类的教师必须获得该专业的大学毕业证书后才能从事教学活动。芬兰应用技术大学规定教师应具有硕士或博士学位或执教资格证书（相当于博士）。奥地利应用技术大学的教师中，31%获得博士学位，54%获得硕士学位，本科及其他学历者仅占15%。

其次，大量聘任兼职教师。除了常任的全职教师，许多国家的应用技术大学还大量聘任来自企业界或其他社会单位的具有丰富实践经验的特聘教师来校兼职授课。在德国应用技术大学中，专职教师占40%，兼职教师比例占到60%。英国多科技术学院专职教师占21%，兼职教师比例高达79%。兼职教师绝大多数是从具有实际经验的工程技术人员和管理人员中聘请的、具有丰富的生产和管理经验的教师，能亲自动手操作。

重视专职教师的在职培训。例如，德国应用技术大学的教师有一次为期半年的"研究休假"，以了解实际工作中的最新问题和动态，更新和扩充知识。这样将最新的生产技术理论和知识引入教学，增强应用技术大学与社会和产业界的联系，避免教学中理论与实际相脱离。

德国应用技术大学与学术型大学的差异见表表1-4。

表1-4　德国应用技术大学与学术型大学的差异

	学术型大学	应用技术大学
学位体系	学士、硕士、博士	学士、硕士
提供学位的项目	覆盖几乎所有学科	覆盖部分学科
课程体系		（学士学位）包括1学期的实践
学习项目	医学、法律、自然科学、工程、人文、社会科学、商务	工程（75%的工程师都由应用技术大学培养）、商务、社会科学、健康科学
生均经费（2003）	4017EUR	3849EUR（约前者的95.8%）
科研	侧重于基础理论研究，研究与教学相结合	侧重于应用研究，主要是解决实际问题
教授（非讲师要求）	拥有博士学位，拥有Habilitation（任教资格），每周8—10课时，2学期，30周	拥有博士学位；至少5年工作经历，其中3年非高等教育机构的从业经历。每周18课时，2学期，34周；薪水低20%
学生与教授比	50∶1	32∶1
非教授	平均每位教授职位对应3个初级职员	无初级职员职位

奥地利《教师法》规定：教师每年有5天的带薪与加班工资的培训时间，教师可选择在假期或学期中的5天参加研讨会进修。除学期中有

研讨会外,每年暑假还有各类研讨会,讲师来自大学、行业协会和公司等,内容包括专业进修(如本专业内的新技术、新工艺等)、教学方法探讨,也包括对教师教学方法能力的培养。独特的师资培训和进修方式为奥地利应用技术大学提供了优良的教师队伍。①

(二)注重应用型科研,科研与教育、社会服务相结合

2007年3月柏林会议(BaLaMa项目结题)的与会者希望更多地关注欧洲应用技术大学使命中的科研职能,并且这种科研主要是应用型研究。在许多欧洲国家,应用技术大学将通过创新性的应用研究把专业实践和教育结合在一起以适应社会需求。例如,荷兰的应用技术大学的教授和研究队伍将教育、专业实践和实践导向的研究联系起来,学生也可参与这些项目。研究队伍与公司、机构在地方、地区、国家乃至国际层面保持合作关系,共享知识,开展应用型研究,开发新知识。图1-4展示了应用技术大学研究和教育的相互关系如何促进创新和改善实践。

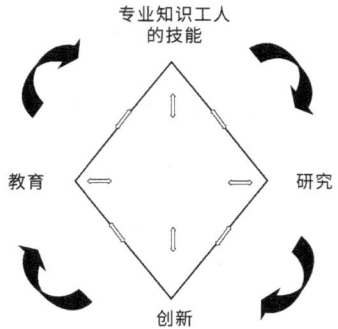

图1-4 应用技术大学中研究与教育的相互关系

应用型科研强调科研与教育、社会服务相结合。在许多欧洲国家,应用技术大学将通过创新性的应用研究把专业实践和教育结合在一起适

---

① 孙诚、杜云英:《欧洲应用技术大学的发展思路》,《中国高等教育》2014年第12期,第60-63页。

应社会需求。例如，荷兰的应用技术大学的教授和研究队伍将教育、专业实践和实践导向的研究联系起来，学生也可参与这些项目。研究队伍与公司、机构在地方、地区、国家乃至国际层面保持合作关系，共享知识，开展应用型研究，开发新知识。欧洲应用技术大学作为高等教育的重要组成部分，通过应用型人才培养和应用型科研，为促进欧洲国家实体经济发展、增强欧洲国家的国际竞争力做出了贡献。[①]

四、国外应用技术大学的实践教育特征

（一）美国应用技术大学的实践教育

美国应用型人才培养分两大类：本科第一专业学位和专业硕士学位。本科应用型人才培养包含两层含义：通用技能培养、专业知识和技能的培养。专业知识和技能视各专业而定。无论是通用技能还是专业知识和技能，都要靠实践教育才能提升。美国的应用型本科高等教育主体是专业性学院和能授予学士学位的社区学院，广泛采用CBE模式，从学生胜任岗位的需求出发，重点培养与工作流程相适应的能力。专业性学院是根据社会和地区的某种需要建立的，以培养实践性应用人才为目标，包括艺术音乐设计学院、理工学院、工程技术学院、医药及其他健康职业学院、商业及管理学院等。[②]

罗斯－豪曼理工学院十分重视实践教育教学，采用现场教学法、案例教学法、实地考察等丰富多样的实践教学方法。第一，重视课程体系的实践教育教学。该院在全美国排名第一的化学工程、土木工程和机械工程三个专业的课程体系结构中实践教育占绝对优势，是课程体系的重

---

① 孙诚、杜云英：《欧洲应用技术大学的发展思路》，《中国高等教育》2014年第12期，第60-63页。
② 阙明坤、武婧、李东泽：《本科职业技术大学的兴起背景、国际经验及人才培养机理》，《教育与职业》2019年第20期，第43-48页。

点。第二，强调学分结构中的专业性。美国高校工程专业本科层次教育的学分要求一般为 150 学分左右，而罗斯－豪曼理工学院的工程专业要求的学分高达 194 分。第三，突出教学方法的实践性。不同课程的教学方法不一样，根据需要的差异化，罗斯－豪曼理工学院的教学方法形式多样。在这些教学方法中除课堂教学外，都具有较强的实践性。第四，重视实验、实训手段的队伍建设。罗斯－豪曼理工学院成立创业中心，创业中心为学生提供了将专业知识和技能与工程专业实践经验相结合的最佳平台，提升了学生的实践能力。

（二）英国应用技术大学的实践教育

英国的应用型人才培养在几个相应的时期主要靠多科技术学院。多科技术学院为英国应用型人才培养作出了重要贡献。随着高校与产业界之间的联系日益紧密，越来越多的高校为地方经济发展培养应用型人才。英国多科技术学院多采用"三明治"的教学计划。在办学指导思想上，英国多科技术学院强调三点，一是理论联系实际，二是毕业生实际技术的运用能力，三是重视生产实践与劳动就业的关系。英国培养应用型人才的高校都非常重视实践教学，重视学生在企业进行的实际锻炼，大都采用"三明治"教学模式，将课堂教学与工业训练分段交错进行，实习和实验课占总课时的三分之一以上。课程体系强调人文科学和社会科学并重，注重管理能力、公关能力以及表达能力的培养。

（三）日本应用技术大学的实践教育

1976 年，日本在高专技术教育基础上设立了技术科学大学，确立了"以培养具有高度创造能力和实践能力，对新技术有适应能力的技术指导者"的培养目标。自 2004 年起日本启动国立大学法人化改革，实施三种类型的大学功能分类改革，分别是：有"世界一流水准的卓越教育研究"大学，包括东京大学等 16 所大学；有"特色专业领域的优秀教育研究"大学,包括筑波技术大学等15所大学;致力于"为地域发展做贡献"的大学,主要是剩下的55所大学。①

日本的应用技术大学基本集中于地方国立、公立及私立大学,在实际教学过程中多采用课题研究法。长野大学是位于长野县内的一所私立大学,学科设置少而精,其保健学科的人才培养质量在全日本有一定的知名度与影响力。长野大学在教学内容和方法上有三个特点:一是专业教学以实习为中心,围绕实习教育展开。应用型人才素质的关键是即战能力,因此要高度重视实践能力和适应能力的训练。以保健学科为例,学生从一年级至四年级每年都安排2—3个月的实习。二是教学内容突出国家资格考试的对策练习。因此,应用型大学的教学内容应有助于学生取得国家资格考试,这种教育是必备的知识教育、思维方式教育和分析问题能力的实践教育。三是通过课题型学习培养学生解决问题的能力。

综上,发达国家应用技术大学实践教育的特点:第一,科学制定人才培养目标。纵观发达国家的应用技术大学,培养的人才要达到本科层次的学业标准,具有良好的综合素质;培养的人才要符合应用技术大学教育的特定要求,具有较强的实践能力和独立分析问题、判断问题、解决问题的能力。第二,高度重视实践教学环节。第三,校企合作、产学研结合是培养应用型人才的最佳平台。发达国家应用技术本科高校在人才培养的路径上强调校企合作共同培育,强调产学研结合,在真实环境中提高实践能力。例如,德国的"双轨制"、美国的"合作教育"、英国的"工读交替"等都是校企合作的范式。第四,政府的政策法规支持是应用技术大学的实践教育体系形成与完善发展的保障。

从欧洲经验来看,欧洲拥有一批知名度很高的应用技术大学,应用

---

① 阙明坤、武婧、李东泽:《本科职业技术大学的兴起背景、国际经验及人才培养机理》,《教育与职业》2019年第20期,第43-48页。

技术大学拥有自己的教学与科研特长，为提高该类大学社会声誉及社会公众的接受度打下了良好的基础。在高等教育的层次、科类、管理体制结构上进行调整，形成高等教育结构与经济结构的匹配和良性互动。

在科类结构上，形成了高等教育的"双元"结构体系，即综合性大学和应用技术大学；在层次结构上，各国以不同的方式确立并提升了应用技术大学的地位，赋予应用技术大学学士、硕士乃至博士学位授予权，形成了与普通高等教育并列的应用技术型人才培养的现代高等职业技术教育体系。

在能级结构上，各国的高等教育结构更有力地支撑了经济结构的调整和产业升级，极大地促进了经济发展，增强了国家的竞争力；在管理体制结构上，形成了更为灵活的教育体制，学生选择更为自由，两轨之间变得更具有贯通性，在满足个体需要的同时也更好地适应了社会经济发展的需求。

借鉴欧洲应用技术大学的经验，我国应用技术大学主要以欧洲应用技术大学为"理想"模型，同时，承袭了我国近二十年来建设"应用型大学"的理论与实践。我国应用技术大学应是一种以专业教育为主导，以服务地方（行业）为使命，立足现代职业教育体系，面向实际工作与生活，定位在本科、硕士层次，提供实用的、技术的和适合职业发展的课程，培养高质量应用技术型人才，开展应用技术研究，服务地方经济建设、国家技术创新体系的教育类型。它介于学术型大学与高职型大学之间，是两种类型融合后的一种变体，它与国外服务型大学组织模式十分接近，具有对传统高等教育某种修正的意味。①

我国的行业性新建本科院校和民办高校，一般是在原有行业中专或专科学校的基础上组建的，具有明显的行业特征和行业优势。这类学校

---

① 孙泽文：《应用技术大学发展动因与运行机制探寻》，《职业技术教育》2015年第13期，第20—24页。

与行业有着天然的亲近感,学科专业行业背景深厚,行业特色鲜明,并且学校与行业有着长期稳定的友好合作关系,并形成了具有行业特色的教师和科研团队。因此,这类新建本科院校最适合定位为应用技术大学。我国应引导形成一批与学术型大学并驾齐驱的应用技术大学,培养具备良好知识、技能与能力的应用型人才,并开展应用型科研,为提升国家竞争力,迎接新一轮产业革命的到来,做好高端技术技能人才的储备。

第三节 转移、改造、提升
——政策引领民办高校的转型

我国民办高等教育复始于20世纪80年代初,历经40多年的萌芽、恢复和成长,已从"公办高校的有益补充""高等教育体系的组成部分"一跃而成为现今"国家高等教育事业的重要组成部分"。我国民办高校的办学定位在40多年里经历了三次持续的"转移-改造-提升"的转型阶段。这是民办高校逐渐从外部建设转向内涵式发展的历史演进的过程。定位于应用技术大学是民办高校历史和逻辑的选择,将为其进一步深化内涵式发展奠定坚实的基础。

一、政策领航民办高等教育的发展

民办高等教育是顺应经济发展、市场需求的产物,是我国高等教育事业的重要组成部分。改革开放以来,我国的民办高等教育经历了从无到有、从有到快、从快到好的发展历程。新中国成立后至改革开放前,我国的民办高等教育基本上处于空白状态。20世纪80年代初期,国家出台一系列政策法规，开始鼓励社会力量举办民办教育。

1982年11月26日，在第五届全国人民代表大会第五次会议上，彭真在《关于中华人民共和国宪法修改草案的报告》中明确提出了"两条腿"办教育的方针。1985年5月，中共中央颁布了《关于教育体制改革的决定》，指出"地方要鼓励和指导国家企业、社会团体和个人办学"。

特别是1993年2月，中共中央、国务院颁布的《中国教育改革和发展纲要》提出："改变政府包揽办学的格局，逐步建立以政府办学为主体、社会各界共同办学的体制。"国家对社会团体和公民个人依法办学，采取"积极鼓励、大力支持、正确引导、加强管理"的方针。民办教育由此进入到中、高等职业教育和职业培训领域。

2002年底，《中华人民共和国民办教育促进法》颁布，更加速了我国民办高等教育的发展。民办高等教育在弥补国家教育经费不足、提高教育的资源供给能力，以及提供多样化的教育服务、推动教育改革等方面，发挥了重要作用。党的十七大以来，我国教育进入促进公平、提高质量、内涵式发展的新时期，民办高等教育在继续发展壮大的同时，在提高质量、办出特色方面取得了显著进展，公办教育与民办教育共同发展的格局正在逐步形成。可以说，一系列重要政策文件特别是《国家中长期教育改革和发展规划纲要（2010－2020年）》和2003年9月1日起施行的《中华人民共和国民办教育促进法》，为实施科教兴国战略，促进民办教育事业的健康发展，维护民办学校和受教育者的合法权益发挥了巨大的作用。

我国的民办高等教育发展历程与民办高等教育相关法案和政策的推动息息相关，经历了萌芽期（1978－1991年）、探索期（1992－1996年）和规范期（1997年至今）阶段。萌芽期的民办高等教育主要以文化补习、职业技能培训为主，属于非学历型高等教育。进入探索期之后，国家出台了一系列鼓励民间办学的政策法规，我国民办高等教育由非学历教育进入了学历教育阶段。1997年,《社会力量办学条例》颁布,标志着我国民办教育合法化,相关规范政策相继出台鼓励资本进入,行业进入规范期,民办高校数量以及民办高校在校生人数都有了显著增长。2017年以后,随着新《中华人民共和国民办教育民促法》修正案通过,民办学校与公办学校在法律上拥有了同等地位,民办教育资本化障碍被扫除,迎来教育资本化时代。①

民办高等教育的发展现状还可以通过数据来展现,来自教育部的数据显示,截至2023年,高等教育的毛入学率为60.2%;全国共有普通高校3074所,在校生4763.19万人。民办高校789所,占全国高校总数的比例25.67%。其中,普通本科学校391所;本科层次职业学校22所;高职(专科)学校374所;成人高等学校2所。民办普通本科、职业本专科在校生994.38万人。民办高校在"十三五"期间,为完成高等教育毛入学率的目标发挥了重要作用。民办高等教育的发展扩大了教育资源供给,弥补了公办教育资源的不足。同时,通过提供多样化的教育服务,满足人民群众特色化、选择性的教育需求。

当前,我国正在由教育大国向教育强国迈进,进入以提高质量、促进公平、改善环境、优化结构为主要特征的新发展阶段,民办高等教育面临着前所未有的机遇和挑战。

北京大学教育学院著名学者蒋承分析认为,我国公办教育形式较为单一,虽然办学水平整体比民办教育要高,但多样化的需求没有办法得到满足。特别是随着人民生活水平的不断提高,这种供给和需求之间的矛盾就越来越突出。

民办教育最大的优势在于贴近市场。一方面社会优势阶层对教育有着更高的要求,另一方面随着城镇化步伐加快、人口流动性增加,以户

---

① 智研咨询:《2018年中国民办高等教育行业发展现状及政策环境分析》,http://free.chinabaogao.com/wenti/201805/052233S122018.html。

籍为基础的公办教育很难满足这部分人的需求。这两部分的供给空缺就给民办教育的发展提供了巨大的空间。

除了扩大教育供给、提供多样化的教育选择，北京大学中国教育财政科学研究所副所长魏建国认为其更大的贡献在于为整个教育系统提供了一种竞争机制："从美国高等教育发展的经验来看，私立教育和公立教育相互竞争，共同发展，形成了当今世界上最为成功的高等教育体系。诸如哈佛、斯坦福这些名校都是非营利性的私立大学，而公立大学也很优秀，比如加州大学伯克利分校。"正因为有着巨大的需求和优势，近年来，民办教育才得以飞速发展。①

总之，我国民办教育的蓬勃发展，既扩大了教育资源总量，增加了教育的选择机会，也促进了教育投入体制的改革、办学管理体制的创新，增强了教育改革发展的活力。在提高教育服务水平、满足人民群众多样化教育需求方面发挥了积极作用，为实现教育事业的整体跨越、经济社会发展进步作出了重要的贡献。

二、政策指引民办高校的三次转型

我国民办高校在 40 多年的发展中不断改革创新，不断对办学定位进行探索和尝试。在国家和地方各级政府教育政策的引导下，我国民办高校的办学定位转型经过了三次，每一次转型都呈现出"转移－改造－提升"这样一个同步推进的过程。

（一）民办高校办学定位的三次转移

1. 从重学历教育向重能力培养转移

我国创办初期的民办高校并不具备独立颁发文凭的资格，多数是以

---

① 《2017 年民办教育的发展现状分析》，http://www.sohu.com/a/132472664_372052。

自学考试辅导的形式办学①。1993年,国务院批准北京市15所民办高校作为首批学历文凭考试试点,随后在全国普遍展开。2004年6月教育部文件明确规定自2005年一律终止招收文凭考试学生,这一时期,全国已有400多所以这种考试为主的民办高校。办学中,由于毕业生就业问题,很多民办高校在注重学历教育的同时,根据社会人才的需求开设专业,并在国家考试计划之外开设了相关的实用课程,呈现出由重学历文凭的取得到重实际工作能力培养的趋势。

2. 从注重招生向注重内在发展转移

在没有政府和社会投资的情况下,民办高校的发展只能靠学费积累滚动发展,生源就成为民办高校创办初期的生命线。例如,黄河科技学院提出要实现办学重点的三个转移:工作重点由业余制向全日制转移,学生来源从城市为主向农村为主转移;教学专业从文科向理工科转移②。通过调整,黄河科技学院很快形成了一个多层次、多学科、多成分、多形式的相当规模的办学格局,建立了一个包括高等教育、成人教育、基础教育、职业教育的比较完整的教育体系。当年的《光明日报》刊发评论文章,盛赞黄河科技学院是"全国自学考试的一面旗帜"。适度的规模效益为人才培养奠定了基础,有规模才能带来效益,才能达到改善办学条件、提高教师待遇、营造良好办学环境的目标,从而提升学校的竞争力,实现真正良性循环。2000年3月,经全国高校设置评审委员会专家组的严格评审,黄河科技学院被中华人民共和国教育部批准实施本科学历教育,掀开了国内民办高等教育发展史上崭新的一页。③

---

① 姜华:《中国民办高等教育组织的变迁及其特性》,博士学位论文,北京大学,2007。
② 胡大白、杨雪梅、张锡侯:《民办高校类型定位和办学特色研究成果报告》,《黄河科技学院学报》2005年第6期,第1-8页。
③ 杨雪梅:《转移-改造-提升:民办高校向应用科技大学转型的演进及意义》,《中国成人教育》2013年第12期,第42-44页。

3. 从内在发展向特色发展转移

历史经验已经向我们证明：民办高校要想生存必须准确把握经济社会发展趋势，找准自身的发展目标，制订科学的、长远的发展计划，切忌急功近利。2000 年，黄河科技学院实施本科学历教育后，学校明确了应用型高校的类型定位，创立和实践了"本科学历教育与职业技能培养相结合"的人才培养模式。2008 年，学校接受本科教学工作水平评估，教育部专家组对学校创立的"本科学历教育与职业技能培养相结合"的人才培养模式和办学特色给予了充分肯定和高度评价。评估结束后，学校坚持"本科学历教育与职业技能培养相结合"的人才培养理念，进一步推进培养模式综合改革，取得了明显成效，积累了一定经验。

（二）民办高校办学定位的三次改造

1. 改应试教育为素质教育

创办初期，民办高校教学工作的安排是根据高等教育自学考试的开考计划和课程考试大纲来进行的，没有自己的培养方案。1993 年开始进行学历文凭考试以后，民办高校（主要是专修学院）仍然把保证学生考试的合格率作为主要的教学目标。但是，为了满足学生毕业后工作的要求，很多学校在国家开考计划之外，开设了与专业相关的课程。特别是学历文凭考试实施以后，其专业课程的设置，理论上是由国家考试、省考试和学校自己组织考试三部分构成并各占 1/3，实际上加上学校为学生就业而多开设的课程，本校考试的科目基本上能达到全部课程的 1/2。这些由本校考试的课程多数是与学生就业直接相关的专业课程，学校都比较重视学生对这些课程的学习和能力的提高。

2. 改借鉴培养方案为特色化培养

民办高校从无培养方案到学历文凭考试试点时，对教学计划规定的 30% 的课程安排、组织考试，以及安排实践性教学环节，开始为教学管理工作的转变积累经验。1997年4月，黄河科技学院成立了学术委员会暨教学指导委员会；当年10月，又成立了专业技术职务评审工作领导小组，在组织上也做了改革和探索。在专业设置和人才培养方案上开始形成自己的特色，打造了信息工程类、商贸外语类"两个拳头"和体育、音乐、美术"三个亮点"专业，提出了"以强化英语、计算机教学为突破口，深化教学改革，加强教学管理，提高教学质量"的指导方针，突出"厚基础、宽口径、强能力"的特点。

3. 改特色培养为科学培养

进入新世纪后，扩招、生源萎缩、招生就业竞争的加剧，各种影响民办高校办学资源的因素相互叠加，使民办高校的办学者不得不深入地思考办学定位问题。2008年6月，黄河科技学院顺利通过教育部本科教学工作水平评估，标志着学院由外延发展转向内涵式发展的轨道。2010年为了推动学校全方位建设与发展，制定了《黄河科技学院中长期改革和发展规划纲要（2011－2020）》，把差异化、特色化的人才培养模式作为实施个性化教育实践的基本载体，学校凸显、强化其比较优势，形成和发挥品牌竞争力的关键。与此相应的培养方案体现了科学培养的特点：一是优化结构，精简内容。适当减少总学时和必修课学时，删减合并重复率高的课程；精选对实现人才培养目标和满足社会需求关联度大的学科和专业核心课程；增设职业性强的技能课程，保证学科核心课程、专业核心课程平台的课程学分占60%，有利于提高学生专业技能的深度和广度，保证专业素质的培养。二是注重实践，形成特色。增加课内外实践教学环节，理工医科类本科专业占35%以上，经管类本科专业占30%以上，突出了实践应用能力的培养；在培养方案中增设与各种能力培养相关的两课活动，增设创新性选修课，将取得行业执业资格证书和技术等级证书、完成课外开放实验、发明创造等明确作为创新性实践项目。①

(三) 民办高校办学定位的三次提升

1. 提升管理水平

构建专门的行政管理和教辅系统，提升管理队伍（形成稳定的行政管理和教辅系统）的整体水平。民办高校招生规模迅速扩大，大量的学员需要有专职的管理、教辅人员，大量的兼职教师也需要有专职的服务人员，现实迫使民办高校重视教学管理干部队伍的建设。黄河科技学院在办学之初就按照"懂教学、会管理、善服务、高素质"的要求，配备和锻炼了一支数量适中、结构合理、素质优良的教学管理干部队伍。

2. 提升教师质量

在创办初期，注重获得学历的教育，使民办高校不需要建立专职的教师队伍就能组织教学工作。因此，当时的民办高校的师资建设主要是依靠社会力量。但是，随着办学目标的转移和改造，大量利用兼职教师不再适应发展的新形势。民办高校开始培养和引进自己的专职教师队伍，并不断提升教学水平。黄河科技学院就通过实施"人才强校"战略，启动"名师工程"，对全校学术、教学工作进行全面质量管理，培养和造就了一批具有高水平的学科带头人，形成了"名师创名校、名校育名师"的相辅相成的统一体系。

3. 提升科研水平

科研是推动一所大学服务社会、提高教学水平的根本动力。在获得本科学历教育资格后，很多民办高校都开始重视科学研究工作。2000年学校升本后，黄河科技学院先后建立了民办教育研究所、信息工程研究所、纳米功能材料研究所、经济研究所、音乐研究所等8个科研所。

---

① 杨雪梅：《转移－改造－提升：民办高校向应用科技大学转型的演进及意义》，《中国成人教育》2013年第12期，第42-44页。

2007年1月，在全校教职工代表暨工会会员代表大会上明确提出了集中人力、物力、财力，实施"科研与学术建设工程"的目标，学校上下形成了以教学带科研、以科研促教学的氛围。2010年，黄河科技学院又开始实施高层次人才队伍建设工程，用五年时间，着力培育了一批高素质、高水平双师型教师，引进各类高层次人才260人，其中高层次学术技术带头人60名、博士200人，引进和培养双师型教师100名。

2010年12月，根据国家、河南省中长期教育改革和发展规划纲要精神，为适应中原经济区建设对人才培养和科技创新的需要，黄河科技学院以应用型本科教育为主体，适度发展专业学位研究生教育，以机械工程、材料科学与工程、信息与通信工程等特色学科为重点，构建对中原经济区产业结构调整和转型升级起重要支撑作用的重点学科和特色专业群，以培养具有较强工程能力的技术技能型人才为根本任务，拟将学校建设成为一所区位优势明显的应用技术大学。

三、政策抉择向应用技术大学转型

2013年，在"现代职业教育体系建设和地方高等学校转型发展座谈会"上，教育部副部长鲁昕指出：职业教育是教育结构调整的切入点。在未来的高等教育体系中，除了保留一两百所研究型大学之外，一大批高校都将转型为应用技术大学。[①] 因此，发展历史较短、学术层次不高的民办院校理所当然地成为宏观政策要求转型的群体。

（一）我国应用技术大学的内涵

"应用技术大学"这一高等学校类型的提出遵循了典型的类型学研究范式，将我国高校由层次分类（"985"高校、"211"高校、地方普通

---

① 陈琼英：《地方本科高校转型发展的战略与实践选择》，《大学》（研究版）2015年第3期，第43—50页。

高校、高等职业院校）转变为由性质（研究型、应用型、职业型）分类。

内涵之一：应用技术大学是一种新型多科性大学。它既服务于生产、建设和服务第一线的职业教育，也服务于区域人民大众实际生活需要的大众化教育。它在人才培养上定位于应用型教育，培养具有职业背景的技术技能型创新人才；在科学研究上聚焦于应用型项目的研究和开发；在社会服务上面向地方，推进政产学研合作，为地方经济建设和社会发展服务；在文化传承创新上服务于丰富地方普通大众精神生活和精神追求。

内涵之二：应用技术大学是一种研究型与高职型的中间形态。综合性的研究型大学主要以基础学科和应用学科的基础理论为主，研究高深学问，培养拔尖创新人才。应用技术大学是多科性或单科性的专业型大学或学院，以各行各业的专门知识为主，培养应用型高级专门人才。多科性和单科性的职业技术学院以各行各业实用性知识为主，培养生产、管理、服务第一线的专门人才。应用技术大学以培养应用型创新人才为主，以培养本科生为主，以面向地方为主。

内涵之三：应用技术大学与高职院校为同型的大学。单科性或多科性的高职院校以各行业实用性知识为主，培养生产、管理、服务地方的专门人才。应用技术大学在人才培养类型上与高职院校部分重合，是高职教育培养理念的延伸，同时为高职院校设置出口并提升其培养层次。

内涵之四：应用技术大学是对传统高等教育的某种修正。应用技术大学突出强调培养经济社会急需的应用型高级专门人才的迫切性和重要性，在培养模式上使这些人才更加适应地方经济建设和社会发展，在本质上是对传统高等教育的某种修正。建设应用技术大学，实现"应用转型"绝不仅是某些或某类大学的任务，以化解其生存发展困境，而是整个高等教育系统共同面临的时代课题，以适应我国经济社会发展的需要。①

(二) 我国应用技术大学的基本特征

应用技术大学不只是新型大学的校名称谓，而是传统的应用型本科和新型技术本科结合的产物，应体现"应用""技术"的基本特征。应用技术大学的典型特征要从服务职能特征、人才特征、办学模式特征、教学模式特征、课程体系与内容特征、师资队伍特征、科学研究特征等方面理解，见表1-5。②

表1-5　应用技术大学主要特点与表征

维　度	主要特点和表征
服务面向特征	地方性、区域性。服务区域经济产业发展，服务技术创新，服务社会转型，具有较强的针对性、有效性和灵活性
人才特征	高层次、强能力、善技能、长应用
办学模式特征	产教融合，校企合作。产业和教育高度融合、学校和企业紧密合作是应用技术大学培养人才的主要途径
人才培养模式特征	双重主体，校企结合；双重角色，工学交替。将典型工作任务作为专业学习领域，将专业学习置入虚拟的、仿真的、真实的工作情景。教学过程与生产过程对接
课程体系与教学内容特征	能力本位。打破学科逻辑体系，按照生产、服务的真实技术和流程构建融教育、技术技能训练和创新创业能力培养于一体的课程体系，形成与行业标准对接的模块化课程内容
师资队伍特征	兼具能讲理论、能指导实践、能开展应用技术研究与开发的双师型教师队伍

---

① 刘德深、马凤鸣：《论应用技术大学的内涵与本科职业教育——以黑龙江东方学院为例》，《继续教育研究》2013年第10期，第119-121页。
② 饶丽娟：《比较视野下应用技术大学内涵与规定性的分析》，《齐齐哈尔大学学报》（哲学社会科学版）2018年第1期，第170-173页。

续表

维　度	主要特点和表征
研究取向特征	应用研究，解决实际问题为主导

特征之一：服务面向的地方性和行业性。应用技术大学对于区域经济发展和重点产业、新兴产业的人才需求，对于产业升级或产业结构调整导致的人才要求，要及时做出响应。

特征之二：人才培养定位的职业适应性。高层次、强能力、善技能、长应用。这类人才是根据行业和岗位所需要的技术技能体系来进行培养的，强调从业能力和职业的适应性。其规格要求是：掌握专业基本理论，具有较强的专业实践能力，爱岗敬业，与人合作，有社会责任感。

特征之三：专业设置与产业升级和产业结构调整的适切性。专业设置要适应区域和行业的经济发展，担负起为区域、行业发展培养人才、开发应用技术和推广新技术的责任。

特征之四：教师队伍的多元结构性。学校的教师不仅要有扎实的理论功底，而且要有较强的专业实践经验，即有一支既能讲理论、能指导实践，又能开展应用技术研究与开发的双师型教师队伍。此外，可聘请业界专家到学校做兼职教授，形成一支专兼结合、结构合理、优势互补的多元化教师队伍。

特征之五：以专业能力培养为核心的课程体系和教学内容够用、实用和管用性。依据岗位对本科层次人才的知识、能力和素质要求，打破学科壁垒，遵循技术技能生成的逻辑，整合课程内容，以专业能力培养为核心构架课程体系，教学内容够用、实用和管用，强化学生所学知识的综合应用，并贯穿到教学方法、学习评价等各个环节，体现出人才培养的针对性，实现学历教育与职业素质养成的科学统一。

特征之六：开放式联合办学的合作性。产教融合，校企合作。产业和教育高度融合、学校和企业紧密合作是应用技术大学培养人才的主要途径。应用技术大学应与行业企业、科研单位、政府或其他事业单位合作办学、合作育人，依据政府、学校企业、科研机构或事业单位各方利益的诉求，寻求价值取向的结合点和利益的结合点，实现资源共享，互利共赢。

特征之七：强化教育教学过程的实践性。双重主体，校企结合；双重角色，工学交替。通过校企合作、校内外实训基地的实践教学，学用结合、学做结合、学创结合，切实提高学生就业能力、创业能力和创新能力，提升学生就业的层次和质量。增加项目教学、综合实习实训等实践教学环节，改变实践教学过多依附理论教学的状况。

特征之八：教育教学管理"以学习者为本"的人文性。在学校的管理理念和制度建设上，体现以学习者为本，为学生发展和就业服务，引导其自主学习，促使其个性发展。教育教学质量的最终评价以学生、家长和用人单位满意与否为标准。[①]

（三）依托地方向应用技术大学战略转型

依托地方，在服务地方社会经济转型升级的过程中建设应用技术大学，是民办高校实行自身转型发展的必然选择。民办本科高校大部分由民办高职院校升本科，还有一部分来自独立学院转设，无论是哪一类学校，自办学伊始就明确定位于应用型或职业教育型院校，面向地方，面向生产、建设、管理和服务一线，以培养经济社会发展紧缺的理论够用、专业技能强的应用型人才和技术技能人才为目标，与传统学术型、研究型高校"错位"发展，注重学生的职业需求，突出职业素养和

---

① 刘德深、马凤鸣：《论应用技术大学的内涵与本科职业教育——以黑龙江东方学院为例》，《继续教育研究》2013年第10期，第119-121页。

动手能力培养，把大学生职业能力的培养和就业放在首位。例如，黄河科技学院探索"本科学历教育与职业技能培养相结合"的办学模式；黑龙江东方学院不断地深化改革，形成了"应用型、职业型、开放式"的人才培养模式；西安翻译学院坚持翻译特色，所有二级学院都用"外语＋专业＋技能"培养各个专业的翻译人才。民办本科高校的这一办学定位和培养目标与国外应用技术大学有着相似之处，为其转型提供了便利，而相比较于公办本科院校，民办本科院校向应用技术型大学转型更具有思想观念和文化认同上的优势。① 一是教育思想的巨大转变，由培养特色人才向培养"专业精英"人才转型。应用技术大学的理念源自德国。德国的应用技术大学（University of Applied Sciences，德文为Fachhochschule）培养应用型和技术管理型人才，注重培养学生分析问题、解决问题的创新能力，特别鼓励学生早期介入科研活动。其培养的人才可以说是各种工程专业的"专业精英"。确立应用技术大学的办学定位，可以更好地通过多种不同的教育模式，培养工程类"专业或岗位精英"。

二是确定应用技术大学办学定位是内涵发展的新途径。应用技术大学不再是简单的学历教育加职业技能的训练，而是强调内涵向厚重发展，注重知识创新、积累与传承。这就需要民办高校要加强重点学科与特色专业群建设，不断提升学科的科技创新能力和专业群的建设质量，形成多个省级重点学科、重点专业和多个省市级优秀教学团队，逐渐凸显学科和专业群的集成优势，凝练出学科和专业特色。

三是应用技术大学是服务社会的新动力，应用技术大学更注重科技创新能力的提升。这就要求民办高校要增强学校自主创新能力，全面促进学校的内涵发展，提升综合办学实力，促进科技创新与人才培养的有

---

① 阙明坤：《建设我国高水平民办应用技术大学的对策研究》，硕士学位论文，西北师范大学，2015，第20页。

机结合,在高水平科研实践中培养创新团队和创新人才,以高水平的科学研究支撑应用型人才培养,为地方经济社会的发展提供更多的人才支持。

四是确定应用技术大学办学定位可使办学特色形成新的亮点。应用技术大学注重教学内容的"精""新""实"。这就要求民办高校要从增强教学的针对性、先进性和实效性出发,优化课程教学内容,使之更具有职业性和适用性,在教学中贯彻行业标准和职业资格标准,重视学生基本技能、职业能力、职业精神的培养,形成独具一格的办学特色。[①]

[①] 杨雪梅:《转移－改造－提升:民办高校向应用科技大学转型的演进及意义》,《中国成人教育》2013年第12期,第42-44页。

第二章 大学组织与组织结构理论

大学是一种功能独特的文化组织机构,是与社会的经济和政治机构既相互关联又鼎足而立的传承、研究、融合和创新高深学术的高等学府。它不仅是人类文化发展到一定阶段的产物,它还是在长期办学实践的基础上,经过历史的积淀、自身的努力和外部环境的影响,逐步形成的一种独特的大学文化的组织系统。① 知识及其学科(专业)是大学存在的组织基础,这是大学区别于其他社会组织的一个根本特征。同样,组织和组织结构理论可以帮助我们分析和理解大学的形成、发展和转型的过程。

第一节 组织与大学组织变革的特征

在现代社会生活中,组织是人们按照一定的目的、任务和形式编制起来的社会集团,组织不仅是社会的细胞、社会的基本单元,而且可以说是社会的基础。②

---

① 王冀生:《大学文化的科学内涵》,《高等教育研究》2005年第10期,第5-10页.
② 郭石明:《社会变革中的大学管理》,浙江大学出版社,2004,第1页.

一、组织与大学组织的内涵

（一）组织与大学组织的概念和内涵

组织是由两个以上的人组成的，为实现共同目标，以一定形式加以编制的集合体。人生来就处在组织之中，组织包围着我们，并不断改变我们的生活。组织是一个系统，具有集结资源、实现特定目标的功能，而系统是相互作用的要素的集合体。

1. 组织的概念和内涵

中国古代"组织"一词原指丝麻织成布帛。《辽史·食货志》有"饬国人树桑麻，习组织"之说。中国古代有关组织活动的论述则更为古老，如《孙子兵法·势篇》有"凡治众如治寡，分数是也"和"斗众如斗寡，形名是也"。这里"众""寡"指组织形式，"治""斗"指组织方法。人类对组织进行有系统的研究，则是从20世纪初开始的。

现代学者认为，组织是由两个以上的人组成的，为实现共同目标，以一定形式加以编制的集合体。人类社会的组织活动随着社会分工日益复杂，组织种类愈加繁多，如行政组织、工商企业组织、文化教育组织等。其中，行政组织在社会中处于重要地位[①]。

从广义上说，组织是指由诸多要素按照一定方式相互联系起来的系统。在这个定义中包含有生物学中有机体的组织，在西方原义来源于器官（organ），因为器官是自成系统的，如皮下组织、肌肉组织等出自细胞组成的活组织；动物的群体组织，如一窝蜜蜂就是一个以蜂王为核心、秩序井然、纪律严明的群体。

从狭义上说："组织，是人类为了达到某种共同目标而特意建构的

---

① 360百科：《组织理论》，https://baike.so.com/doc/5986647-6199614.html。

社会单元，企业公司、军队、学校、教会、监狱等都是组织。"①

狭义的组织专门指人群而言，运用于社会管理之中。在现代社会生活中，组织是人们按照一定的目的、任务和形式编制起来的社会集团，组织不仅是社会的细胞、社会的基本单元，而且可以说是社会的基础。本书所要研究的组织是指狭义的组织（如图2-1所示）。

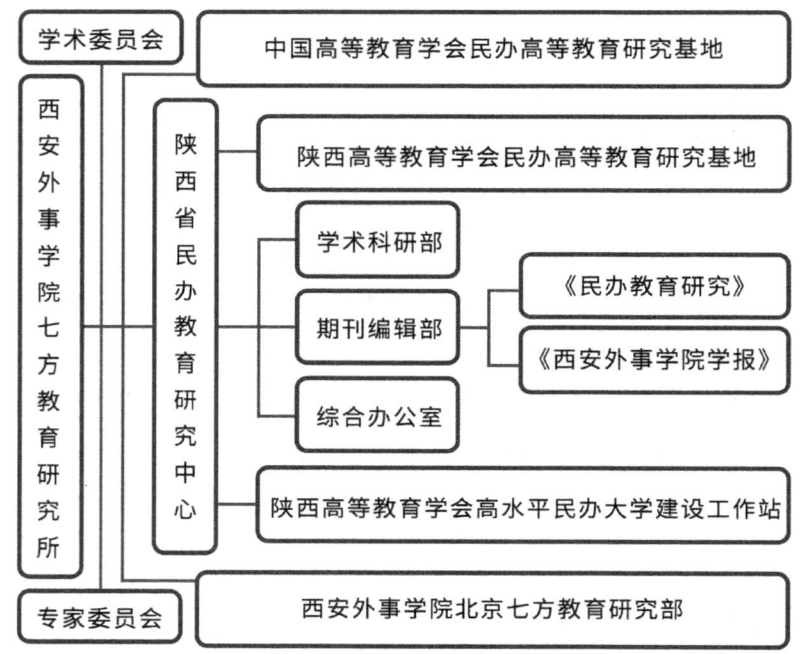

图2-1 西安外事学院七方教育研究所组织架构

巴纳德提出了构成组织的三个基本要素：共同的目的、个体愿意作出贡献的意愿和信息交流。②

---

① 罗珉：《组织管理学》，西南财经大学出版社，2003，第5页。
② C.I.巴纳德：《经理人员的职能》，孙耀君译，中国社会科学出版社，1997，第60页。

马克斯·韦伯认为，组织是一种通过规则对外来者的加入既封闭又限制的社会关系，它意味着一个正式的有意形成的职务或者职务机构。①

组织的本质是结构，组织主要依赖于其结构发挥作用，没有结构作为基础，组织不可能存在。什么是最好的组织结构？差别最大、联系最紧的结构就是最好的结构。什么叫差别最大联系最紧的结构？就是对称的结构，而且组织内不应该是二元对称，而应该是多元对称。多元对称的结构就成为群论结构。如果组织没有合理结构，也不可能是高效的组织。

2. 大学组织的概念和内涵

大学是与社会的经济和政治机构既相互关联又鼎足而立的传承、研究、融合和创新高深学术的高等学府。人类最早的大学办学可以追溯到距今已有2500多年中国的先秦时期和西方的古希腊、古罗马时期。中国先秦时期《大学》倡导的"大学之道"与西方柏拉图倡导的"哲人治国"理念、亚里士多德倡导的"自由教育"思想，共同开创了人类探索大学理念及其办学规律的先河。西方最早的近代、现代大学是1088年建立于意大利的波洛尼亚大学，西方近代、现代大学从英国纽曼"崇尚人文，注重理性"的大学理想，到德国洪堡"教学与研究相统一"的崭新理念，到美国"融入社会，多元开放"的理念创新，再到联合国教科文组织"着眼未来，引领社会"的新理念，经历了一个不断的文化觉醒和理念创新的过程。②

大学是学者的社团；大学是探索和传播普通学问的场所；大学是探索和传播高深学问的机构；大学是独立思想和批判的中心；大学是社会服务站；大学是一个有机体；大学是由多种社群组成的多元化巨型组

---

① 任浩：《公共组织行为学》，同济大学出版社，2006，第3页。
② 王冀生：《大学文化的科学内涵》，《高等教育研究》2005年第10期，第5-10页。

织。大学组织是为了实现一定目标，按一定结构方式组合起来的，与内外环境相互适应保持动态平衡的人群集合体。

(二) 组织构成的四要素

根据组织的概念和内涵，我们可以把组织的构成要素确定为：组织环境、组织目的、管理主体和管理客体。这四个基本要素相互结合、相互作用，共同构成一个完整的组织。

1. 组织环境

组织环境是组织从事各种活动所直接或间接涉及的各种社会关系的总和。任何组织都处于一定的环境中，并与环境发生着物质、能量或信息交换关系，脱离一定环境的组织是不存在的。任务环境是指那些与组织发生直接作用，并对组织实现目标的能力有直接影响的因素。一般环境是指那些对企业的日常经营可能没有直接影响但会有间接影响的各种环境要素（如图2-2所示）。

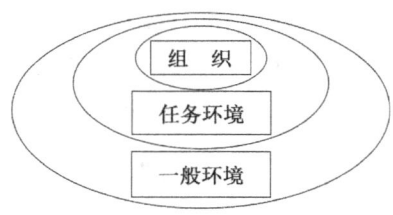

图2-2 组织环境

2. 组织目的

组织目的是指得到组织所有成员认同的共同愿望。任何一个组织都有其存在的目的，建立一个组织，首先必须有目的，然后建立组织的目标，如果没有目的，组织就不可能建立。组织的目标不变，所有的人都是围绕着目标来干事，领导是组织目标的化身。例如，抗战时期的国立西南联合大学虽然办学处在极端恶劣的环境下,但只要有教师和有知识的投入,有好的校长,为社会创造价值的命运就不会停滞。

德鲁克认为:组织的目的是使平凡的人做出不平凡的事。组织不能依赖于天才,因为天才稀少如凤毛麟角。考察一个组织是否优秀,要看其能否使平常人取得比他们看来所能取得的更好的绩效,能否使其成员的长处都发挥出来,并利用每个人的长处来帮助其他人取得绩效。组织的任务还在于使其成员的缺点相抵消。[①]

3. 管理主体和管理客体

在组织中,两个相互作用的要素是管理主体和管理客体。管理主体是指具有一定管理能力,拥有相应的权威和责任,从事现实管理活动的人或机构,也就是通常所说的管理者。管理客体是管理过程中在组织中所能预测、协调和控制的对象。管理主体与管理客体之间的相互联系和相互作用构成了组织系统及其运动。管理主体相当于组织的施控系统,管理客体相当于组织的受控系统。组织是管理主体与管理客体依据一定规律相互结合、具有特定功能和统一目标的有序系统。在管理的过程中,管理主体领导管理客体,管理客体实现组织的目的,而且管理客体对管理主体又有反作用,管理主体根据管理客体对组织目的的完成情况,调整管理主体的行为。它们通过这样的相互作用,形成了耦合系统,从而更好地实现组织的目的。[②]

二、组织的形式和类型

(一)组织的形式

组织在形式上包括以下几个方面。

[①] 百度:《彼得·德鲁克名言》,http://www.binzz.com/yulu2/1469.html 2014-05-04。
[②] MBA智库百科:《组织》,http://wiki.mbalib.com/wiki/%E7%BB%84%E7%BB%87。

1. 组织类型

组织可分为不同类型，如政治组织、军事组织、经济组织、教育组织等。组织类型与结构有关，因为不同结构的组织可以划分出不同的类型。

2. 组织关系

组织关系是指组织人员在组织中的地位和相互关系，如组织的机构设置以及管理权限划分。组织关系主要包括组织结构和组织权力。

3. 组织意识

组织意识是指一个组织全体成员的共同意识、共同价值观，即一个组织的集体意识。组织意识是组织成员对组织的一种观念、认识和精神觉悟，是在加入该组织后才产生的。对大学来说，组织意识就是大学组织的集体意识。师生员工的大学组织意识只有在加入该大学之后经过培育才会形成，而且师生员工的这种组织意识，随着参加大学活动的实践和接受教育的深入，也在由浅入深、由低到高地发展。[①]

（二）组织的类型

组织是社会的组织。从社会系统角度来看，社会结构是由基本的社会组织所构成的，这些组织之间相互作用和相互影响，对社会的稳定和发展起到重要的推动作用。一个社会能否继续生存和发展，很大程度上取决于作为次级制度的组织形式。每一种组织都有自己的运行机制，彼此之间不能混淆，但可以进行相互比较（见表2-1）。

表2-1 不同组织之间的比较

制度层次	家庭组织	经济组织	政府组织	宗教组织	教育组织
社会基础（例）	中层阶级父母	有工业文化的父母	贫下中农	信众	校友

[①] MBA智库百科：《组织意识》，http://wiki.mbalib.com/wiki/组织意识。

续表

制度层次	家庭组织	经济组织	政府组织	宗教组织	教育组织
群体（例）	核心家庭	派系	会社	团契	学校次文化
社会关系（例）	父子	管理工人	君臣	神女善信	师生
人（角色）（例）	父亲	消费者	公民	牧师	教师
价值（例）	孝	诚	忠	信	先天下之忧而忧
目标（例）	光宗耀祖	丰衣足食	公正廉明	平安	治国平天下
程序（例）	晨昏定省	行规	官	祭礼	学制先天下

著名社会学家帕森斯曾把社会组织分为四种类型，即大学、医院、实业组织和军队组织，并分析了每一种组织的特点及社会中的作用，比较了它们的异同点。① 组织的类型可从以下三方面划分：

一是从组织的规模程度去分类，可分为小型的组织、中型的组织和大型的组织。比如，同是企业组织，就有小型企业、中型企业和大型企业；同是医院组织，就有个人诊所、小型医院和大型医院；同是高等院校，既有数千人的专科高校，也有万余人的地方高校和数万人的综合性大学。不论何类组织都可以组织规模划分组织类型。

二是按组织的社会职能分类，可分为文化性组织、经济性组织和政治性组织。文化性组织是一种人们之间相互沟通思想、联络感情、传递知识和文化的社会组织，各类学校、研究机关、艺术团体、图书馆、艺术馆、博物馆、展览馆、纪念馆、报刊出版单位、影视电台机关等都属于文化性组织。文化性组织属于非营利组织。经济性组织是一种专门以

---

① 郭石明：《社会变革中的大学管理》，浙江大学出版社，2004，第3页。

追求社会物质财富的社会组织，它存在于生产、交换、分配、消费等不同领域，工厂、工商企业、银行、财团、保险公司等社会组织属于经济性组织。政治性组织是一种为了某个阶级的政治利益而服务的社会组织，国家的立法机关、司法机关、行政机关、政党、监狱、军队等都属于政治性组织。

三是按组织内部是否有正式分工关系分类，可分为正式组织和非正式组织。如果一个社会组织内部存在着正式的组织任务分工、组织人员分工和正式的组织制度，它就属于正式组织。政府机关、军队、学校、工商企业等都属于正式组织。正式组织是社会中主要的组织形式，是人们研究和关注的重点。如果一个社会组织的内部既没有确定的机构分工和任务分工，没有固定的成员，也没有正式的组织制度等，这种组织就属于非正式组织。非正式组织可以是一个独立的团体，比如学会、协会、学术沙龙、文化沙龙、业余俱乐部等，也可以是一种存在于正式组织之中的无名而有实的团体。

综上所述，在现代组织中，由于组织规模的不断扩大，组织内外环境的日益复杂，组织结构的作用越来越突出，越来越重要。许多管理学家在分析组织活动成败的过程中，得出这样的结论：一个组织生命力的强弱往往与它的组织结构有直接的关系。

三、组织变革的模式和特征

（一）组织变革

组织变革是指运用行为科学和相关管理方法，对组织的权力结构、组织规模、沟通渠道、角色设定、组织与其他组织之间的关系，以及对组织成员的观念、态度和行为，成员之间的合作精神等进行有目的的、系统的调整和革新，以适应组织所处的内外环境、技术特征和组织任务等方面的变化，提高组织效能。

大学的发展离不开组织变革，内外部环境的变化，其资源的不断整合与变动，都给大学带来了机遇与挑战，这就要求大学关注组织变革。①大学的组织变革是适应外部环境变化而进行的，以改善和提高组织效能为根本目的的教育教学管理活动。外部环境的变化是高校组织变革的最大诱因。运用系统环境互塑共生原理可分析组织变革的发生（如图2-3所示）。

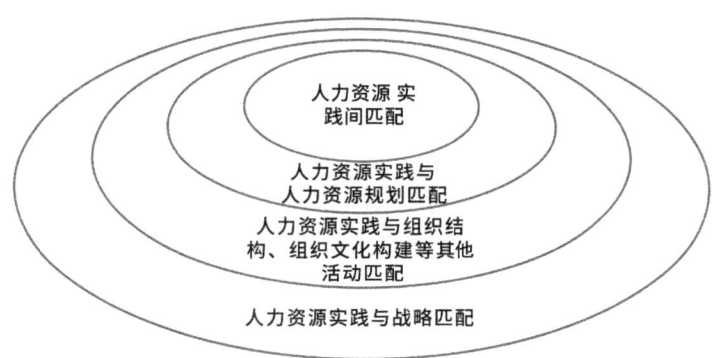

图2-3 组织变革相关示意

（二）组织变革的模式选择

企业和高校组织变革有两种典型的组织变革模式：激进式变革和渐进式变革。激进式变革也称剧烈式变革，力求在短时间内对企业和高校组织进行大幅度的全面调整，以求彻底打破初态组织模式并迅速建立目的态组织模式。渐进式变革则是通过对组织进行小幅度的局部调整，力求通过一个渐进的过程，实现初态组织模式向目的态组织模式的转变（如图2-4所示）。

---

① 周三多：《管理学》（第三版），高等教育出版社，2010，第210-215页。

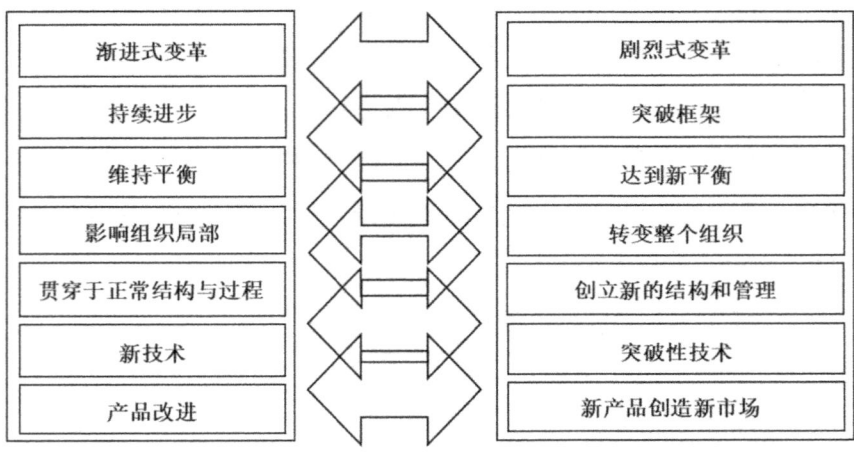

图2-4 两种典型组织变革方式的对比

比较企业和高校组织变革的两种典型模式，企业和高校在实践中应当加以综合利用。在内外部环境发生重大变化时，有必要采取激进式组织变革以适应环境的变化，但激进式变革不宜过于频繁，否则会影响企业和高校组织的稳定性。高校与追求盈利的企业不同，一般采取较温和的渐进式变革。例如，20世纪初期蔡元培对北京大学的组织变革、抗日战争时期三校合一的国立西南联合大学的组织变革均属于渐进式变革。

（三）组织变革的阶段及特征

组织需要变革的状况大都不是突发性的，而是有先兆可循的。频繁决策失误，组织成员间沟通不畅，管理业绩长期不理想，组织内部官僚主义盛行、组织纪律涣散，组织成员缺乏工作热情、工作效率低，人浮于事严重、奖惩不明或奖惩得不到执行，职能部门频频出现问题（如人事部门任人唯亲、财务部门违反财经纪律、业务部门总是出现质量问题）等现象的出现也是明显的变革先兆。表2-2显示了企业组织变革的阶段及特征。①

表2-2 企业组织变革的阶段及特征

变革项目	特征	背景	面临危机	解决思路	经典案例	对中国企业的启示
第一次变革	从个人化到职能化	组织处于创始阶段。由于规模小、复杂程度低，创业者（往往也是实际管理者）感觉不到管理的压力，但随着组织的成长，创业者感到困难重重	领导危机	适度分权；职能部门规范化	杜邦公司	处于此阶段中国企业的成功主要来自创业者个人魅力和集权，职能部门形同虚设。此时企业面临的主要任务是设立真正起作用的职能部门并适度分权
第二次变革	从职能化到功能分层	20世纪20年代左右，美国消费者出现分层，导致企业职能分化，企业内形成不同的利润中心	组织危机（包括集权危机和分权危机）	企业内部功能的分化和整合	Sloan对GM的改造	中国的国有企业大多存在分权危机，而私企一般存在集权危机。因而，中国国企和私企都存在组织危机，都需要在一个新的体系下完成功能性分层

---

① 刘松博、龙静：《组织理论与设计》，中国人民大学出版社，1998，第242-244页。

续表

变革项目	特征	背景	面临危机	解决思路	经典案例	对中国企业的启示
第三次变革	从功能分层到产业决策	第二次世界大战后投资的多元化和大量的兼并使中小企业纷纷消亡，企业的组织规模急剧膨胀，产业集中度大大提高，企业家开始面临产业问题	决策危机	战略研究、财务革命、全面质量管理的导入和发展	可口可乐	中国企业现在正处于决策危机时期，因而战略研究和控制研究（包括信用控制）是中国企业家和管理咨询业面临的重大课题
第四次变革	从产业决策到组织再造	为了应对瞬息万变的市场和日趋激烈的竞争，企业组织必须实现两项变革：一是由以产品为中心的事业部向以客户为中心的事业部转变；二是进行全方位的组织再造	官僚危机	组织和流程再造；组织内高效团队的形成	郭士纳对IBM的改造；韦尔奇对GE的改造	这是企业组织不断创新的阶段。为了迎接中国加入WTO的挑战，增强中国企业的国际竞争力，中国的企业组织必须尽快步入这一阶段

四、大学与大学组织的形成

（一）中世纪大学的形成

中国古代的学宫、太学、书院虽然也具有高等教育的性质和特征，但现代意义上的大学起源于欧洲的中世纪。大学最初是教师和学生聚合在一起而形成的一种行会组织,以学习和教授某项专门的知识为目的。到了 12 世纪初,随着城市的兴起,对教育的需求越来越大。教师和学生为了保护自己的利益,组成了"教师和学生的组合",并从城市当局和教会当局赢得了明确的承认,这就是大学的最初雏形。从大学的最初形成历史可以发现,大学尽管在很大程度上具有独立性,但这一组织由于自身的松散性,必然与政府等世俗力量发生千丝万缕的联系。

中世纪大学主要传授文、法、神、医四门学科,因此这四科也成为中世纪的四大基础学科。在组织上,教师按照从事的学科组成教授会(Facultas),也即按照某一门知识来划分的教师团体。一般大学都有文、法、神、医四个教授会。教授会推选一位"主任"(Decanus)作为代表。学生同样也有自己的组织,学生按照来自的地区不同组成同乡会(natione),同乡会选举一人作为领导,称"顾问"(consiliarius)。教授会的主任和同乡会的顾问共同推选大学校长。当时最出名的大学有意大利的波洛尼亚大学,该大学的学生年龄较大,因此学校以学生为主导,由学生决定教授选聘、学费、授课等校务,人称"学生大学"。另一所著名大学是法国的巴黎大学,该校教师势力较大,校务由教师主导,人称"先生大学"。这两所大学被称作"母大学",它们的管理体制成为欧洲其他大学的范例。[①] 从中世纪初期大学的管理模式可以发现,大学内部由教师和学生参与校务具有深刻的渊源,教师和学生分别拥有各自的组织,维护自身的利益。从经济学的角度来看,早期大学之所以形成教师和学生主导校务的局面,其中的一个原因是当时大学内部和外部的委托代理关系相当简单,甚至没有。学校的事务比较简单,教师和学生由于对学校运作的各方面拥有充分信息,因此可以以极低的成本亲自执行

---

① 滕大春、姜文闵:《外国教育通史》(第二卷),山东教育出版社,1989。

大学的运作和管理。①

(二) 中世纪晚期的大学组织形式

中世纪晚期,大学组织得到了一些捐赠。捐赠为大学提供了吃饭和住宿条件,大学也逐渐拥有自己的固定建筑。随着捐赠的增多,大学出现了学院。1500 年,牛津和剑桥分别建立了 10 余个学院。随着学院的发展,大学组织出现了三种形式。第一种是牛津剑桥的联合大学或者说导师型大学 (collegiate or tutorial university)。这种大学的教学活动分散在各个学院进行,每个学院拥有相对独立的一套教师和学生进行教学和生活的社区。教学活动的重心从大学下放到学院,各个学院拥有较大的独立性。第二种是以荷兰的莱顿大学、德国的哥廷根大学为代表的教授型大学 (professorial university)。这种大学教学活动集中进行,倾向于根据学科划分培养专家。第三种则是中间模式,也即学院式大学 (college university),它结合了集中模式和学院制的优点。这种中间模式的最大优点在于可以用很小的成本进行教学控制。这种学院式大学规模适中,内部实行等级化 (hierarchy) 管理。由于它形成了单一的管理模式,采用了专业训练,又强调科学的统一,因此逐渐成为现代大学的典范。②

(三) 德国和美国的大学组织形式

随着学科的不断分化和大学科研活动的发展,大学的内部组织形式也发生了相应的变革。专门化的学科成为大学组织架构的基石,在此基础上,西方大学衍生出两种不同的组织形式。一种是德国大学所具有的研究所形式:大学由国家举办,但享有广泛的内部自治权利。大学由讲座教授 (也即正教授) 负责管理,强调研究和教学的统一。为了适应

---

① 段素菊:《论民办职业院校的组织结构及其特征》,《全国商情·理论研究》2010 年第 12 期,第 86-89 页。

② Frijhoff, W. "University: 1500-1900", in B. R. Clark (eds.) The Encyclopedia of Higher Education, 1992.

学科发展，大学内部设立了各个学科的研究所。研究所是一个独立的教学科研单位，内部只设立一个教授职位，教授下面有一些教学科研人员。在研究所之上设立学部，学部的权力是咨询性质的，类似于顾问委员会。学部的决策机构是部务委员会（inner faculty），它是一个由地位相同的高级人员组成的松散组织，负责课程安排、考试、学位授予等事宜，并负责向教育部长推荐空缺讲座职位的人选。学部再往上则是大学，大学的决策机构是学术评议会。德国的研究所式大学组织形式充分说明，至少在当时，大学内部已经分化出明显的等级层次（hierarchy），比如一个研究所内部只有一个正教授，正教授拥有对实验室、设备的绝对支配权力，部务委员会的组成人员一定是具有相同地位的高级人员。德国大学的组织形式可以归纳如下（如图2-5所示）。①

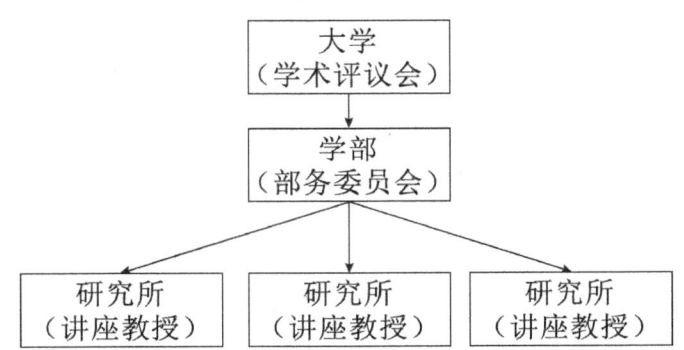

2-5 德国研究所型大学的组织模式

除了德国的研究所组织形式以外，另一种形式是美国的学系组织形式。在美国大学内部，随着学科的发展，出现了以学科为基础的"系"。

---

① 段素菊：《论民办职业院校的组织结构及其特征》，《全国商情·理论研究》2010年第12期，第86-89页。

系是由从事同一学科教学科研的学术人员组成的一个机构,它的权力与德国的研究所相比较为松散。自 1825 年哈佛大学开始设立 9 个系以后,美国各个大学陆续建立系和专业学院(professional school)。美国大学的学系形式的出现是为了适应专业化需要,以便划分更大的结构。①

无论是德国大学的研究所形式,还是美国大学的学系形式,大学内部组织进行的变革都是为了适应大学的管理事务。从经济学的观点看,随着组织规模的扩大,任务的完成和传递所需经过的"节点"必然呈几何级数增加。由于信息和交易成本的问题,传统的组织结构开始不能适应这种变化。因此,内部组织结构的整合和分化就不可避免。这种组织的演化过程在经典的企业理论里面已经得到了有力的证明。

第二节 组织理论与组织结构理论

组织理论是指人类在社会组织活动中按一定形式安排事务的理论。组织理论就是为了提升组织运行的效率和效果,而对组织结构和组织运行规则(制度)进行优化设计的理论。组织结构理论是组织理论的重要组成部分,其发展印证了组织理论发展的历史轨迹。②

组织理论研究组织的生存、适应和发展,它综合了行政学、政治学、社会学、人类学、社会心理学、哲学、经济学等多种学科的研究成果。③

自泰罗 19 世纪末 20 世纪初开辟了组织理论以来,系统的组织理论

---

① Duryea, E.D. "Evolution of University Organization", in J. A. Perkins (eds.) The University as an Organization .McG raw-Hill Book Company(1973).
② 徐细雄:《组织理论与组织设计》,http://www.docin.com/p-740684640.html。
③ 敬义嘉:《学科和范式:组织理论变迁综述》,《社会》2006 年第 6 期,第 165-189 页。

经历了传统组织理论、行为科学组织理论到现代组织理论的发展进程。

一、组织理论的起源和发展

(一) 组织理论的起源和传统组织理论

组织理论的起源最早可追溯到亚当·斯密。他在《国富论》中首先提出了劳动分工的原则。劳动分工原则是组织设计的一个基本原则，至今仍具有生命力。从20世纪初开始，组织理论大致经历了传统组织理论、行为科学组织理论和系统管理理论三个阶段。传统组织理论盛行于20世纪10－30年代。它着重分析组织的结构和组织管理的一般原则，研究内容主要涉及组织的目标、分工、协调、权力关系、责任、组织效率、授权、管理幅度和层次、集权和分权等。代表人物有提出官僚制度理论的 M. 韦伯、提出一般管理理论的 H. 法约尔、提出科学管理理论的 F.W. 泰勒。尽管泰勒的科学管理主要适用于企业组织，但其组织管理思想深刻地影响了行政组织管理和行政理论的研究。此外，古利特和 L. 厄威克及时综合和传播了传统组织理论者的观点和主张，扩大了传统组织理论的影响。

法约尔是一般管理学派的代表人物。他提出了管理的五个基本的职能，即计划、组织、指挥、协调和控制，并认为组织职能是一项非常重要的职能；同时他又提出了直线－职能制的组织模式。设计了一种为解决上下级之间跨越统一的指挥链而进行直接联系的组织形式，即"法约尔跳板"（如图2-6所示）。他也概括了包括组织职能在内的14条一般管理原则。

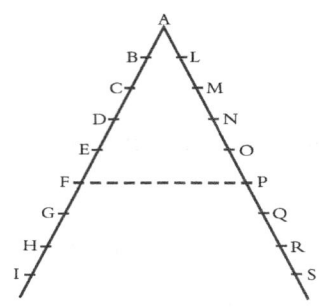

图2-6 法约尔跳板原则的解释

韦伯的官僚制度理论也称为科层制理论，认为组织治理机制有三种基础：其一是理性基础，即组织建立在对权力和法规的信念之上并通过相应的规则来组织活动；其二是传统基础，即组织建立在古老传统和统治身份的神圣信念之上；其三是魅力基础，即组织建立在具体的、非同寻常的个人及其统治方式之上。韦伯认为理想的行政组织体制是行政集权组织。理想的行政组织体制的原意是这种组织是通过职务或职位而不是通过个人或世袭来管理的（如图2-7所示）。

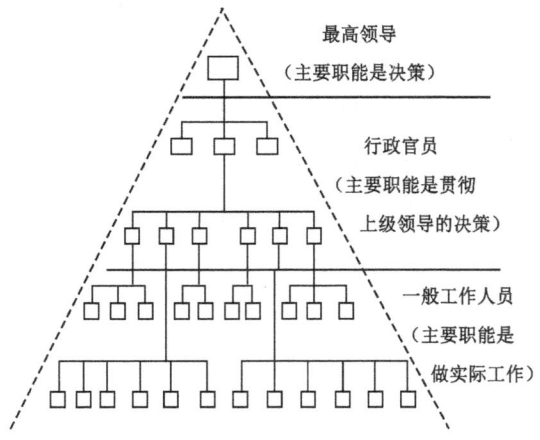

图2-7 韦伯理想的行政组织体系的结构

韦伯用合理合法的职权观念论证了官僚制存在的合理性。对官僚制的组织形式结构提出了自己的看法，官僚制的组织结构应分为三层：顶端是主要负责人，主要职能是决策；中间层是一般管理人员，主要职能是执行主要负责人做出的决策；底部是业务人员，主要职能是从事具体的业务工作。韦伯论证了个人行为的合理性和社会秩序的合法性，形成了经典性的"官僚组织理论"，被称为"组织理论之父"。[1]

古利特和厄威克的组织理论是建立在泰罗和韦伯的组织理论基础之上。古利特提出了著名的"管理七职能论"，并认为组织的目标是协调。厄威克提出组织理论的八条原则。他们的理论标志着"传统管理组织理论"体系的形成。[2]

古典组织理论构造了集权式层级制的组织结构（如图2-8所示），这种组织结构的表现形式适应了社会生产体制由作坊式小生产体制向工厂化的社会化大生产的体制的转化，促进了组织效率的提高和生产力的发展。在战略管理中，集权型可以使企业高层管理人员较为容易地控制与协调企业的生产经营活动，以达到企业预期的目标。[3] 集权型组织结构拥有多级管理层，并将决策权分配给顶部管理层；其管理幅度比较窄，从而呈现出层级式结构。

---

[1] 焦文峰：《韦伯科层制理论分析》，《齐齐哈尔大学学报》（哲学社会科学版）1998年第2期，第1—5页。

[2] 周颖洁、张长立：《试析西方组织理论演变的历史逻辑》，《现代管理科学》2007年第5期，第68—69页。

[3] 中国注册会计师协会：《公司战略与风险管理》，经济科学出版社，2014，第142页。

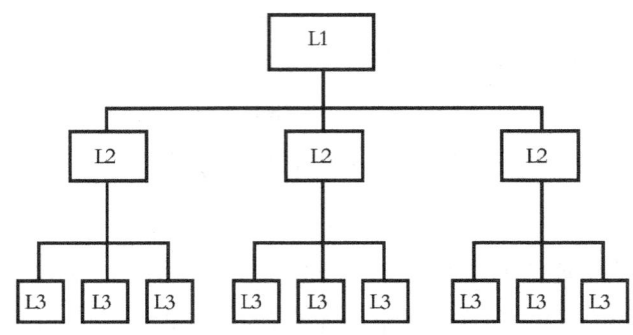

图2-8 集权式直线型（层级制）组织结构

（二）行为科学组织理论

20世纪30年代后产生了以人际关系为研究重点的组织理论，后来逐步发展成为行为科学组织理论。该理论一反传统组织理论的静态研究方法，着重研究人和组织活动过程，如群体和个体行为、人和组织的关系、沟通、参与、激励、领导艺术等。美国学者G.E.梅奥等主持的霍桑实验，C.巴纳德的均衡理论，H.A.西蒙的行政决策理论，A.马斯洛的需求层次理论，D.麦克格雷戈的X理论、Y理论，F.赫茨伯格的双因素理论等，都是具有代表性的行为科学的组织理论。

1927－1932年，美国学者G.E.梅奥等人主持的霍桑实验开创了对组织中人际关系的研究。该实验结果指出，组织不仅是一个经济和技术结构，也是一个社会和心理结构。同时，巴纳德也对非正式组织进行了研究。他认为非正式组织也能发挥重要的作用；最后巴纳德提出"权威接受论"，他认为权威是下级对上级的认同，而不是取决于上级的地位。[①]

20世纪40年代，A.马斯洛提出了需求层次理论。认为人的需要可

---

① 朱国云：《组织理论：历史与流派》，http://study.ccln.gov.cn/fenke/zhengzhixue/zzxxlj/zzxfdzl/291682－1.shtml。

分为五个层次，依次为生理需要、安全需要、社会需要、自尊需要和自我实现需要。F.赫茨伯格于50年代末在《工作的动机》中提出了双因素理论（如图2-9所示），认为在每种工作中都存在着激励因素（工作本身、工作赏识、工作进步、工作成长、工作责任、工作成就等）和保健因素（金钱、监督、地位、安全、工作环境、政策、人际关系等）。激励因素能使组织成员感到满足，具有激励作用，使之积极努力，增加工作绩效。保健因素能防止组织成员的不满，阻止冲突发生，而维持工作的最低或及格标准。①

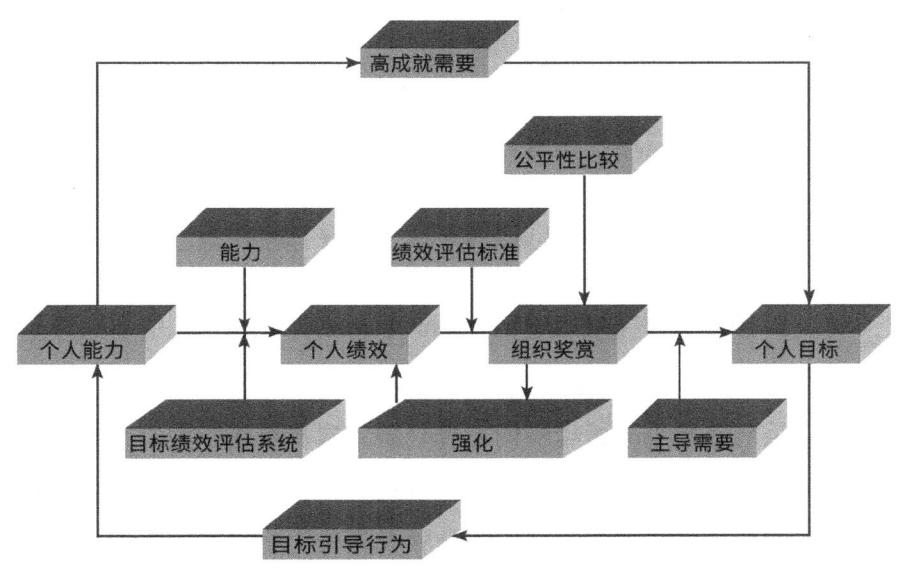

图2-9 赫茨伯格的双因素理论

这一时期的组织结构理论重视组织内人的重要性，坚持用心理因素和社会因素来解释整个组织结构的变化。同时，为了适应组织之间协作

---

① 互动百科：《双因素理论》，http://www.baike.com/wiki/双因素理论。

的需要,这一时期的组织结构采用了分权型层级制组织形式。图2-10是巨型大学的组织结构图,包括事业部制、超事业部、矩阵等形式,这就有利于其他层次领导参与决策,提高管理效率,适应了组织规模的扩大化、教育专业的多样化、市场国际化的需要。①

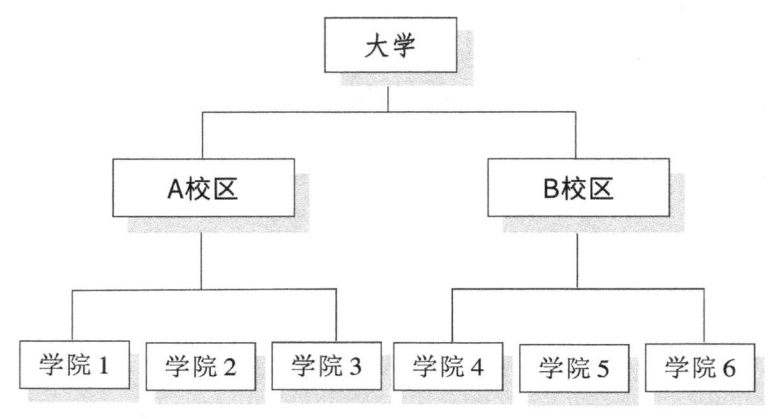

图2-10　巨型大学(分权式H型)组织结构

(三) 20世纪中期系统组织理论的演进

系统管理理论是综合早期传统组织理论和行为科学组织理论的成果,并以系统观点来分析组织的一种理论。其特点在于把组织看成一个系统,从系统的互相作用和系统同环境的互相作用中考察组织的生存和发展。目的是通过研究寻求组织在这种互相作用中取得平衡的方法。美国行政学家C.巴纳德首先用封闭系统的观点来考虑组织;T.帕森斯、F.卡斯特、J.罗森茨韦克则把组织看成一个开放系统,即组织系统除了要维持本身的平衡外,还要维持与环境的平衡。60年代后又出现了权变理论。这是一种反对一般管理原则、主张相机行事的理论,其代表人物有英国的J.伍德沃德,美国的P.劳伦斯、J.洛奇和F.菲德勒等。

---

① MBA智库百科:《组织理论》,http://wiki.mbalib.com/wiki/组织理论。

系统组织理论认为系统是一个开放的具有整体性的社会技术系统，代表人物有霍曼斯、卡斯特等。卡斯特认为组织是一个人造的、开放的系统，它是由各个子公司组成，各个子公司之间通过输出输入的关系构成一个完整的系统，而且只有适应了环境的变化，组织才能生存下去。

这一时期的组织结构理论侧重研究组织与环境之间的关系，同时为了适应这种关系，这一时期的组织结构形式变得更加灵活，以团队为模块的工作单元、临时工作小组、网络型组织等扁平网络型组织得到迅速的发展。网络型组织结构是一种只有很精干的中心机构，以契约关系的建立和维持为基础，依靠外部机构进行制造、销售或其他重要业务经营活动的组织结构形式（如图2-11所示）。

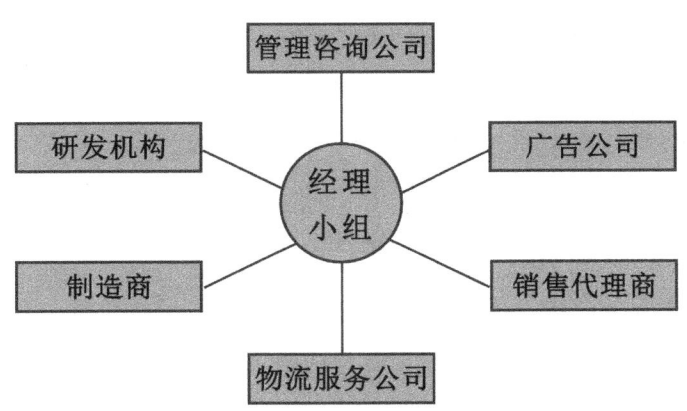

图2-11 网络型组织结构

网络型组织结构是目前正在流行的一种新形式的组织设计，它使管理当局对于新技术、时尚，或者来自海外的低成本竞争能具有更大的适应性和应变能力。①

---

① 曹秀娟、刘卫东：《网络型组织结构的特点》，《中国商论》2011年第26期，第53-54页。

实践证明这种灵活多变的组织结构形式，可以使企业和学校获取更多的信息，更加适应激烈的竞争环境。

上述的三个阶段是组织理论从形成至今的历史演进过程。这个历史演进的过程是社会发展的结果，是管理实践的需要，也是社会化大生产和专业化分工的产物。通过对组织理论的发展阶段和演进过程的回顾与分析，我们可以清楚地看到，组织理论来源于实践、服务于实践的辩证过程是认识与实践相统一的发展过程，是继承与发展的扬弃过程，也是辩证的否定的过程。随着时间的推移，组织理论发展的内在逻辑和规律也会不断延续。①

二、组织结构和特征构成要素

组织结构是指对于工作任务如何进行分工、分组和协调合作。组织结构是表明组织各部分排列顺序、空间位置、聚散状态、联系方式以及各要素之间相互关系的一种模式，是整个管理系统的"框架"。

（一）组织结构

组织结构是组织的全体成员为实现组织目标，在管理工作中进行分工协作，在职务范围、责任、权利方面所形成的结构体系。这一定义包含三层意思：一是组织结构的本质是成员的分工协作关系；二是设计组织结构的目的是实现组织的目标，所以，组织结构是实现组织目标的一种手段；三是组织结构的内涵是人们在职、责、权方面的结构体系。组织结构的本质是为实现组织战略目标而采取的一种分工协作体系，组织结构必须随着组织的重大战略调整而调整。

根据管理学大师亨利·明茨伯格的观点，组织结构的本质是把劳

---

① 周颖洁、张长立：《试析西方组织理论演变的历史逻辑》，《现代管理科学》2007年第5期，第68-69页。

动分工成不同的任务,并在各种任务中实现协调的方式之和。从内容上看,组织结构包括单位、部门和岗位的设置,各个单位、部门和岗位的职责、权利的界定,以及单位、部门和岗位角色互相之间关系的界定。它指明组织内各项工作如何分配、谁向谁负责及内部如何协调。其本质是为实现组织战略目标而采取的一种分工协作体系,组织结构必须随着组织的重大战略调整而变化。组织结构为组织提供了框架,设计良好的组织结构对提高组织绩效具有非常重要的作用。德鲁克认为,良好的组织结构本身并不产生好的工作绩效,但无论这个组织的管理者个人有多么出色,糟糕的组织结构绝对不可能有好的成绩。改善组织结构,才能提高效率。常见的组织结构形式有直线式、职能式、直线职能式、事业部式及矩阵制式。[①] 这五种结构只是组织机构的基本形态,前四种较为机械,最后一种矩阵制组织结构更具有机性。[②]

　　组织结构一般反映在组织图上。组织图常用于人力资源职位分析中了解有关的背景信息(如图2-12所示)。它展示出组织中各部门的划分,正在做职位分析的职位与其他职位的关系如何,以及该职位在整个组织中处于一个什么位置。通过组织图,我们可以清楚地了解一个组织是如何运行的,组织的构成部门及其关系,各职位、部门如何整合为整体。组织结构的概念有广义和狭义之分。狭义的组织结构是指为了实现组织的目标,在组织理论指导下,经过组织设计形成的组织内部各个部门、各个层次之间固定的排列方式,即组织内部的构成方式。广义的组织结构除了包含狭义的组织结构内容外,还包括组织之间的相互关系类型,如专业化协作、经济联合体、企业集团等。

---

① Peter F Drucker. The Practice of Management.Portsmouth:Heinemann Professional.1989.
② 曾艳:《组织结构与企业战略匹配关系研究——以大商集团开发本部为例》,《新财经》(理论版)2013年第12期,第1-2页。

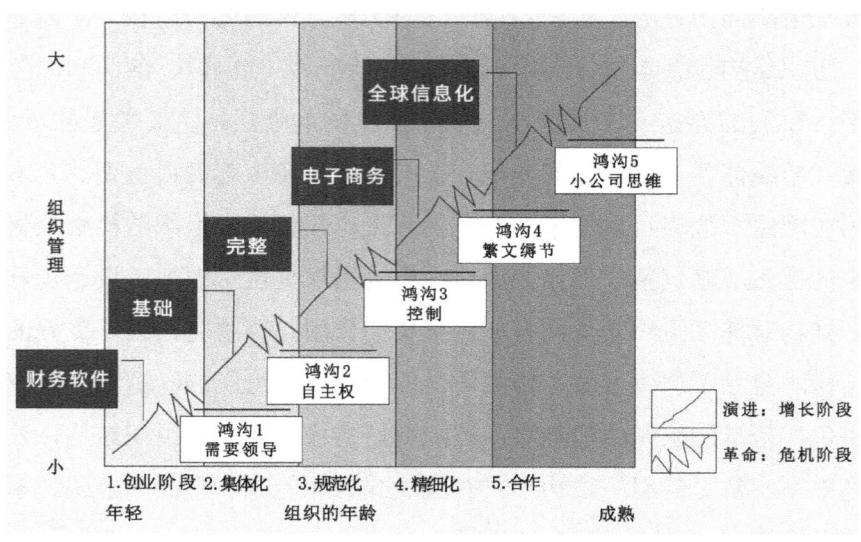

图2-12 从创业到成熟时期的公司组织

组织结构（组织架构）是一个组织是否实现内部高效运转、是否能够取得良好绩效的先决条件。组织结构通常表现为一个组织的人力资源、职权、职责、工作内容、目标、工作关系等要素的组合形式，是组织在"软层面"的基本形态，其本质是实现某一组织的各种目标的一种手段。现代管理学之父彼得·德鲁克认为：

（1）组织结构不是"自发演变"的，在一个组织中，自发演变的只有混乱、摩擦和不良绩效，所以设计组织结构需要思考、分析和系统地研究。

（2）设计组织结构并不是第一步，而是最后一步。第一步是对组织结构的基本构成单位进行识别和组织。其中，组织结构的基本构成单位是指那些必须包含在最后的结构之中、并承担整个组织的"结构负荷"的那些业务活动。并且，基本构成单位是由它们所做贡献的种类来决定的。

（3）战略决定结构。结构是实现某一机构的各种目标的一种手段，为了确保效率和合理性,必须使组织结构与战略相适应,即战略决定结构。战略就是对"我们的业务是什么、应该是什么和将来会是什么"这些问题的解答,它决定着组织结构的宗旨,并因此决定着在某一企业或服务机构中哪些是最关键的活动。

(4)日常的经营管理、创新和高层管理这三种不同的工作必须组合在同一组织结构之中,组织结构必须一方面以任务为中心,另一方面以人为中心,并且既有一条权力的轴线,又有一条责任的轴线。[①]

组织结构是一些"形式",而形式必须满足一些正式的规范。高校的组织结构是大学组织内部结构要素在外部诸要素的作用下组成的具有一定关系的形式。大学组织结构的优劣、合理与否直接影响到大学功能的发挥和大学战略目标的实现。

(二)组织结构的特征构成要素

关于组织结构的特征构成要素,美国管理专家斯蒂芬·P.罗宾斯认为,描述组织结构特征的指标有三项:复杂化、集权度和正规化。

1. **复杂化**

复杂化是指组织的横向专业分化和纵向层级分化的程度。专业分化又称水平分化,组织的部门数量多表明其工作专业知识技能含量多而杂,这会带来横向协调困难。纵向分化是指组织的层级多少,它与分权有关。一个组织的劳动分工越细化,纵向层级越多,地理分布越广泛,人员与活动的协调和控制越困难,称之为复杂化的组织。

2. **集权度**

集权度是指组织的决策权在上层的集中程度。如果决策高度集中,由高层管理者下达命令,员工由下至上请示并服从,为集权化的组织;

---

① 彼得·德鲁克:《管理:使命、责任、实务》,王永贵译,机械工业出版社,2006,第38页。

反之，则为分权化组织。决策的权力只集中于领导层而下属人员无权参与被称为高度集权；如果根据问题的性质和范围，授予各个层次的管理者及工作人员相应的决策权力，则被称为分权。

一般来讲，如果组织的高层管理者不考虑或者很少考虑基层人员的意见就决定组织的主要事宜，则这个组织的集权化程度较高。相反，基层人员参与程度越高，或者他们能够自主地作出决策，组织的分权化（decentralization）程度就越高。集权式与分权式组织本质上是不同的。在分权式组织中，采取行动、解决问题的速度较快，更多的人为决策提供建议，所以，员工与那些能够影响他们的工作生活的决策者隔膜较少，或者几乎没有。近年来，分权式决策的趋势比较突出，这与使组织更加灵活和主动地作出反应的管理思想是一致的。①

3. 正规化

正规化是一个组织依靠规则和程序引导员工行为的程度。其规章条例越多，执行越严格，正规化程度越高。在高度正规化的组织中，有明确的工作说明书，有繁杂的组织规章制度，对于工作过程有详尽的规定。而正规化程度较低的工作，相对来说，工作执行者和日程安排就不是那么僵硬，员工对自己工作的处理权限就比较宽。由于个人权限与组织对员工行为的规定成反比，因此工作标准化程度越高，员工决定自己工作方式的权力就越小。工作标准化不仅减少了员工选择工作行为的可能性，而且使员工无须考虑其他行为选择。

三、组织结构设计理论

（一）组织结构理论

组织结构建立的理论依据是组织结构理论。组织结构理论是关于

---

① MBA 智库百科：《组织结构》，http://wiki.mbalib.com/wiki/。

如何建立组织权责关系、如何分工协作、如何设计工作的理论。组织结构理论是组织客观规律的反映和总结,是关于组织结构、组织结构诸要素关系的总结概括。可以说,任何一个组织要取得良好效益,就必须遵循和依据组织结构理论来设计组织结构;否则,组织功能失调,或者目标难以实现。在美国,用事业部结构理论对杜邦公司进行改组,使杜邦公司起死回生。其事业部结构理论在全世界风行一时,许多国家的大企业、大公司都遵循其理论设计组织结构。再例如,马克思·韦伯提出的科层结构理论虽然有其不足之处,但其"理性"和"非人格化"的思想是对现代组织结构某些特征作出的规律性总结,因此,才能在世界范围内产生如此影响以至于在每一种组织中都能看到"科层结构"的现象。可以说,任何一个组织结构不管是自觉还是不自觉,都是以一定的组织结构理论为依据而设计的。[1]

组织结构设计是指以企业和高校组织结构为核心的组织系统的整体设计工作。它是总体设计的重要组成部分,也是企业和高校管理的基本前提。组织设计虽然是一项操作性较强的工作,但它是在组织理论的指导下进行的。

(二) 组织理论与组织设计理论的对比分析

组织理论又被称作为广义的组织理论或大组织理论,它包括了组织运行的全部问题,如组织运行的环境、目标、结构、技术、规模、权力、沟通等,都属于其研究对象。组织设计是对组织的结构、正式的沟通体系、分工、协调、控制、权威以及责任进行正确评估和选择以实现组织目标的过程。[2] 要实现组织的目标,就要争取并合理、有效地组织各种资源——人力资源、物质资源、财力资源及信息资源。资源的组织

---

[1] 吴志功:《现代大学组织结构设计》,北京师范大学出版社,1998,第1-2页。
[2] W.沃纳·伯克:《组织变革——理论和实践》,燕清联合组织译,中国劳动社会保障出版社,2005,第155页。

方式是什么？为什么用这种组织方式而不用另外的组织方式？这就是组织设计要解决的问题。①

组织设计理论则被称作为狭义的组织理论或小组织理论，它主要研究企业和高校组织结构的设计，而把环境、战略、技术、规模、人员等问题作为组织结构设计中的影响因素来加以研究。由此可见，组织理论与组织设计理论在外延上是不同的，从逻辑上说，组织理论应该包括组织设计理论。

（三）组织设计理论的分类

组织设计理论又被分为静态的组织设计理论和动态的组织设计理论。静态的组织设计理论主要研究组织的体制（权、责结构）、机构（部门划分的形式和结构）和规章（管理行为规范）。古典组织学派在这一方面已经做过大量研究。而动态的组织设计理论除了包含上述基本内容之外，还加进了人的因素，加进了组织结构设计，以及组织在运行过程中的各种问题，诸如协调、信息控制、绩效管理、激励制度、人员配备及培训等。现代组织设计理论无疑地属于动态的组织设计理论。但是，在动态组织设计理论中，静态设计理论所研究的内容仍然占有主导的地位，依然是组织设计的核心内容。动态组织设计理论是静态组织设计理论的进一步发展，两者是相互依存的包容关系。

组织设计权变理论是动态组织设计理论中的一种常用方法。就企业和高校来说，组织结构要随着工作任务、技术特性、企业和高校所处的外部环境的变化而改变。组织及其成员的行为是复杂多变的，而环境的复杂性又给有效的管理带来困难，例外情况越来越多，难以找出一种适合于所有情况的管理理论和方法。因此，要根据组织的实际情况选用最

---

① 胡仁东：《我国大学组织内部机构生成机制研究》，广东省出版集团、广东教育出版社，2010，第216页。

适宜的管理方式。①

根据伯特咨询理论框架，它又可分为建设性要素和制约性要素两大类。建设性要素分为组织战略、环境和技术三大类，如图 2-13 中上面三类。

图2-13 组织设计权变理论的六因素

根据伯特咨询研究，各因素如下：

组织战略：即组织需要实现的战略目标，其主要受企业业务战略目标决定，是影响组织结构、权责分配的最重要因素。

环境：企业环境主要指的是企业面对的外部客户及市场环境。

技术：是关于企业业务管理所需关键技术。

制约权变理论的因素：主要有组织生命周期、组织规模、人员素质等。

组织生命周期：是指组织从诞生到转折的一个自然连续的时间过程。

---

① 唐卫东、程勇、陈祖新、韩培立：《组织设计的系统理论与权变理论的统一》，《合肥工业大学学报》（社会科学版）1991 年第 1 期，第 97-100 页。

组织规模：是指一个组织所拥有的人员数量以及这些人员之间的相互作用的关系。

人员素质：是指一个组织中每个员工的能力素质以及知识技能的总和。①

四、组织结构设计的内涵要素

组织结构设计是通过对组织资源（如人力资源）的整合和优化，确立企业和高校某一阶段的最合理的管控模式，实现组织资源价值最大化和组织绩效最大化。狭义地、通俗地说，也就是在人员有限的状况下通过组织结构设计提高组织的执行力和战斗力。

（一）组织结构设计的概念和内涵

无论是企业还是高校，其组织结构设计实质上是一个组织变革的过程，它是把企业或高校的任务、流程、权力和责任重新进行有效组合和协调的一种活动（如图2-14所示）。根据时代和市场的变化，进行组织结构设计或组织结构变革（再设计）的结果是大幅度地提高企业和高校的运行效率和经济效益。②

---

① 百度百科：《权变理论》，https://baike.baidu.com/item/%E6%9D%83%E5%8F%98%E7%90%86%E8%AE%BA/9695123。

② D.赫尔雷格尔、J.W.斯洛克姆：《组织行为学》（第9版），俞文钊、丁虎等译，华东师范大学出版社，2001，第762页。

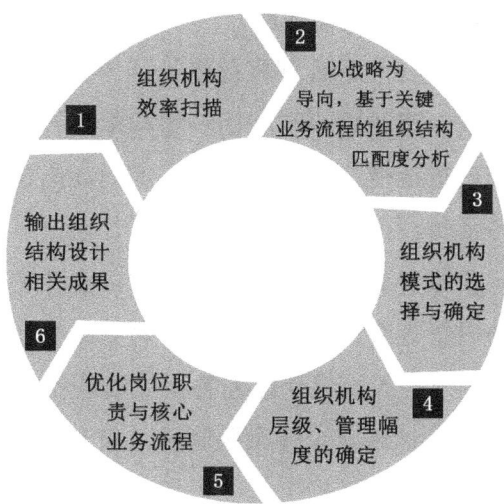

图2-14 组织结构设计的核心流程

组织结构设计的目的是创建柔性灵活的组织,动态地反映外在环境变化的要求,组织成长过程中,有效地积聚新的组织资源,同时协调好组织中部门与部门之间的关系、人员与任务间的关系,使员工明确自己在组织中应有的权利和应承担的责任,有效地保证组织活动的开展。企业和高校组织结构设计的分类有:

职能设计:职能设计是指企业和高校的经营职能和管理职能的设计。企业和高校作为一个经营管理单位,要根据其战略任务设计经营、管理职能。如果有些职能不合理,那就需要进行调整,对其弱化或取消。

框架设计:框架设计是企业和高校组织设计的主要部分,运用较多。其内容简单来说就是纵向的分层次、横向的分部门。

协调设计:协调设计是指协调方式的设计。框架设计主要研究分工,有分工就必须要有协作。协调方式的设计就是研究高校分工的各个层次、各个部门之间如何进行合理的协调、联系、配合,以保证其高效率的配合，发挥管理系统的整体效应。

规范设计：规范设计就是管理规范的设计。管理规范就是企业和高校的规章制度，它是管理的规范和准则。结构本身设计最后要落实并体现为规章制度。管理规范保证了各个层次、部门和岗位按照统一的要求和标准进行配合和行动。

人员设计：人员设计就是管理人员的设计。企业和高校结构本身设计和规范设计都要以管理者为依托，并由管理者来执行。因此，按照组织设计的要求，必须进行人员设计，配备相应数量和质量的人员。

激励设计：激励设计就是设计激励制度，对管理人员进行激励，包括正激励和负激励。正激励包括工资、福利等，负激励包括各种约束机制，也就是所谓的奖惩制度。激励制度既有利于调动管理人员的积极性，也有利于防止一些不正当和不规范的行为。①

（二）组织结构设计的基础

成功的组织结构设计一般有着以下共同的基础。

1. 有明确的组织疆界

组织的疆界是划分企业和高校内外资源的分水岭。企业和高校必须通过管理手段控制组织内资源，而通过市场手段购买组织外资源。聪明的企业家和教育家会有效地设计自己企业和高校的疆界，专注于控制具有核心竞争力的资源，以达到利润和效益最大化的目的。例如，一般说来，一个餐饮企业正常运转不可或缺的资源包括就餐场所、烹饪服务人员及食品原材料等，其核心竞争力则来自产品和服务特色，一旦一家餐饮企业拥有这样的核心能力，它就可以将其他的组织内资源转移到组织外部，以确保效率的最大化。麦当劳、肯德基等外国餐饮连锁企业就是成功地运用了组织疆界的规律，只经营产品和服务特色，使自己的企业

---

① 互动百科：《组织结构设计》，http://www.baike.com/wiki/组织结构设计。

发展及利润迅速膨胀。

2. 集权与分权的统一

权力是组织中一种无形的力量。一个管理者的权力来源于组织对他（她）的依赖度、所控制的财务资源、正式职位赋予的权力以及对决策信息的控制。管理者位于组织结构的中心，其权力的集中是组织正常运转的保证。组织结构中高层对低层有控制的权力，而低层对高层同样有讨价还价的权力。为了减少高层和低层之间权力的摩擦，提高效率和员工参与意识，越来越多的组织倾向于将管理者的权力分散，授予中级管理人员和普通员工。成功的分权应保证将权力授予知识、技能达到一定水平的员工，并辅以一定的激励机制和有效的信息反馈及沟通系统。

3. 对影响组织结构要素的分析

根据美国的伯顿和奥贝尔两位教授的长期研究，影响组织结构的要素有六类，包括领导和管理模式、组织及文化氛围、组织规模及组织技能、组织的外部环境、组织的技术水平和组织的战略发展。两位教授还指出，很多企业组织结构调整，目的多是希望新的组织结构能满足六要素的要求。两位教授通过对北欧航空、通用电气等大型企业的研究，进一步将六类要素量化，发明了一套完整的组织结构分析理论。[①]

4. 有适合的部门组合

不同业务和不同目标的企业和高校可能会有不同的部门组合，一般分为职能式、矩阵式、事业部式、官僚式和特别式组合。随着信息技术的发展和管理水平的提高，现代企业和高校的组织架构由一成不变的集权化、等级制的组织架构转向分权化而富有弹性的组织架构。银行业是传统的官僚式组织，几十年来银行一直致力于建设起帝国一样森严的

---

① 王敬、汪克夷：《影响组织结构设计的因素分析》，《商业时代》2006年第12期，第39—40页。

行政等级制度。德国的银行家们正着手打破传统银行的组织模式。由几十个人和庞大的计算机系统建立起来的零售银行将给银行业带来彻底的革命。未来的银行很可能采取矩阵式的管理架构，一旦需要新的服务项目，就成立一个临时部门，项目结束，部门随即解散。

5. 有迅速有效的执行能力

越庞大的组织，执行能力越低，这就导致了大组织的效率不如小组织。提升组织的执行能力，首先应保证管理指令系统的顺畅，每个员工都有明确的汇报管理路线，每个员工有唯一的领导负责他的行政管理和工作行为。很多国有企业，员工通常没有明确的汇报管理路线，部门经理、副经理，甚至其他部门的经理都是自己的领导，指令体系的不顺畅会使员工无所适从，工作中只能消极等待上级的安排。其次，应注意管理层级和控制跨度，管理层级过多会导致组织执行速度减慢，而适当控制跨度可以减少管理成本，提高组织效率。管理层级和控制跨度是检验组织管理效率的主要因素。在中国，企业的组织结构经常处于变化中。由于企业的结构调整缺少方向性，没有可以量化的数据参考，组织结构的调整经常会招致不满和非议。很多企业，经常是一个新经理上任，"新官上任三把火"，就对组织结构进行一次调整，这样造成许多管理资源的浪费。在发达国家，组织结构设计的研究比较完善，企业组织结构的调整一般有专业的咨询机构人士参与指导，因而成功率相对较高。

第三节 多元化特征的大学组织结构

由前所述，大学组织是为了实现一定目标，按一定结构方式组合起来的、与内外环境相互适应保持动态平衡的人群集合体。随着大学的起源和发展，大学组织结构也经历了由简单组织结构到较为复杂组织结构的演变过程。进入21世纪后，随着大学类型发展的多元化，大学组织结构也呈现出多元化特征。

一、直线制和职能制大学组织结构

（一）直线制大学组织结构

直线制是一种最早也是最简单的组织形式。它的特点是企业和高校各级行政单位从上到下实行垂直领导，下属部门只接受一个上级的指令，各级主管负责人对所属单位的一切问题负责。总部不另设职能机构（可设职能人员协助主管人工作），一切管理职能基本上都由行政主管自己执行（如图2-15所示）。

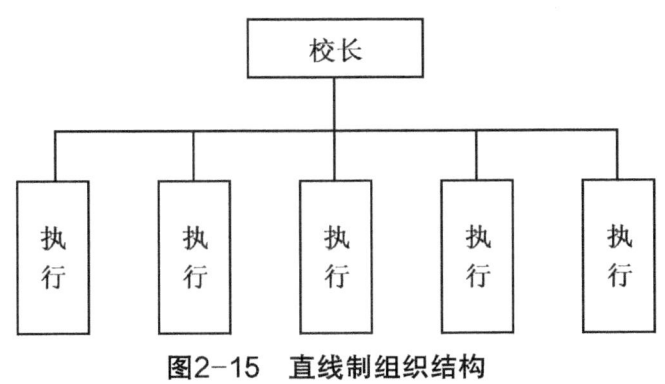

图2-15　直线制组织结构

如图2-15所示，这种组织结构，只分两个层次，一个领导管理层，一个执行层。其特点是一切组织管理职能基本上都由校长承担，只有个别职能人员协助校长工作。它的优点是机构简略，命令统一，指挥及时，职责分明。缺点是校长要通晓学校的一切，亲自处理各种校务。这在业务比较复杂、企业和高校规模比较大的情况下，把所有管理职能都集中到最高主管一人身上，显然是难以胜任的。因此，直线制只适用于规模较小的企业和高校，对经营管理比较复杂的企业和高校并不适宜。

按照明茨伯格关于组织结构类型的独特分类法，直线制组织结构也可定义为创业者组织结构。在这种组织结构中，权力集中在主要负责人手中，每人都向主要负责人报告情况，信息流的沟通是非正式的。决策制定很灵活。决策制定权集中在主要负责人手中，以便反应迅速，组织的战略制定责任在主要负责人。创业者组织具有进取精神，不停地寻求市场，同时他们又避免复杂市场。由于创业者组织规模较小，所以其负责人可以牢牢控制组织并可以灵活运动。大部分商业、企业、学校及非营利组织在开创初期一般都要经历创业者组织结构的时期。更有甚者，当新组织不断发展而需要采取其他组织结构时，许多创业者仍然喜欢采取这种结构，这种结构适合于专制型领导。从时间来分析，创业者组织结构适合组织的开创初期，适合于处在危急时刻的组织，适合于组织的转折时期。① 民办高校在起步的初期和大规模发展初期，经常采用的均是创业者组织结构。

（二）职能制大学组织结构

职能制组织结构是各级行政单位除主管负责人外，还相应地设立的一些职能机构。例如，在厂长下面设立职能机构和人员，协助厂长从事职能管理工作。在规模较大的学校，管理难度较大，校长将具体专业性的指挥和管理委托给不同的职能机构去做。职能机构协助校长（主管副校长）工作，在自己的职能范围内，有权向下级下达命令和指示，下级必须服从，是一种领导与被领导的隶属关系（如图2-16所示）。

---

① 吴志功：《现代大学组织结构设计》，北京师范大学出版社，1998，第101-102页。

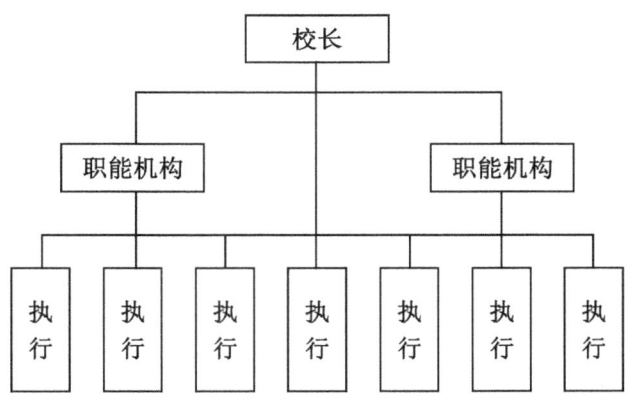

图2-16 职能制大学组织结构

图2-16中的职能机构就是学校的管理层,即教导处、总务处等。这种组织结构把学校的行政与业务系统分为领导、管理、执行三个层次。其优点是可以减轻校长领导工作的负担,集中主要精力于研究和思考学校的重大问题,全力抓学校的大事。缺点是:由于各职能机构在自己的职能范围内都有指挥权,对下级容易形成多头领导;不利于建立和健全各级行政负责人和职能科室的责任制,也容易使学校领导架空,脱离实际。由于这种组织结构形式的明显的缺陷,现代企业一般很少采用职能制组织结构。

二、直线-职能制和事业部制大学组织结构

(一) 直线-职能制大学组织结构

直线-职能制是在直线制和职能制的基础上,取长补短,吸取这两种形式的优点而建立起来的。从图2-17上看,直线-职能制与职能制的组织结构很相似。区别主要在于职能机构与执行层的联系前者是直线,后者为虚线。用虚线连接的直线-职能制组织结构的特点是校长保留了集中统一的领导和指挥权,职能机构在职能范围内只充当学校领导

的参谋助手，对下级只起业务指导和协助校长进行具体管理，不能对下级直接下达命令和指示。

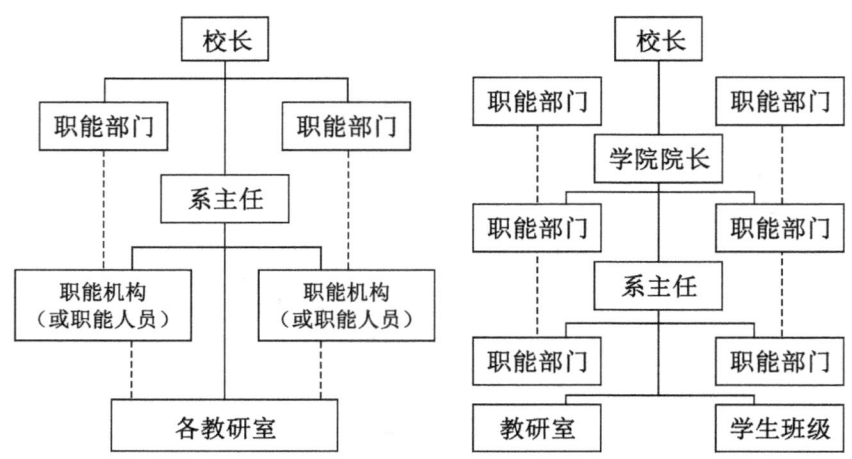

图2-17 直线－职能制组织结构

直线－职能制的优点是：既保证了组织管理体系的集中统一，又可以在各级行政负责人的领导下，充分发挥各专业管理机构的作用。其缺点是：职能部门之间的协作和配合性较差，职能部门的许多工作要直接向上层领导报告请示才能处理，这一方面加重了上层领导的工作负担，另一方面也造成办事效率低。为了克服这些缺点，可以设立各种综合委员会，或者建立各种会议制度，以协调各方面的工作，起到沟通作用，帮助高层领导出谋划策。

（二）事业部制大学组织结构

事业部制最早是由美国通用汽车公司总裁斯隆于1924年提出的，故有"斯隆模型"之称，也叫"联邦分权化"，是一种高度（层）集权下的分权管理体制。它适用于规模庞大、品种繁多、技术复杂的大型企业,是国外较大的联合公司所采用的一种组织形式,近几年我国一些大型企业集团或公司也引进了这种组织结构形式。对于数万人的巨型大学,大学的组织结构也可采用事业部制(如图2-18所示)。

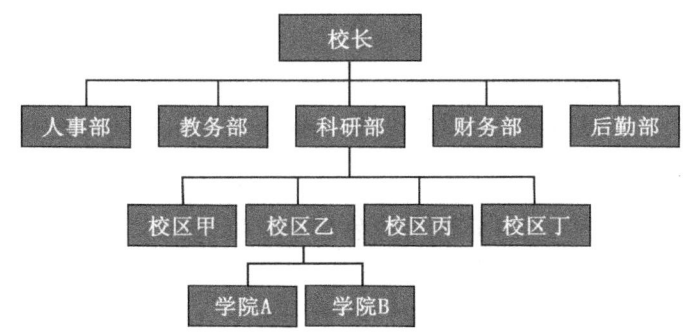

图2-18 多校区大学(巨型大学)的事业部制组织结构

事业部制组织结构的大学组织结构具有如下特征:一是责权利划分比较明确,能较好地调动管理层次人员的积极性;二是每个事业部即学院都有自己专业的学科和管理,能够规划其学院的未来发展,也能灵活自主地适应国内教学的环境,对出现的新情况做出反应,因此这种结构有高度的稳定性和适应性;三是有利于提高学校整体的效益,最高领导层可以摆脱日常事务,成为坚强有力的决策机构;四是各事业部(学院)之间可以有比较竞争,增强学校活力,促进学校发展;五是各学院自主管理,责任明确,使得目标管理和自我控制能有效地进行;六是有利于培养全面管理人才,为学校的未来发展储备干部。

事业部制组织结构也有不足之处,一是需要更多素质较高的专业人员来管理学院;二是管理机构多,管理人员比重大,对学院领导者要求高;三是学院间某些资源竞争激烈,可能发生内耗,协调困难;四是对大学高层领导的管理工作要求高,否则容易发生失控。

三、矩阵制和动态网络型大学组织结构

高校经历合校、扩招后,高校管理工作面临着管理日益复杂、亟须提升内涵建设水平的新态势。对我国的高校而言,管理层级过多显然是一个问题。从书记、校长这一管理层级算起,即使仅限于职能管理部门,下面还有副校级、正处级、副处级、正科级、副科级以及普通工作人员等6个管理层级,如果延伸到二级教学科研单位,还要增加上至少3个管理层级。其所造成的后果不仅延长了管理信息的流程,加大了高校的管理成本,削弱了高校适应外部变化的能力,更可怕的是使高校变得越来越像是一个衙门。因而高校管理应改变传统的"金字塔"式管理模式为"扁平化"的管理模式。

所谓组织扁平化,就是通过破除组织自上而下的垂直高耸的结构、减少管理层次、增加管理幅度、裁减冗员来建立一种紧凑的横向组织,达到使组织变得灵活、敏捷、富有柔性和创造性的目的。它强调系统、管理层次的简化、管理幅度的增加与分权。扁平化组织形式主要有矩阵制、团队型组织、网络型组织(虚拟企业)等。①

(一)矩阵制大学组织结构

在组织结构上,把既有按职能划分的垂直领导系统,又有按项目划分的横向领导关系的结构,称为矩阵组织结构。矩阵组织结构也可称为创新性组织结构。明茨伯格认为,创新性组织结构是我们这个时代的结构(如图2-19所示)。

---

① 董宏志:《扁平化管理理论对我国高校组织结构改革的启示与借鉴》,《中国电化教育》2012年第11期,第130-134页。

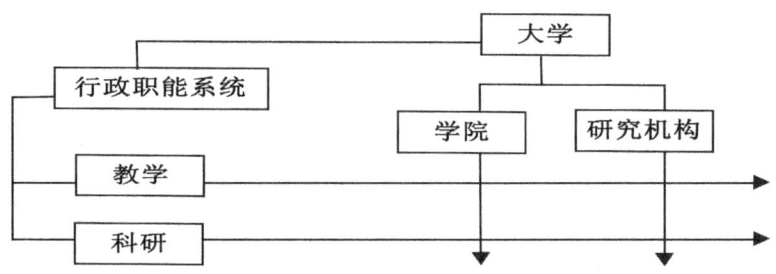

图2-19 大学矩阵制组织结构

创新意味着打破已有的模式，创新性组织结构的特点是灵活性、有机性，依靠任务小组，组织中各种负责人多，采用各种分权信息交流，呈小组状，而所有这些都服从一个目标，即有利于组织创新。在创业者组织结构中，创新来自主要负责人的远见；而在创新性组织结构中，创新来自组织的各方面的专家，依靠的是具有高度专业化的知识和技能的专家。但它又不同于前面所说的职能制、直线－职能制结构，在直线－职能制结构中协调依靠技能标准化，而在创新性组织结构中把已有知识和技能视为创新的基础。在这种结构中，打破了传统的专业化和学科之间的界限，不是把问题给一个专业领域的专家，而是给跨学科的众多领域专家组成的任务小组，并使他们共同努力来创新。①

矩阵制组织是为了改进直线－职能制横向联系差、缺乏弹性的缺点而形成的一种组织形式。其特点表现在围绕某项专门任务成立跨职能部门的专门机构上，例如，组成一个专门的项目小组去从事新产品开发工作，在研究、设计、试验、制造各个不同阶段，由有关部门派人参加，力图做到条块结合，以协调有关部门的活动，保证任务的完成。这种组织结构形式是固定的，人员却是变动的，需要谁，谁就来，任务完成后

---

① 吴志功：《现代大学组织结构设计》，北京师范大学出版社，1998，第107-108页。

就可以离开。项目小组和负责人也是临时组织和委任的。任务完成后就解散，有关人员回原单位工作。因此，这种组织结构非常适用于横向协作和攻关项目。

这是在保持职能制组织结构或直线制组织结构或直线－职能制组织结构基础上建立起的横向专业领导、管理或指导系统的一种组织结构。图中横向的专业机构一般不安排专职人员，其成员是由不同层次的组织机构的人员兼任的，但拥有某项专业职权。图中的专业机构分为两层，上层是代表校级的，具有全局性，下层是代表执行层的，具有局部性。管理层次的职能机构与执行层次机构以及上层专业机构与下层专业机构和两层专业机构与执行层的关系都可用直线或虚线连接，以表明不同的职权性质。作为专业机构各校可因工作需要而定，需要几个专业机构，是什么职能，学校都是可以自己决定的。

由于这种结构是根据项目组织的，任务清楚，目的明确，各方面有专长的人都是有备而来。因此在新的工作部门里，能沟通、融合，能把自己的工作同整体工作联系在一起，为攻克难关、解决问题而献计献策，而且从各方面抽调来的人员有信任感、荣誉感，使他们增加了责任感，激发了工作热情，促进了项目的实现；它还加强了不同部门之间的配合和信息交流，克服了直线－职能结构中各部门互相脱节的现象。

矩阵结构的缺点是：项目负责人的责任大于权力，因为参加项目的人员都来自不同部门，隶属关系仍在原单位，只是为"会战"而来，所以项目负责人对他们管理困难，没有足够的激励手段与惩治手段。这种人员上的双重管理是矩阵结构的先天缺陷；由于项目组成人员来自各个职能部门，当任务完成以后，仍要回原单位，因而容易产生临时观念，对工作有一定影响。矩阵结构适用于高校和科研院所的一些重大攻关项目，特别适用于以开发与实验为主的单位，如高校和科学研究部门，尤其是应用型研究单位等。

(二)动态网络型大学组织结构

网络型组织结构是目前正在流行的一种新形式的组织设计,它使管理当局对于新技术、新时尚,或者来自海外的低成本竞争能具有更大的适应性和应变能力。网络结构是一种很小的中心组织,依靠其他组织以合同为基础进行制造、分销、营销或其他关键业务的经营活动的结构。在网络型组织结构中,组织的大部分职能从组织外"购买",这给管理当局提供了高度的灵活性,并使组织集中精力做它们最擅长的事。[①]

动态网络型组织结构是一种以项目为中心,通过与其他组织建立研发、生产制造、营销等业务合同网,有效发挥业务专长的协作性组织形式,是基于信息技术的高度发达和市场竞争的日益激烈而发展起来的一种临时性组织。有时也被称为"虚拟组织",即组织中的许多部门是虚拟存在的。管理者最主要的任务是集中精力协调和控制组织的外部关系(如图2-20所示)。

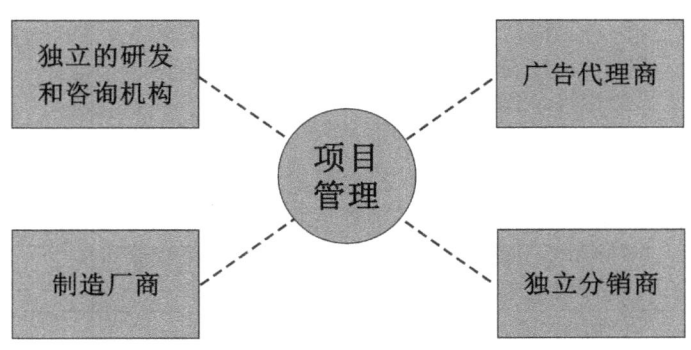

图2-20 典型的动态网络型结构示意

---

① 曹秀娟、刘卫东:《网络型组织结构的特点》,《中国商论》2011年第26期,第53-54页。

其优点：一是组织结构具有更大的灵活性和柔性；二是组织结构简单精练，组织结构扁平化，管理效率更高了。其缺点：一是组织可控性很差；二是组织风险性大；三是员工的组织忠诚度低。其适用范围：早期适合于一些劳动密集型企业，如飞机制造厂、汽车制造厂等，但随着信息技术的快速发展，更多的知识型企业（高新技术企业为主体）和高校选择了这种组织结构，或者制定了虚拟运作的组织外扩张的成长战略。表2-3是不同组织结构模式的比较分析。

表2-3 不同组织结构模式的比较分析

	组织结构的优点	组织结构的缺点	适用企业类型
直线结构	1. 命令统一 2. 权责明确 3. 组织稳定	1. 缺乏横向联系 2. 权力过于集中 3. 对变化反应慢	小型组织、简单环境
职能结构	1. 高度专业化管理 2. 轻度分权管理 3 培养选拔人才	1. 多头领导 2. 权责不明	专业化组织
直线—职能结构	1. 政令统一 2. 职责明确 3. 分工清楚 4. 稳定性高 5. 积极参谋	1. 缺乏部门间交流 2. 直接与参谋冲突 3. 系统缺乏灵敏性	大中型组织
事业部结构	1. 有利于规避风险 2. 有利于锻炼人才 3 有利于内部竞争 4. 有利于加强控制 5. 有利于专业管理	1. 需要大量管理人员 2. 企业内部缺乏沟通 3. 资源利用效率较低	大中型、特大型组织
分权结构	1. 权责一致 2. 自我管理 3. 中度分权	分权不彻底 沟通效率低 素质要求高	高度规模集中型组织
矩阵结构	1. 密切配合 2. 反应灵敏 3. 节约资源 4. 高效工作	1. 重复性领导 2. 素质要求高 3. 组织不稳定	协作性组织、复杂性组织

目前，我国多校区大学组织结构的基本形式有直线－职能式、事业部式、矩阵式等，这三种组织结构形式有个共同的特征，整个组织结构的形态呈"金字塔"，从最高领导到基层员工被一层一层置于若干层次，被称为层级结构。层级结构属于韦伯所说的"官僚制组织"。从本质上说，官僚制组织属静态组织，其工作的高效率仅在静态不变的环境中才成立，对于动态、变化的环境则表现出较大的不适应性。此外，管理层次过多使信息只能在上、下二层之间传递，这种纵向的信息传递，既费时又费力，大大减缓了信息的流速，许多信息在传递的过程往往被过滤或失真。而且，严格的层级结构使下级严格地受控于上级，在很大程度上阻碍了下级主动性的发挥。

层级结构的这些弊端阻碍了我国多校区大学的有效运行，要求我国多校区大学的组织结构必须进行变革和创新。而网络型组织结构依赖于现代化的信息技术，利用扁平化的组织结构，使上下左右信息传递畅通而快捷，自然而然地克服多校区地域空间分散的束缚，极大提高管理的效率。

如何由传统层级组织结构向网络型组织结构转型是目前我国多校区大学组织结构变革的关键。加快现代信息技术的发展和应用，建立数字化校园是构建多校区大学网络型组织结构的前提和基础。在大学管理活动中，树立以人为本的理念，实行柔性化管理，就是重视人的因素，让更多的教职工积极参与其中。这并非大学管理者权力的丧失，而是在大学发展背景下挖掘教职工潜能、促进大学发展进步、增强大学内聚力的必然选择。

多校区大学管理中，必须减少管理层次，使组织结构向扁平化发展，以实现权力下移和分化。首先，实现学校管理重心下移，职能部门机构需要调整和压缩，要将大量的学术管理、具体事务管理的职能下放到学院，使学院真正成为拥有较大权力的一级行政、教学、科研管理组织。其次，要针对大学组织的特点加强学术权力在多校区大学管理中的作用。要在以院系为横向、学科为纵向的各个层次上，建立和完善以学校专家学者为主体的多方人员组成的委员会制度。

当代学科发展的一个突出特点就是学科既高度分化又高度综合，而以高度综合为主。多校区大学大多学科门类众多，这为学科之间的相互交叉和融合提供了条件。但是，学科之间不会自动地产生交叉、融合，对多校区大学而言，情况更是如此。多校区大学地理位置的分散给学科间的交叉和融合带来了一定的难度，同时目前多校区大学的层级组织结构也阻碍了学科之间的有效融合。

因此，多校区大学必须进行管理创新，打破原来的按院系组织"学、研、产"的学科组织结构，改为按学科群组建学院、组织教学，按课题组、研究中心组织科研。在处于同一校区的学科之间可以成立实体的跨学科研究组织，在处于相隔距离较远的不同校区的学科之间成立虚拟的跨学科研究中心。这样，就能从根本上打破原有学科之间的堡垒以及多校区的限制，从而促进学科之间的交叉和融合。①

---

① 陈汉英、董文强、王静：《基于网络组织结构的我国多校区大学管理创新》，《西北大学学报》（哲学社会科学版），2011年第6期，第175-176页。

第三章　多元化的大学组织结构设计

大学是社会组织体系中的一员，因此，其组织结构与其他组织结构具有相似性，它的组织结构设计也应有理论依据。大学组织结构设计的理论依据就是组织结构理论。组织结构理论反映在大学组织结构设计实践中的现象到处可见。例如，每所大学都有职能部门，而职能部门划分的根据则是组织结构理论中的分工原理或部间划分原理。同样的规模，有的大学管理分为三层，而有的大学则分为四层。有的大学因为规模大，采用事业部结构，具有分权特征；而有的学校规模小，则采用职能结构，具有集权特征。所有这些都说明大学组织结构与组织结构理论有着密切关系，它是大学组织结构设计的理论依据。[1]

但是，大学又不同于社会其他组织，大学是作为知识的创造者、传播者和应用者的学术组织；大学组织是由校长、行政管理人员、教师、学生等不同群体组成的，为了知识传承和创新这一任务而组成的一种组织。在该组织内部，有校长、职能处室工作人员、教学科研支持系统工作人员等，他们从事学校的管理和教学服务工作，同时，还有教师、学生等，他们从事"知识产品"的生产和加工工作。大学组织是由众多个体组成的联合体，它是围绕共同目标——促进学术繁荣和发展而形成的

---

[1] 吴志功：《现代大学组织结构设计》，北京师范大学出版社，1998，第2页。

以教学、科研和社会服务为载体的关系结构和规范的协调系统。①

第一节 大学组织结构的设计

现代大学组织的源头在中世纪的大学。中世纪大学在文艺复兴以后,又受到工业革命的洗礼,而且到了信息化社会以后,大学组织的内部机构已经有了很大的变化。尽管如此,大学组织的功能是逐步形成和发展起来的,现代大学组织内部机构的增加或减少,在设计上的变化无不与其功能的形成有关。现代大学组织设计的指向是人才培养、科学研究和为社会服务。②

一、大学组织结构理论

大学组织结构是指大学内部各要素之间进行分工、协调及任务分配的过程,通过完成这些过程,形成全方位的组织部门联结、上下联动的职位结构、层次结构及权力结构。大学组织结构是大学组织内各要素之间相互联结的方式及其框架体系,是大学组织中相对应的职责、权力及任务在个人和群体之间分工、协调、权衡及分配的过程。③

大学组织结构的优劣、合理与否直接影响到大学功能的发挥和大学战略目标的实现。大学的组织结构一般分为管理组织结构和学科组织结构。管理组织结构是指高校党政管理部门及群团组织,管理组织结构为

---

① 郭石明:《社会变革中的大学管理》,浙江大学出版社,2004,第4-8页。
② 胡仁东:《我国大学组织内部机构生成机制研究》,广东出版集团、广东教育出版社,2010,第249页。
③ 张伟坤:《现代大学制度的构建与完善——组织结构的视角》,《云梦学刊》2013年第2期,第37-40页。

学科组织结构提供服务、咨询、协调。大学组织结构的变动主要包括组织结构调整、增减，职能的转变以及组织结构间的职责、权限、隶属关系的重新划分与界定。学科组织结构指高校按学科设置的学术管理机构。

伯顿·R.克拉克在其《高等教育系统》一书中，对大学组织结构问题进行了研究。他首先研究分析了知识的特点，其次对大学组织的单位划分这一重要的组织结构设计内容进行了探讨，提出了按学科和按学院划分教学单位的看法。他还分析了大学的纵向机构与横向机构的设置问题，指出简单的结构难以适应变化的要求，而复杂的结构能适应变化，随着大学面临的日益复杂的环境，大学将采用多维的单位划分和组成方法。除了结构设计，他还探究了整合问题，学术任务多样化，价值取向多样化，外部权力多样化，因此大学更需要综合统一来完成任务。他提出了三种模式：国家系统、市场系统、职业系统。[①]在分析比较了美国、加拿大、日本、英国、意大利、法国、瑞典、苏联的高等教育后，他提出了一个分类图（如图3-1所示）。不同权力模式的结构是有差别的。这一图示对于分析大学组织结构与权力关系是有启发的。尽管作者没有深入分析权力与大学组织结构的关系，但提出这一图示并说明各国位置已是可贵的成果。[②]

[①] 傅志红：《克拉克关于高等教育系统整合的思想与启示》，《高等农业教育》2010年第10期，第87—89页。

[②] 吴志功：《现代大学组织结构设计》，北京师范大学出版社，1998，第4—6页。

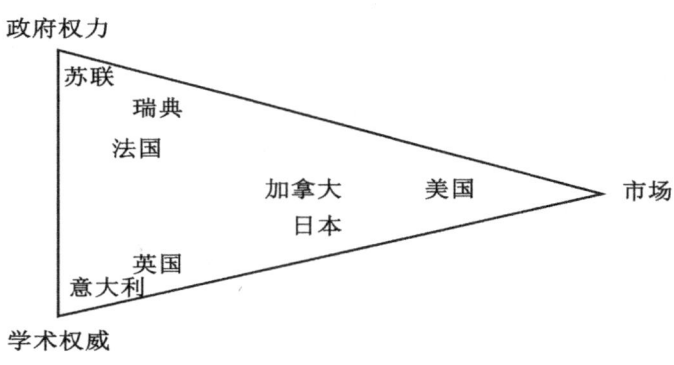

图3-1　伯顿·R.克拉克的高等教育"三角协调模式"

弗里蒙特·E.卡斯特和詹姆斯·E.罗森茨韦克在《组织与管理——系统方法与权变方法》(1970)一书中提出研究组织的一般方法。他们把组织看成一个系统,其内部由几个分系统组成,其中组织的目标与价值分系统是较为重要的分系统之一,而组织结构分系统也是其中一个重要的分系统。在提出理论之后,作者对各种组织进行了分析,其中也对大学进行了分析。[①] 西奥多·卡普洛和里斯·麦克吉的著作《学术的市场》剖析了10个重点大学内部活动方式。他们得出的结论是,院长和系主任在决定提升工资、发放旅游津贴和批准休假年时,经常通过操纵亲信而滥用职权。他们建议应设置适当程序确保这些事"不能随心所欲地做出"。《学术的市场》今天仍被美国大学管理界认为是对美国大学组织生活作的最透彻的分析力著之一。[②]

把大学作为组织进行研究的学术发展史,在美国是一个在民主方法和理性方法之间来回摇动的过程。一些校长或管理专家常常强调科学管

[①] 张伟坤:《现代大学制度的构建与完善——组织结构的视角》,《云梦学刊》2013年第2期,第37-40页。

[②] 闵维方:《美国大学崛起的历史进程与管理特点分析》,《山东高等教育》2015年第1期,第5-16页。

理和科层组织。前汉密尔顿学院院长威廉·H.考利的著作《校长·教授·理事》一书于1980年出版，他认为大学只要打算具有可控性，只要大学具备抵抗内部和外部的威胁，就必须保护大学组织管理在理性上的完善，必须尊重并行使科学管理。①

约翰·科森1960年出版了《学院和大学的管理》。科森是一位企业管理专业的教授，他观察并分析了10所高等教育机构的管理和决策。1975年，他对这部著作又进行了重大修改。在原来的基础上，科森将大学与政府和企业的管理进行比较，阐明了它们在目的、基本原理和价值观念等方面的重大差异。他提倡实现大学组织管理的现代化，倡导采用来自企业和政府的先进管理技术。②

乔治·凯勒在其出版于1983年的著作中报告了20世纪80年代大学组织管理方式的重大变化，这些变化是计算机的广泛使用。加利福尼亚大学校长克拉克·克尔出版《大学的功用》，提出"巨型大学"一词。他认为随着大学间的相互依存、相互竞争的发展，"大学校长主要是一个调停者"。由于联邦政府向大学提供巨额拨款，结果形成了对大学自治的威胁。

维克托·巴尔德里奇进行实际研究后，提出大学管理主要有两种类型：其一是"学者共和国"，其二是被视为等级制的、理性的、权力主义的科层组织模式。同时，他还提出"政治的"一词来概括大学组织管理的第三种模式。在《学术管理》一书中，他提出大学管理的几点看法：一是冲突是自然的；二是学术团体分裂成许多权力集团；三是政治要人小集团左右大多数重大决策；四是不管要人如何统治，民主的倾向

---

① 吴志功：《国外大学组织结构设计理论研究概述》，《比较教育研究》1995年第4期，第44—47页。
② 刘蕾、闫建璋：《分化管理：高校管理方式变革初探》，《当代教育理论与实践》2013年第4期，第78—80页。

仍在；五是外部利益集团强烈影响内部政策。①

二、大学组织结构设计

（一）大学组织结构

大学不同于社会其他组织，规范地说，它是一个学术组织。这种学术组织内在地决定了这种组织结构的特殊性，即单位与学科的组合。这种组织结构的特殊性是其他组织所不具有的，正因为这种特殊性，使组织内部既保持单位（类政府组织）又保持了学科（学术组织）的相对独立性，即单位按类政府组织（官僚制）构建，而学科按学术组织（矩阵制）构建，但又是互为融合的。这种融合是通过单位中的行政权力与学科中的学术权力的运作实现的，使之保持了行政流的畅通和学术流的活跃，也保持了大学组织结构的稳定。②

巴纳德则认为：组织是有意识地协调两个或多个人活动或力量的系统。任何一所学校要想正常开展教育教学活动，就必须把学校各类人员组合起来，构成一个有机的系统，这个有机的系统就是学校组织机构。学校组织机构就是为完成学校教育教学工作目标而将学校各个部门按一定形式组合而成的一个整体。③

孔茨认为：组织机构的设计应当职责分明，使每个人都知道应该做些什么，谁对什么成果负责；应能够排除由于工作分配的混乱和多变所造成的故障；并能提供反映和支持组织目标的决策沟通网络。由此可见，学校管理者在设计学校组织机构时应考虑六个方面的因素：专门化、部门化、指挥系统、控制幅度、集权与分权、正规化。因为学校工

---

① 吴志功：《国外大学组织结构设计理论研究概述》，《比较教育研究》1995年第4期，第44-47页。
② 郭石明：《社会变革中的大学管理》，浙江大学出版社，2004，第9页。
③ 王娜：《浅谈学校组织机构的设置与管理》，《天津教育》2013年第23期，第118-119页。

作千头万绪、纷繁复杂，任何人都无法独自承担学校的所有工作，因此必须对学校工作进行分工，并采取专门化、部门化，建立指挥系统，根据部门职能给予一定的权力，进行规范化管理以实现管理目标。

综合各派的观点并根据大学的特点，可以认为大学组织结构是由三种变量（要素）和各种变量（要素）之间的关系及管理者根据客观实际设计选择要素构成的形式组成的。构成大学组织结构的三种变量是自变量、因变量、中间变量。自变量，指环境、战略、技术、组织规模与年限、外部权力。因变量，指单位划分、单位间的协调与一体化、计划与控制系统、连接装置、集权与分权、培训与灌输等。中间变量，指工作的理解性、工作的预见性、工作的多样性、工作的相关性、反应速度等。

例如，在大学组织的创建时期，组织人数少、任务简单时，组织中的协调机制主要是直接监督，组织的主要部分是战略制定层，由因变量构成的组织结构的特点是集权，单位划分单一，因而大学组织呈简单结构。相反，当大学组织规模扩大、年限增长、环境多种多样时，组织结构的因变量则采用有限的垂直分权，采用标准化的协调机制，因此组织结构呈现其他形式。

综上所述，大学组织结构是指在组织目标的指引下，为了实现目标，在分工协作的基础上建立起来的某种责权关系。[1] 因而，其组织结构体系也具有一般组织的共性，如职能结构、层次结构、部门结构、职权结构等。大学组织结构也可以被定义为：大学组织内部的结构要素在外部环境诸要素的作用下组成的具有一定关系的组织形式。[2]

---

[1] 吴志功：《现代大学组织结构设计》，北京师范大学出版社，1998，第9页。
[2] 吴志功：《现代大学组织结构设计》，北京师范大学出版社，1998，第126-127页。

(二) 大学组织结构的特征

1. 大学的松散结合结构特征

由于大学组织结构是单位与学科相结合的学术组织，松散结合结构是指学校组织在影响力方面分散的特点，科层权威与学术权威并存，这就决定了松散结合是该组织结构的主要特征。托尼·布什将其概括为九个方面：

第一，组织的目标是不明确的，"教育机构是没有明确目标的组织，教师的专业自主权能够使他们自由地确定自己的工作目标，并在工作中使自己的行为与确认的目标相一致"。

第二，组织管理的手段和程序是不清楚的，管理过程也是难以明确的。

第三，组织具有分解和松散联结的特征，组织中不同机构间虽然存在联系，但它是有限的和不经常的，相互间的影响表现比较微弱，彼此反应也是缓慢的，机构和成员有相当程度的自主权，独立性强。

第四，组织结构是不确定的，各组成部分权力界限不清，规模越大、复杂程度越高的组织，其权力结构越复杂模糊。

第五，它一般是指以人为工作对象的专业化组织，越是高度专业化、规模较大、有多重目标的学院组织，其组织内部运作越具有无序的特征，它越"需要专业人员依据自己的判断来从事教学，而并非按照管理者的命令去工作"。

第六，组织管理中参与者的流动性强，很难明确个人的责任。

第七，组织对外部信息的把握具有不确定性，决策过程模糊。

第八，组织的决策是无计划的决策，霍尔将其中的原因归纳为："决策的结果可能没有决策的过程重要；实施决策的人是组织的普通成员，他们与决策人员对有关事项的态度不一致；对决策问题的高度重视未能在实施过程中得以体现;当新的问题出现时,组织将注意力集中在对付新问题,而未能顾及对原有决策的实施。"

第九,也就是松散结合组织的最重要的一个方面,即强调分权优势。

2. 大学的异质性结构特征

大学的异质性结构即指大学组织成员的社会属性和职务设置存在着不同的性质。大学组织同时兼有教研性质、行政管理性质和后勤辅助性质。在大学的管理中存在着科层和专业两种不同的取向(学术取向)。在这个异质性结构中,机构的设置原则和运行方式有很大的区别。例如,教学科研机构、管理机构和支撑型机构存在显著差异。教学科研机构遵循的是一种学术逻辑的设置原则和运行方式,而支撑机构具有很大的依附性,对教学科研机构是一种服务和辅助,是核心的边缘部分,其设置和运行方式随着教学科研机构这一核心的演进而发生变化。管理型机构是一种科层设置,以效率为其基本取向。[①]

如今的大学,虽然与早期大学名称相同,但大学的含义已发生根本的变化。早期的大学非常简单,开设十多个讲座,拥有二百个左右的学生,管理并不必要,顶多由教授聘请一个管理文书和账目秘书。随着大学社会功能的四次重大变化,大学逐渐变成拥有数万名以上的学生、雇用几千甚至几万名教职员工的国家控制的独立法人"官僚"机构。在这样一个庞大的组织中,招生、学生成绩和科研成果的管理、人员和资金的管理已经不是聘几个人就能完成的。量的不断扩大已经使管理工作的性质发生了根本的变化。更重要的是,大学规模的扩大使各构成部分之间的沟通和联系成为非常庞杂的工作,对管理的需求加大,管理人员增

[①] 胡仁东:《我国大学组织内部机构生成机制研究》,广东出版集团、广东教育出版社,2010,第245-246页。

多。随着大学管理人员越来越多，对他们管理能力的要求也越来越高，管理部门的专业化水平也在提高。随着大学规模的不断扩大和功能的复杂化，大学内部产生了文化和职能迥异的学术部门和管理部门。它们有不同的文化和行为特征：学术将大学的教师和学生联系起来，其组织文化是专业文化，用专业手段进行教学，用专业标准组织知识和评价学生成就；管理部门将专业世界与外部世界联系在一起，其组织文化是管理文化，突出对工作业绩的追逐和行动导向。大学呈现出明显的异质性结构特征。[1]

大学的异质性结构特征要求我们必须抛弃学术主义或市场主义的一元化论断，承认大学是由组织文化和结构功能完全不同的两个部门组成的，并在此前提下，分别进行研究，寻求不同的管理原则指导两部分的工作。[2]

三、大学组织结构设计的因素确定

大学组织结构设计是一个大学组织管理者根据大学所处的内外环境，按照组织结构的规律，精心安排、选择大学组织结构诸要素，并组成一定组织形式的过程。[3]

（一）大学组织设计组成部分的确定

根据大学组织结构理论，大学组织设计可以分成如下五个部分：大学的战略制定层、大学的中层管理层、大学的操作人员层（基层）、大学的技术结构部分和大学的支撑部分（如图3-2所示）。

---

[1] 郭石明：《社会变革中的大学管理》，浙江大学出版社，2004，第9-10页。
[2] 曾晓东、孙贵聪：《研究大学类企业行为 提升大学管理的专业化水平》，《比较教育研究》2002年第4期，第1-5页。
[3] 吴志功：《现代大学组织结构设计》，北京师范大学出版社，1998，第154页。

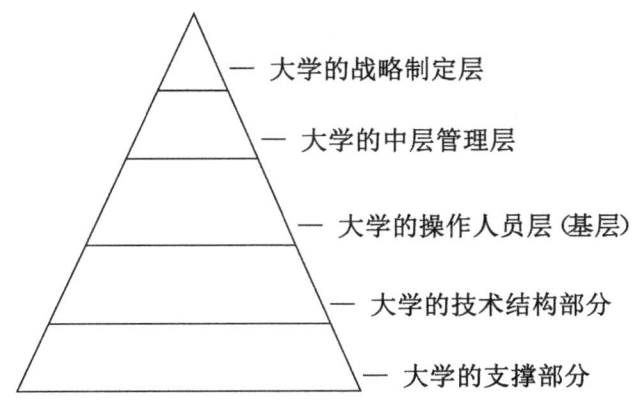

图3-2 大学组织结构的五个层次

大学的战略制定层：指大学中校长办公会、校务委员会、学校董事会、学校学位委员会等各种制定有关大学战略、政策、目标的大学组织最高决策机构。在我国，大学的战略制定层指学校党委常委会和校务委员会或党政联席会；民办大学主要应指董事会领导下的校务委员会或党政联席会。在国外，它则是指学校评议会或校董事会。

大学的中层管理层：指学校中各个职能部门，如人事处、学生处、教务处、后勤处等职能部门。这些部门负责执行学校的各种决策。

大学的操作人员层（基层）：指大学中从事教学、科研、服务于社会的基层组织，如各院系、研究所（中心），系所下属的教研室，各种中心等。

大学的技术结构部分：指为学校制定各种规章、制度的部门。在大学，由于工作性质、工作人员不同于工业组织，这一部分在大学相对薄弱。在工业组织中，组织的工作方法标准化，各种规章制度多，且严密细致，故这一部分较发达。在大学中，协调一般不采用工业中的工作方法和工作过程标准化，故这一部分相对弱。

大学的支撑部分：指大学的各种服务机构，如总务后勤部门、校医院、校印刷厂、校办工厂、校办公司等。这一部分在现代大学中日益扩大，随着大学不断开放，这一部分将发展更快，同时走向社会化。①

（二）大学组织协调机制的确定

直接监督：指大学组织中管理人员直接监督下用人的领导协调方式。虽然这种协调机制在大学中不如工业组织中的程度严重，但在大学的不同发展阶段、不同的环境下、不同的组织中都有所存在，故它是适用于大学组织的。

工作过程标准化：这种协调机制不适于大学组织中教学和教研单位，因为大学基层人员工作的性质与工业不同，工作对象也不同，故它不适合大学的教学、科研单位。但它对于校办工厂来说则是适用的。

工作技能标准化：大学的每个教学、科研人员都必须有相当的学历、职称，这相当的学历、职称就是工作技能的标准化。例如，规定助教必须具有学士学位，讲师需要具有硕士学位等，这是典型的工作技能标准化。

培养规格标准化：产品标准化在大学也是适用的协调机制，在大学体现为培养规格标准化。例如，各种专业的培养目标，各层次学历的要求，只有标准化才能保证一定质量。当大学发展到一定规模时，对下属单位的控制任务增加时，就应采用这种机制。当大学扩大到一定规模时，如果仍然用其他方式协调就会因管理跨度过大而影响管理质量。

互相调整：在大学中常见这种协调机制，特别是在科研中，联合攻关和跨学科研究中更需采用这种方式。在教学中，这种协调机制适合于高年级或硕士和博士的培养。在大学的管理中，跨职能部门的联合行动如在综合治理办公室中就需要采用互相调整的方式来进行协调。②

---

① 吴志功：《现代大学组织结构设计》，北京师范大学出版社，1998，第123-124页。
② 吴志功：《现代大学组织结构设计》，北京师范大学出版社，1998，第124-125页。

(三) 大学组织内部的五种信息势

信息是管理中不可缺少的要素，大学管理中也有以下五种信息势：

正式权力信息势：大学组织中存在着严格由上而下地沿组织依次传递的信息势。例如，校务委员会的命令下到各系，各系下到各教研室；教务处下的通知由各系到各教研室。这都属于正式权力的信息势。

规章信息势：大学组织各部分都有相应的规章制度，其内容包括校纪、校风、提升、晋级等各个方面。这些制度都属于规章信息势。

非正式信息势：大学是一个传播知识、传播文化的组织。其特点之一就是非正式信息势大量存在，这不仅取决于大学的组织任务不同于工业组织，而且是由大学基层人员素质较高、工作对象是人这些特点所决定的。

工作小组信息势：这种信息势在大学中到处可见，如果说在工业组织中，这种工作小组信息流只存在于管理中层、管理高层，那么在大学则到处存在。不仅在组织的上层、中层，而且在组织的基层也是大量存在的，因为大学强调学术自由，让教师自行组成科研小组，许多著名大学都是这样，如筑波大学、加利福尼亚大学等。这种自行成立科研组织的信息交流明显呈现工作小组的特征。在流水线作业的工厂，无论如何在其操作人员层（基层）找不出大学这样多的工作小组信息势。

临时决策过程信息势：这种信息交流的方式不仅在工业组织存在，而且也存在于大学中。例如，经济发展需要综合型的人才，需要既懂外语又懂经济、法律的高级人才。信息反馈到学校，学校则调动有关系、所组成教学单位来培养所需人才。这些信息势的交流则是一个临时决策过程的流程。它是一个根据需要临时调动各方面进行信息交流来处理问题的过程，是一个由下到上、再由上到下的过程。

(四) 大学组织结构设计的定义

虽然大学组织是由大学组织内部的结构要素组成的具有一定关系的组织形式，但这种形式不是自发产生的，不是大学组织内的结构要素自行排列组合，而是人为选择、细心安排处理的结果。因此，必须强调大学管理者、大学组织结构筹划者的重要作用。大学组织结构一旦形成便成为一种形式，这种结果的形成是大学组织管理者认识组织的外部环境、组织结构诸要素及其内在规律，并根据这些规律选择的过程。这一过程的结果则表现为一定的大学组织结构。但是，这一形式并非一成不变，外部环境在变，内部组织结构要素在变，因而这一形式总是处于变动的过程之中。某一种大学组织结构只是人们认识世界的一个认识过程的结果，它需要再认识、再选择，以致循环往复、不断认识，这也是符合马克思主义认识论的，即"实践、认识、再实践、再认识"，以至循环往复。

在指出了大学组织结构需要注意的上述问题之后，我们也就可以得出关于大学组织结构设计的定义：大学组织管理者根据大学所处的内外环境，按照组织结构的规律，精心安排、选择大学组织内部结构诸要素，并组成一定组织形式的过程，叫作大学组织结构设计。这一过程并非一次完成，而是遵循马克思主义认识论：实践、认识、再实践、再认识的过程。[①]

第二节 现代大学组织结构设计指向

一般来说，大学主要有三大功能，即人才培养、科学研究、服务社

---

① 吴志功：《现代大学组织结构设计》，北京师范大学出版社，1998，第125-128页。

会。人才培养是大学的核心工作;科学研究是大学的重要职能,也是人才培养的重要载体;服务社会是人才培养和科学研究功能的延伸。大学的这三大功能相互联系、不可分割。人才培养、科学研究和为社会服务是现代大学组织设计的指向。

一、基于人才培养的大学组织结构设计

中世纪大学的主要任务是人才培养,当时的大学是一个庞杂的社团,包括整个教学团体,而不考虑具体的专业。[①] 例如,巴黎大学成立的神学院、法学院、医学院和艺学院都是以教学为中心进行人才培养的组织。牛津大学和剑桥大学实行的是学院制,它们的这种学院制不同于现代大学内部的学院,因为它们的这些学院处于一种自立、自治和自足的状态,大学仅是各个学院的集合体,大学不经过学院的同意就招不了新生,教学、寄宿、纪律、管理等人才培养系统都由学院自己负责。那是一种综合性的学院,不是侧重知识的某一领域的单科性学院。当时的这种学院制是一种典型的以本科人才培养为主的形式。不管是博洛尼亚最初的"学生大学",还是巴黎的"先生大学",从其初创目的来看,都是以从事教学工作、培养当时社会所需要的人才为其职能的。虽然大学所培养的对象随社会的发展变化而变化,但大学的这一主要职能从大学诞生以来就从来没有改变过(如图3-3所示)。

19世纪以前,不从事科学研究或很少从事科学研究的大学比比皆是,虽谈不上用大学所生产的知识去直接为社会服务,但它们不会因为不进行科学研究和直接为社会服务而关门,相反,无法招收到足够的学生来教学的大学被迫关闭的倒是不少。强调大学以人才培养为大学理念的最著名的代表是19世纪英国学者纽曼。

---

① 爱弥尔·涂尔干:《教育思想的演进》,李康译,上海人民出版社,2003,第136页。

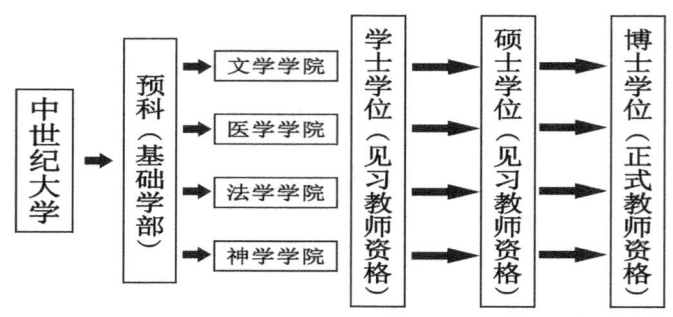

图3-3 中世纪大学的组织结构

(一) 纽曼的大学组织结构设计

纽曼指出,"大学是传授普遍知识的地方",大学是一个提供博雅教育、培育绅士的地方。大学的目的在于"传授"学问,而不是"发展"知识。"如果大学的目的在于科学与哲学的发明,那么,我看不出为什么大学应该有学生"。大学是一个教育机构,是培养人才的机构。

纽曼的大学理念包括以下两层含义。

1. 大学应平等、完整地传授各种知识

纽曼认为大学的目的有两个方面。首先,大学教育的目的是理智训练,发展人的理性。其次,大学教育重在传播和推广知识而非增扩知识。综合这两方面,他认为大学教育应在除传授知识的同时,更要培养学生的理智能力。既然大学应以传授知识、培养理性为己任,那么,传授什么知识、如何培养理性便是问题的关键。他认为大学教育应提供普遍性的知识(具有普遍意义的真理)和完整的知识(不能把神学排除在大学教授的知识之外),而不是狭隘的专业知识。他所说的知识既包括具体的科学真理,也包括经过抽象、被科学化了的哲学知识。他认为,"知识是一种心智状况和条件"。因此,追求知识必然是一种精神追求,

而精神追求的最大目的也在于精神本身。所以，他主张"知识本身即为生活"。大学只有把哲学知识包括在其传授的知识范畴之内，并且为知识而知识，才能更适于理智培养。

2. 科学研究与教学应当相分离

在大学的职能功能定位上，纽曼明确提出科学研究与教学相分离。既然大学是传授普遍知识的地方，大学就应为传授知识而设、为学生而设，以教学为其唯一的功能。对教学功能的强调，实际上意味着纽曼对牛津、剑桥等老牌大学的学院制的看重，只是他的谈论重点在知识。总之，在他眼里，大学的存在既不是为了使人变得有学问（非研究性），也不是为了工作做准备（非专业性），也无法使人变得崇高神圣（非道德性），而是为获取知识做准备（为知识而知识的理性），大学的真正使命是"培养良好的社会公民"，并随之带来社会的和谐发展。他的理想大学中的学生不仅要主动、积极、开放、交互式地进行学习，还要用普遍联系的观点去掌握知识。他主张在新旧知识之间建立联系，通过分析、分类、对照、协调、匹配、整合等手段，使新知识真正内化为学生整个知识体系的有机组成部分，真正实现学生的才智增长。

大学学生不可能攻读每一门向其开放的学科，应提供普通的、完整的、知识的教学目标。纽曼主张使大学成为"教育场所"，而不是"教学场所"，也即让学生生活在"代表整个知识领域的人之间"，强调学生在一种洋溢着普遍知识的益智团体中进行自我教育。"大学并不是诗人或不朽作家的摇篮，也不是学校的奠基人、殖民地领袖或民族征服者的诞生之地。大学并不是有望使人成为又一代的亚里士多德或牛顿，成为拿破仑或华盛顿，成为拉斐尔或莎士比亚，尽管此类自然奇迹以前曾经出现在大学范围内。大学教育是通过一种伟大而平凡的手段去实现一个平凡而伟大的目的。它旨在提高社会的益智风气，旨在提炼民族品位……"

英国学者纽曼把大学定位在传授知识的场所，是传承古典大学的传统，其办学理念是保守的；但他提倡的是自由教育，把教育当作为获取知识做准备，而不是工作的准备。把大学教育当作心智的训练，表现了纽曼自由教育哲学的思想。纽曼自由教育哲学的思想对大学课程结构有影响，但对大学组织结构没有太大的影响。此时的大学组织尚属于简单结构，职能功能比较单一。而他强调教学与研究分离，无疑加强和拓展了教学的职能和功能。①

（二）基于人才培养的大学组织结构设计

人才培养是大学组织设计的重要指向。与纽曼时代不同，人才培养只是现代大学组织设计的一部分，而且现代大学组织的人才培养机构更加完善。比如，有专门的教务机构来负责学校的教学管理，各个学院或系也有他们自己的专门教学部门，形成了从学校层面到学院或系层面的相对完善的教务系统。它们负责学生的入学、课程计划的安排、课程的学习、课程成绩的考核等与学生学习有关的其他事务。另外，还有一个十分重要的人才培养系统，即学生事务管理系统，这个系统在校内纵向上也是有学校及院系两个层级，它的主要任务是对学生在课堂外的行为进行规范管理，主要开展思想政治教育，对其心理、性格的完善起到促进作用。两个系统分工相对明确，简单地说，就是一个负责课堂内，一个负责课堂外。但各自所从事管理的内容有很大的不同，教务系统是负责学生学科知识（属于一种显性知识）增进的管理，而学生事务系统是负责学生在情感、人格、心理及待人处世等方面感性知识（属于一种隐性知识）的完善。大学组织内部的两个主要机构系统——教务系统和学生事务系统都是围绕学生发展、人才培养而形成的。②

---

① 郭石明：《社会变革中的大学管理》，浙江大学出版社，2004，第42页。
② 胡仁东：《我国大学组织内部机构生成机制研究》，广东出版集团、广东教育出版社，2010，第250-251页。

二、基于科学研究的大学组织结构设计

(一) 德国洪堡的大学组织结构设计

1810年洪堡在德国创立的柏林大学开创了以研究为大学的首要使命，并形成了德国大学组织典型形式——以教授讲座为核心的研究所。洪堡在19世纪初普鲁士改革时期，担任了一年多普鲁士教育厅厅长。他在短暂的任职期间促成了柏林大学的建立，由此开创了德国大学史的一个新的时期。洪堡在进行改革的同时，特别是围绕柏林大学的建立，撰写了系列文稿，如《柯尼斯堡学校计划》（写于1809年7—8月）《立陶宛学校计划》（1809年9月）《文化和教育司工作报告》（1809年12月）《关于高等学术机构的组织》（1810年）等。这些文稿集中地体现了洪堡的大学理念。

1. 教学与科学研究相统一原则

洪堡强调，在新型大学中必须将教学与科学研究相统一。为此，洪堡具体提出了大学"学习自由"和"教学自由"的两条基本办学方针。其中，"学习自由"指学生有选择学习内容和在大学中独立生活的自由；"教学自由"则可以解释为大学教授具有在其学术领域内不受干涉、探索和传授真理的自由。因此，洪堡理念中的新型大学不仅与传统大学存在着根本区别，而且也与近代法国和英国的高等教育机构不同。洪堡不仅否定了神学在大学中的支配地位，而且还反对法国式的国家主义教育价值观以及英国注重培养社会精英的古典"自由教育"，形成了自己的近代大学办学理念。[①]

[①] 陈洪捷：《什么是洪堡的大学思想？》，《中国大学教学》2003年第6期，第24-26页。

2. 寂寞原则

洪堡从大学是从事纯科学的机构这一核心观念出发，提出了大学的组织原则，一曰寂寞，一曰自由。所谓寂寞似包含以下三层含义：

一是大学应独立于国家的政府管理系统。用洪堡的话来说，大学是"独立于一切国家的组织形式"。洪堡认为，大学科学的活动是一种精神活动，与任何较严密的组织形式均格格不入，国家的任何介入都是一种错误。即使国家对性质迥异的大学进行组织、提供经费，"总是必然会产生消极的作用"。

二是大学应独立于社会经济生活。洪堡认为，关于大学与国家关系的准则同样也适用于大学与社会实际生活。科学的目的在于探索纯粹的学问，探求真理，而不在于满足实际的社会需要。当科学似乎多少忘记生活时，它常常才会为生活带来至善的福祉。修养则只能在纯科学活动中获得，任何旨在满足社会实际需要的专门性知识，只会让人泊于庸俗，背离修养的方向。

三是大学的教师和学生应甘于寂寞。他们不为任何俗务所干扰，完全沉潜于科学。洪堡常用寂寞或悠闲来刻画大学中的生活，把它看作从事学问的重要条件。但寂寞并不排除大学成员之间的学术交往，按照他的设想，大学无非是一群从事科学者的精神生活，"有人独自专注沉思，有人与同辈数人相过从，还有人聚学生数名于周围"，其所求所愿无非是科学，并生活在科学之中。对学生而言，大学的意义在于，使其"在中学和步入生活之间，在聚有许多教师和学生的地方，把数年的岁月完全地用于科学的思考"。[①]

3. 自由原则

与寂寞原则并重的另一原则是自由。自由也包含三层意思：

一是自由是针对国家而言。在洪堡看来，影响大学自由的因素来自

---

① 郭石明：《社会变革中的大学管理》，浙江大学出版社，2004，第42页。

两个方面。一方面，国家就其性质及其对大学的职责而言，是影响大学科学活动的主要潜在因素。因此，洪堡极其重视国家与大学的关系，一再强调，国家应当尊重科学活动的特性，将其对大学不得已的干预作尽量地限制。另一方面，对大学自由侵害还来自大学内部。洪堡认为对自由的威胁也会来自这些机构（指大学——引者）本身，它们开始可能接受了某种思想，继而动辄压抑其他不同的思想。要消除此种危害因素则有赖于国家。他接着说道："国家必须采取措施，以预防由此而可能产生的弊病。"其具体措施主要是国家对大学教师的聘任。洪堡认为国家应运用其对大学教授聘任权，以保证大学教授的多样性，借此防止大学中的门户观念或行会风气。

二是教师的自由。根据洪堡的观点，在寂寞和悠闲中从事其学术的大学教师不受国家的"管束"，不受社会种种利益的牵制，完全服从科学的内在要求，自由自在地进行科学的探索，当然享受着完全的自由。

三是学生的自由。在洪堡看来，大学生与教师具有共同的任务，都是为了学术，均是"为科学而共处"，因而也应像教师一样享有充分的自由。按照洪堡的设想，大学生应自主地从事其科学思考，可以接受教师的指导，与教师共同研究，也可独立从事研究，甚至"听课可偶尔为之"。[①]

洪堡教学与科研相结合的教育理念很快成为刚刚创办的柏林大学和其他大学的教育理念。传统大学虽只有单纯的教学职能，但并不是说大学不存在科研活动，只是那时科研规模小，教师大多是业余从事的。而是到了洪堡提出教学与科研相结合的原则后，大学才由教学职能向教学科研的双重职能拓展，并且科研的职能非常突出。在各学部设立研讨班和研究所是洪堡办学理念在大学教育实践中的具体体现，同时也是德国

---

① 陈洪捷：《什么是洪堡的大学思想？》，《中国大学教学》2003年第6期，第24—26页。

新大学区别于传统大学的根本所在。从这个意义上而言,柏林大学的创立确实标志着世界高等教育历史进入了一个新阶段。

在洪堡的大学组织结构设计中,教授是他的研究领域组织中的唯一一名讲座持有者,同时也是研究所的唯一的负责人,在他的领域中,研究和教学由他负责。随着学生人数的增多,有时也出现两个以上的教授同时领导一个研究所的情况,但他们每人负责一个方面。而通常的情况是在相同领域任命第二位教授时,将为这名教授另设一个研究所。这种讲座研究所的设计形式得到了许多国家的认同,而且相继在大学设立讲座形式。这种组织形式突破了牛津大学和剑桥大学的学院制传统。但讲座结构适应变化的能力受到讲座教授个人能力和意愿的局限。由于知识的激增和大学规模的扩大,讲座也相应增多,它们不仅肢解了学院和大学,而且使学科也四分五裂。各国的讲座制都面临危机,因为教授的负担越来越重,而且讲座教授的权力也是不民主的。比如,德国的讲座制中,编外讲师能否用研究所的设施要取决于教授的意见,助教的工作完全服从于教授工作的需要。

(二) 系科制转向矩阵制的大学组织结构设计

20世纪60年代以来,欧洲大陆国家的教育系统的讲座制开始向系科制演变。柏林大学现在的26个系代替了先前的169个科研所和7个学部。瑞典的大学在保留讲座制的同时,加强了系科建设,并且通过改变系科目的和领域手段来操纵任务的分配。法国在1968年学生运动之后,以新的教学科研单位取代传统的学部。由于学科发展朝着边缘学科、交叉学科以及跨学科的方向前进,大学里的系科组织又变得难以适应了,现在大学出现了矩阵结构式的研究机构,即一名学者可能同时在几个研究所或系科任职;另外,出现了类似临时的研究合作机构,如围绕课题的项目科研合作小组在大学组织中已是很常见的形式。所以,克拉克认为:"系科组织的确立可以克服讲座制的狭隘性,并使学科的分布较为合适。但是，系科组织以及相应单位的不断增多，使大学分崩离析的状态达到了空前的程度。"① 所以，大学组织在发展过程中出现过讲座制、系科制及矩阵结构、临时科研合作机构这种基层学术组织方式，这些变化与发展都是大学为了适应知识发展、学科分化与综合、社会需要而进行科学研究所设计的。②

"教学与科研相结合"，对于大学来说具有十分重要的意义。假如大学只具有承担传播知识的教学职能，那现在的大学与古代的巴黎大学可能不会有什么两样，大学永远是传授知识的场所，永远处于社会的边缘。而只有教学与科研相结合，才能使大学成为名副其实的学术组织。

从理念对大学组织结构的影响来看，促进了大学组织职能结构向横向水平分化，即大学单一的教学职能向科研职能的分化。也就是大学的职能由单个职能——教学职能向教学研究职能的拓展。同时，职能的分化又使管理职能从教学职能中分离出去，使之出现了与教学和科研职能的组织——学院相对应的行政职能管理组织。因而形成了事业单位与学科相结合的总体矩阵结构（如图3-4所示）。③

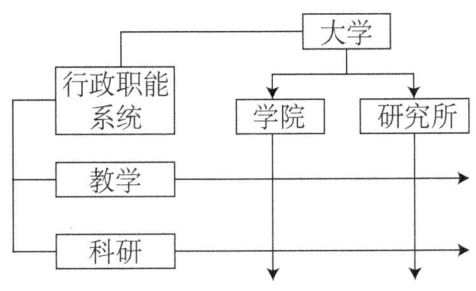

图3-4　大学组织职能结构

---

① 伯顿·R.克拉克：《高等教育系统论——学术组织的跨国研究》，王承绪、徐辉、殷金平等译，杭州大学出版社，1994，第210-212页。

② 胡仁东：《我国大学组织内部机构生成机制研究》，广东出版集团、广东教育出版社，2010，第252页。

③ 郭石明：《社会变革中的大学管理》，浙江大学出版社，2004，第42页。

这种组织结构是垂直分权与水平分权的结合。垂直分权是指学校－学院－学系的权力是逐级分布的，而水平分权是与学校并列，由社会参与组织，与学院并列的研究所。这是一种有限的垂直分权和有限的水平分权，这种组织结构与科层结构更能接近大学这种学术组织。

三、为社会服务的大学组织结构设计

在大学理念和实践发展史上，美国的威斯康星理念是一个重要的里程碑。正是出于威斯康星理念的兴起，大学确立了直接为社会服务的职能，使大学密切了与社会的联系，促进了社会经济的发展，也促进了大学自身的发展。

（一）威斯康星理念的组织结构设计

所谓威斯康星理念，就是把大学的资源和能力直接用于解决公共问题，直接为社会服务。范·海斯在1904年的就职典礼上指出：威斯康星大学应该为实现威斯康星州的改革目标服务，成为全州所有人的大学。他要求威斯康星大学把英国住宿学院和德国研究型大学的所有优点结合在一起，使文理学科、应用科学和创造性的研究齐头并进，使不同兴趣的学生在密切的联系中受益。他希望威斯康星大学成为一座瞭望塔，在改革社会中发挥积极的作用，充当公共服务的重要工具；并保证在这一普及知识的时代，威斯康星大学将不惜一切代价，加强各种创造性的工作。范·海斯还指出：州立大学的生命力在于它和州的紧密关系中。州需要大学来服务，大学对本州负有特殊的责任。教育全州男女公民是州立大学的任务，州立大学还应促成对本州发展有密切关系的知识的迅速成长。州立大学教师应用其学识与专长为州作出贡献，并把知识普及全州人民。他甚至宣称"服务应该成为大学的唯一理想"。

威斯康星大学为社会服务有以下几种形式：一是学校在州的每一个地区都设立了推广教学地区中心，有5000多人正在学习大学的函授课程；一般福利处解答了关于卫生、经济学、社会学、政府和教育方面数以千计的实际问题。大学的实验室就土壤、矿石、燃料、黏土和水进行实验研究；辩论和公共研讨处举办讲座，在全州范围内资助有关争议问题的讨论，并挑选图书资料寄送地区讨论小组。通过这些活动，威斯康星大学与州融为一体，整个州都成了大学的校园。二是为政府部门提供专家咨询服务。除了向社会推广技术和知识外，范·海斯还把埃利倡导的为政府部门提供专家咨询服务的做法发扬光大，并对其他州立大学甚至私立大学产生了重要的影响。

正如美国高等教育学家布鲁贝克和鲁迪所说：范·海斯在任威斯康星大学校长期间所取得的巨大成功，激励其他州立大学也采用类似的政策，服务的理念成为越来越多的大学办学原则之一。民主的高等教育开始尝试探索越来越多的服务美国民众需要的新方式。从此，社会服务逐渐成为美国大学的一个重要职能。社会服务的大学理念也跨过大洋传播到欧洲、亚洲和世界其他地方，成为一种具有世界影响的大学理念。时至今日，社会服务已成为继培养人才（教学）、发展科学（科研）之后的大学第三职能。一般认为，社会服务的职能是大学培养人才和发展科学职能的延伸，是以直接满足社会的需要为目的的各种服务活动。[①]

在为社会服务的大学职能刚刚萌芽时，它采取的形式是为工人开设夜校讲习班，现在它的形式已经趋于多样化，服务领域更为广泛，服务方式更为直接。例如，开展成人教育和继续教育；开展技术推广服务；建立科学（工业）园区；建立大学－企业联合研究中心；通过签订科研合同承担校外政府和企业事业科研项目；大学与企业建立伙伴关系；提供各种咨询；兴办合资企业；大学向社会开放图书馆、实验室、教室设

---

① 郭石明：《社会变革中的大学管理》，浙江大学出版社，2004，第42页。

施等。①

（二）当代为社会服务的组织结构设计

在现代大学组织里，为社会服务已经成为一个重要的职能。伯顿·克拉克在研究大学组织转变途径时发现，现代大学组织正在向创业型大学转变，而创业型大学的一个核心要素就是拓宽、发展外围，它们内部展现出很多单位，这些单位比传统的学系更加容易跨越旧大学的边界，与校外的组织和群体联结起来。主要有两种形式：一种是设立专业化的校外办事处，主要从事知识转让、工业联系、知识产权开发、继续教育、资金筹集以及校友事务；另一种形式是成立以跨学科研究项目为重点的研究中心，这些研究中心把校外许多试图解决经济和社会发展中重大实际问题的人的研究方向带进大学，这种中心处于学系与外部世界的中间地位。

19 世纪后半期，大学组织形成了服务于社会的职能。根据斯坦基维茨的研究，大学为工业服务的主要形式是一种分界性机构，这种分界性机构的优点在于它们既能保证大学和企业双方的独立性不受损害，又能确保它们之间建立适应的联系。这类组织可分为应用研究所、合作研究中心、综合服务机构和研究院几类。② 这些分界性组织为大学向社会服务提供平台。这些跨边界机构的出现使大学组织迈出了象牙塔。由此看来，大学组织设计至少在外观上已渐渐体现出服务于社会的导向。在机构的增加方面，大学更加重视为社会服务机构的设置，这不仅是一个获取外部资源的途径，而且还是反映大学组织外部形象以及宣传大学组织的重要渠道。

---

① 刘宝存：《威斯康星理念与大学的社会服务》，《理工高教研究》2003 年第 5 期，第 17—18 页。

② 徐辉：《高等教育发展的新阶段——论大学与工业的关系》，杭州大学出版社，1990，第 81 页。

一所现代大学要想获得政府、社会、用人单位、学生及学生家长的认可，就必须有一定的灵活性，在某种程度上要能吸引人们的注意力。因为政府的资助、社会的捐助、用人单位对大学生的吸纳和学生及其家长的光顾，都需要认识大学和了解大学，要看大学做了什么。这不仅仅是在人才培养和科学研究方面，还要看其社会影响力，而社会影响力的形成，一是看其积淀，二是看其对人们现实生活所产生的影响。斯坦福大学在硅谷就成功地树立起了它的形象，它不但培养了世界的顶尖人才，也出了重要的科研成果，而且和外界的充分融合及其为社会服务所产生的重要影响对其声誉的形成也具有重要的作用。①

上述大学组织设计的依据并非是单独发挥作用的，其实，它们是一个综合体。此外，科学研究组织的设计其实对于人才的培养也起到重要的促进作用，大学里的研究机构往往是以课题为中心，吸引学生参加，这种形式对于培养学生的研究能力比课堂教师通过讲授的方式要有效得多。除此之外，大学里有的研究机构就是企业捐资所设，这种合作形式的跨边界机构在人才培养、科学研究及为社会服务方面都发挥了重要的作用。

从传授知识的场所到教学和科研相结合，再到为社会服务，这是大学理念发展的轨迹。从大学组织职能结构分析，为社会服务的理念使大学原有的两个职能（教学和科研）向第三个职能（社会服务）拓展和延伸，使大学组织形成了比较合理和完善的职能体系（如图3-5所示）。同时，为社会服务理念的确立使大学从根本上突破了大学组织的封闭性，在为社会服务过程中与社会融为一体。

---

① 胡仁东：《我国大学组织内部机构生成机制研究》，广东出版集团、广东教育出版社，2010，第253-254页。

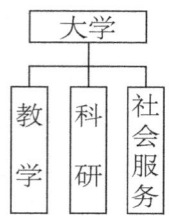

图3-5 为社会服务的大学组织职能结构

现代大学与传统大学本质不同的是,传统大学可以在封闭的环境里求生存求发展,而现代大学离开了社会的支持和关心,大学将一事无成。比如,对大学的人才培养,社会不积极主动配合和提供大学生实践和实习的指导人员和场所,大学生的素质、能力的培养和提高就缺乏有效的载体。大学科研也是一样,现代的科研依赖于现代化高精尖的科研条件,没有这些科研条件,大学科研必定是一筹莫展。因为,这些高精尖的仪器设备价值连城(一台设备上百万、上千万元,甚至是几亿元),没有国家的支持,大学只能望而却步。

社会是大学科研的基地,如果没有这个基地,大学科研就不会取得如此辉煌成就。国家、科技、社会等问题的解决也确实离不开大学,大学成了高精尖技术研究和开发的基地,成了政府的智囊、企业信息库、技术库、人才库。而各种各类的课题小组、技术攻关小组、社会问题研究组织在大学随处可见。因而,大学组织中有政府、企业的科研组织,而在政府、企业组织中有大学教授和学者的身影,你中有我,我中有你,大学组织变成了一个与政府、社会企业互相渗透、共同合作的开放型组织(如图3-6所示)。①

---

① 郭石明:《社会变革中的大学管理》,浙江大学出版社,2004,第42页。

第三章 多元化的大学组织结构设计

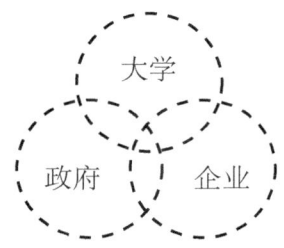

图3-6 大学与社会合作的开放型组织

第三节 集权制与分权制的大学组织结构设计

大学组织具有相对的稳定性。但并不是说，大学组织是一成不变的，而只能说明大学组织不同于社会其他组织快速而激烈变革，大学组织是一种缓慢而温和的变革。从系统角度讲，大学是社会、经济系统的亚系统，它必然要受到社会、经济主系统的影响和制约。这种影响和制约最直接的是来自政治、经济体制，大学组织结构是这种政治、经济体制的产物。不同的政治、经济体制就会形成不同的大学组织结构。[1] 大学组织中的集权是指大学组织的决策权集中于某一点，而大学中的分权则是指大学中的决策权分散于许多人。前者称之为集权结构，后者称之为分权结构。

一、大学组织中的集权体制结构

体制与大学组织结构具有一种直接的关系，这种直接关系就是体制决定大学组织结构。直线制是一种最简单的集权式组织结构形式。集权

---

[1] 匡铭杰：《大学组织结构的去行政化研究——以南方科技大学为例》，《高教与经济》2012年第1期，第23-30页。

体制国家,大学几乎是类似于政府的组织,而不可能是学术组织。我国20世纪50年代开始,仿效苏联的体制,大学成了单纯培养干部的场所,此时的大学组织结构,是科层制(官僚制)组织结构(如图3-7所示)。

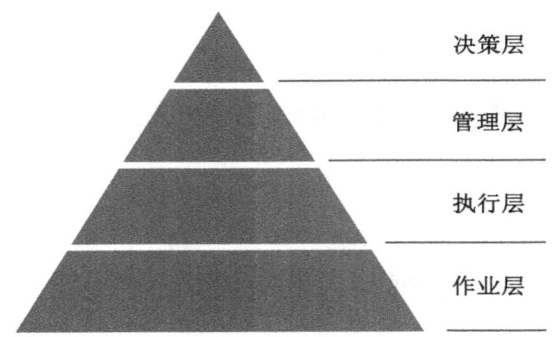

图3-7 科层制(官僚制)组织结构

科层制组织管理结构由马克斯·韦伯提出。它指的是一种权力依职能和职位进行分工和分层,以规则为管理主体的组织体系和管理方式。它既是一种组织结构,又是一种管理方式。实施科层制管理,实行组织管理行政化,几乎成为很多现代大学的首选。高校科层制组织管理呈"金字塔式"的分层等级结构,即按照管理责任及权限将每个组织机构由低到高排列在不同的层级上,权力逐级集中,构成一条垂直分叉如金字塔形态的权力线。[①]

科层制结构可分为机械科层结构和职业科层结构。机械科层结构主要协调机制是"工作过程标准化",即机械科层结构主要依靠工作过程标准化来协调组织工作。职业科层结构主要依靠技能标准化进行协调。因此,工作过程标准化的科层结构称为集权科层结构,技能标准化的科

---

① 李艳华、王鑫越:《高校科层制组织结构弊端及其优化》,《学周刊》2013年第3期,第9页。

层结构称为分权科层结构。大学是学术型组织，其结构应是职业科层结构，而不是机械科层结构。然而在集权体制下，大学组织结构已位移于机械科层结构，如德意志民主共和国的大学组织结构（如图3-8所示）和中国大学的"双轨制"组织结构图（如图3-9所示）。①

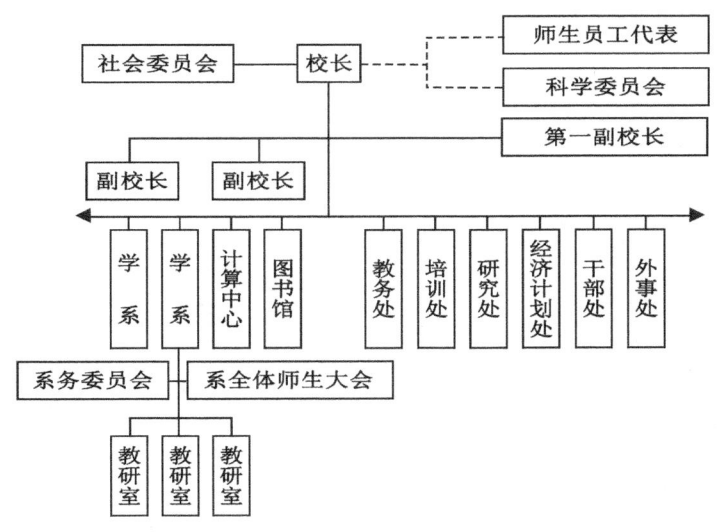

图3-8　德意志民主共和国的大学组织结构

集权体现在两个方面，一是行政管理为主的集权，即在大学主要以围绕资源配置方面为主的集权；二是以学者为主的集权，如讲座制或首席科学家制的实验室管理，他们有较大的学术资源控制及分配权。我国大学组织是一种"双轨制"组织结构。我国的高等教育法规定，国家举办的高等学校实行中国共产党领导高等学校基层委员会领导下的校长负责制，党委会统一领导学校工作，支持校长独立负责地行使职权，其领导职权主要是执行中国共产党的路线、方针、政策，坚持社会主义办学方向，领导学校的思想政治工作和德育工作，讨论决定学校内部组织机

---

① 吴志功：《现代大学组织结构设计》，北京师范大学出版社，1998，第149页。

构的设置和内部组织机构负责人的人选,讨论决定学校的改革、发展和基本管理制度等重大事项,保证以培养人才为中心的各项任务的完成。在我国高校的行政组织当中,由于还必须存在党组织对高等教育直接领导的特殊情况,存在着两套自上而下的权力系统,如图3-10、图3-11所示。所以,党委领导下的校长负责制是我国公立大学组织结构的基本前提。①

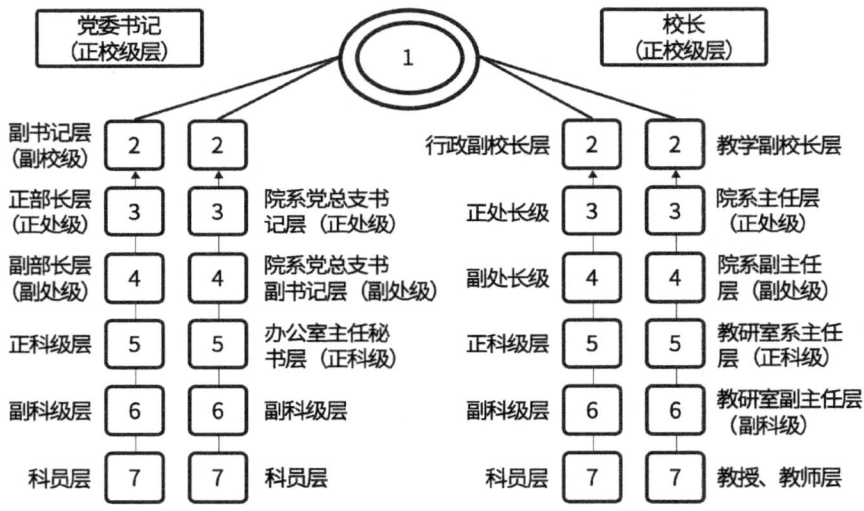

图3-9 中国大学的"双轨制"组织结构

---

① 胡仁东:《我国大学组织内部机构生成机制研究》,广东出版集团、广东教育出版社,2010,第172-173页。

第三章 多元化的大学组织结构设计

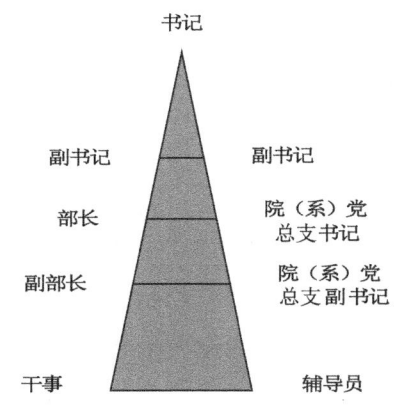
图3-10 党政管理部门组织结构

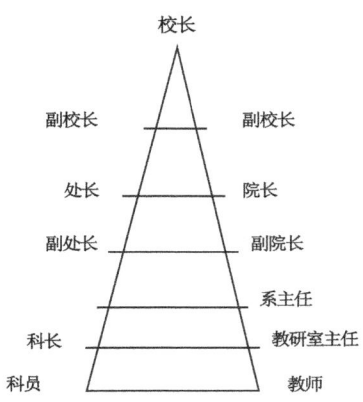
3-11 行政教学单位组织结构

党委领导下的管理组织结构构成了我国高校的科层式管理组织结构，在原本模仿行政机构、围绕行政权力所建立起来的高校内部组织结构的基础上增添了更多的层级和人员，使我国高校的管理系统更显"特殊性和重要性"，并使管理当中的权力向行政权力严重倾斜，这也是我国高校当中产生"官本位"社会现象的根源之一（见表3-1）。

表3-1 美国大学人员结构（2005年）与我国高校人员结构（2006年）对比

人员类别	美国（2005）	所占比例（%）	比例合计	对应我国高校人员分类	我国（2006）	所占比例（%）
行政/管理人员	201571	5.9	5.9	行政/管理人员	306407	16.2
教师 专业人员 学生助理	1314506 662845 317146	38.3 19.3 9.2	66.8	教学/研究人员	1179168	62.3
秘书/文书技术人员/专业助理	446960 196211	13.0 5.7	18.7	辅助职员	209487	11.2

· 153 ·

续表

人员类别	美国（2005）	所占比例（%）	比例合计	对应我国高校人员分类	我国（2006）	所占比例（%）
技工工人 维修工人	61678 228383	1.8 6.8	8.6	工勤人员	196247	10.3
合　　计	3429300	100	100		1891309	100

综上所述，我国高校当前的管理方式仍以偏重行政权力为主，以科层组织形式构建的组织结构构成了学校内部组织的主要形式。在高校的组织结构当中，行政权力为主导的科层组织占据了高校管理当中的统治地位，并挤占了学术事务中学术权力所应负责的空间，"违背"了公共组织理论当中的分权治事原则，同时因为从计划经济体制当中延续至今的管理当中的官僚弊病与当前体制相伴而行，这种使高校中二元权力失衡的组织结构和权力分配方式影响着大学管理的有效进行。

管理重心是检验大学组织结构是集权还是分权的标尺。一般来说，集权的管理重心在高层——学校，而分权的管理重心在中层——学院或下层——系。由此可见，集权体制下的大学组织结构的管理重心当然处于高层——学校，即大学的决策权和管理权由学校决定，而学院和系仅仅是贯彻和执行部门（如图3-12、图3-13所示）。①

图3-12　苏联和中国大学组织结构

---

① 郭石明：《社会变革中的大学管理》，浙江大学出版社，2004，第24页。

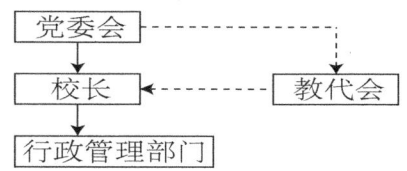

图3-13 中国大学的高层组织结构

从图3-12可以看出,苏联和中国大学组织结构的管理重心在高层——学校,而且层级之间是一种自上而下的垂直分权。由于高校的学术成果以及同学术研究相关的一系列学术活动并不能像一般的制造工厂一样定期定量地从流水线上生产出产品,因而具有更多的不确定性和灵活性。比如,某高校中的某位科学家在其一生的学术生涯当中从事了难以计数的研究,却只发表了一篇学术论文。尽管这篇学术论文的质量极其优异,不仅在专业领域当中具有重要意义,甚至可能获得诺贝尔奖,但由于其产出的效率过低,就极有可能在中国高校的这套学术产品流水线上被过早地淘汰。基于这种现实,国内近些年频繁出现的学术造假事件和大量发表却鲜有高水平引用的学术论文不能不说是这种模式化管理方式所带来的后果。

我国自20世纪80年代开始,普遍实行了学院制,从表面看权力重心下移到学院,但教学权、科研权、人事权、学术交流权、财务管理权等只是部分下放,学院的决策权、发展权和教育资源配置权依然在学校。管理重心下移是一个过程,随着我国政治体制改革不断深化,政治民主化的进程加快,这种集权体制会逐渐削弱。

二、大学组织中的分权体制结构

在实行分权体制的国家,大学组织结构学术化、自治性特点非常明显。政府与大学在职能定位上比较明确:政府办校,学校办学。即政府主要通过制定法律、法规、制度、政策、拨款等手段,为大学办学创造一个更为宽松而规范的社会环境,而不直接干预大学的具体办学。大学可根据自身情况,按照教育规律和社会需求进行自主决策、自主办学。作为学术组织的大学,以传播和促进学术繁荣和进步为己任,这是大学组织的重要特征,无论是教学还是科研,都是以学术为核心而展开的。即使社会服务,也不会像经济组织一样,是劳力、产品和技术的服务,而是一种知识、智力的服务。大学从根本上说不仅是追求传授知识的目标、服务社会的目标、培养人才的目标,而且也是追求学术的目标。这是大学组织与政府、企业组织的本质区别。①

(一)大学中的垂直分权

垂直分权是指把决策权分配给垂直下层后,从组织的战略层分到组织的中层。按照明茨伯格的分类,垂直分权可分为选择性的垂直分权和同等的垂直分权。选择性垂直分权是指把决策权有选择地分给下属,同等的垂直分权是指把决策权平等地分配给下属各个单位,让各个单位根据自己的市场、地区来决策。在大学中,这两种垂直分权都存在。就选择性垂直分权而言,大学最高领导层把一些重要权力保留,如人事、财务、政策制定的权力保留,而把根据市场设置各种教学班、根据市场和社会需要进行科研项目的权力交给下属。选择性垂直分权是调动下属积极性的需要,也是减少管理负担的需要。如果所有的权力掌握在高层,个人精力和时间有限,会影响管理质量,同时也挫伤下属的积极性。在组织规模日益扩大、承担的教学和科研以及社会服务日益增多时,尤其应采用选择性的垂直分权。而同等的垂直分权在规模较大的大学中则尤其适用。例如,在国外和国内一些巨型大学中,下属几个分校和校区,学校当局采用的分权就是同等的垂直分权——即把各分校的日常管理权,有关分校的人员调动、教师招聘、科研项目、教学大纲的设置等

---

① 郭石明:《社会变革中的大学管理》,浙江大学出版社,2004,第25页。

等权力都交给各分校、校区负责人，有关日常规定、例行工作权力都同等分配给下属各校，只把分校校长任命权和财政拨款权掌握在大学的最高层。这样，大学的最高层有足够的精力和时间研究制定有关学校发展的战略和大政方针，而日常管理则交给了下属各分校，既保证了战略制定的正确，也调动了各分校的积极性。如果在这样的巨型大学中仍采用集权，是无法使其适应社会的发展需要的，也无法满足社会的多元化要求，同时也会影响学校发展。

（二）大学中的水平分权

水平分权是指决策权从直线人员分向参谋人员，分向专家。水平分权可以分为两类：（1）权力分给组织的分析人员；（2）权力分给专家。前者是指把权力分给组织中技术结构部分的分析人员，组织的协调主要依靠标准化的工作方法和程序，而这些标准化方法和程序的设计则是组织的分析人员承担的。因为大学内，教学、科研单位内的协调主要依据的是技能标准化和互相调整，不是依靠工作过程、方法标准化来协调，所以这种水平分权不适合于大学中教学和科研单位。需要指出的是，这种水平分权对于大学校办工厂则是适用的，由于工厂的协调讲究工作方法标准化、工作程序标准化，以提高其生产效率，因此需要分析人员设计出标准化的工作程序和方法，设计出各种规章制度。

水平分权的第二类是指把权力分配给组织各部门的专家，这种权力叫作专家权力。专家权力有三种，一是非正式的专家权力，二是与正式权力融为一体的专家权力，三是基层人员的专家权力。在第一种专家权力中，由于决策涉及的技术要求高，故把有关决策权分给专家。在第二种专家权力中由于涉及的问题面广，且正式权力和专家权力难以分开，因此成为一体。第三种专家权力中分权程度更大，如果说第一种专家分权只在组织的高层，第二种是中层、高层有关专家参加，那么第三种则是组织基层专家也有决策权。在大学中，这种情况则更适用，因为大学的基层人员都是由受多年教育的专业人员组成，本身就是专家，所以更需分权。实际上，在大学中特别是在科研方面、教学方面，都是适合采用第三种专家分权的。目前，在许多大学中，特别是在一些名校之中，在科研方面给科研人员充分的权力，让他们自行组织科研小组，自行根据社会的需要、市场需要进行合作攻关，鼓励其运用自己的研究成果，并给予充分的权力，这实际上就是根据大学特点采用的专家分权，无疑可以调动专家主动为社会服务的积极性。这与有的研究者的看法是一致的，即专业人员喜欢分权结构。

可以说，上面三种专家分权在大学中普遍存在。需要指出的是，基层专家权力在大学中更普遍，这是大学管理人员在设计组织分权时应特别注意的问题。换句话说，注意大学组织基层人员组成的特点，是大学组织设计必须认真对待的问题，切不可盲目引用企业组织的有关做法。就大学组织本身的特点而言，分析人员分权、专家分权在大学中都存在。前者主要适合于大学校办工厂，后者则更适合于大学的教学和科研组织。①

（三）大学组织中分权类型剖析

1. 垂直与水平集权

决策权集中掌握在一人之手，权力在组织的战略制定层，主要的行政长官保留了正式和非正式权力，所有的重要决策都由他做，协调通过直接监督。这种集权在大学中不适合，如果适合也只能是暂时的，或者是在大学初建时期，或者是在规模小的大学中适用。在现代大学中，特别是在人数万人以上的大学，采用这种集权是不适宜的。

2. 有限的水平分权

在有限的水平分权类型中，组织技术结构分析人员具有重要作用，

---

① 吴志功：《现代大学组织结构设计》，北京师范大学出版社，1998，第145-146页。

他们设计组织工作方法和过程以及标准化程序、规章、制度。这种分权只适合于大学的校办工厂，以及适合于大学中那些工作可以标准化、程序化的部门和单位，但对教学、科研单位而言，则不适宜。

3. 有限的垂直分权（同等分权）

有限的垂直分权适合于规模大、设有多个分校和多个平行学院的综合大学。采用有限的垂直分权，将有助于提高大学的决策，特别是战略决策的水平，又有助于调动下属各分校、各学院的积极性。

4. 选择性垂直与水平分权

这种呈星座状的选择性垂直与水平分权是大学中常见的现象。例如，某一重大的课题需要各方面的研究人员参加，同时还需要有关服务部门提供有关的服务，这种垂直与水平分权就显得格外重要。例如，某一重要科研项目涉及社会科学处、自然科学处、有关系所的研究人员、有关计算机中心、图书资料以及后勤服务等诸方面时，就得采用这种分权，成立任务小组，共同参与决策，而只有这样，才能保证重大科研项目的完成。

5. 垂直与水平分权

在垂直与水平分权类型中，决策权集中于组织的基层，因为这种组织的基层人员是由专业人员组成，特别是在科研组织中更为适用，这实际上也是知识创新所需要的条件之一。目前，世界许多著名大学都认识到这一点，广泛采用这种分权。自愿组成科研小组从事科研，一是避免了权力的干预，二是避免了论资排辈。许多学校给每个教师一定的科研资金，然后由教师自愿组成科研小组，就共同感兴趣的问题联合研究，这无疑给科研、学术创新提供了良好的环境，并予以财力保证。

就大学组织结构设计而言，分权同样具有重要作用。首先，它要求管理者根据不同的组织结构采取不同的分权类型；其次，它要求大学管理者根据大学组织中的不同分支单位采用不同的分权；最后，它要求大学组织管理根据大学的发展不同阶段，采用不同的分权类型。既然学术型是大学组织的本质特性，那么与之对应的大学组织结构应是分权模式，即事业部结构（如图2-9所示）。事业部结构亦称联邦分权结构。事业部结构或联邦分权制在分权的原则下，使总部和各个单位（事业部）都有真正的职权：总部的最高领导决定各个单位的主要目标，组织人力资源，选拔训练和考核未来的领导人员，制定对工作效率进行评价的标准等，而总部下属的各个单位（事业部）本身也是一个自治性的单位，其负责人要对本单位的各方面负责。例如，美国加州大学就是非常典型的事业部结构（如图3-14所示）。

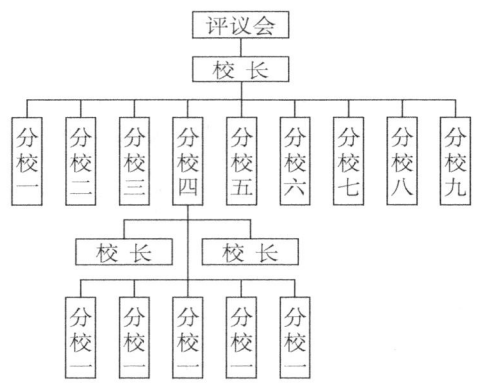

图3-14 美国加州大学的组织结构

不能说分权一定比集权好，也不能说某一种分权比另一种分权好。"要具体情况具体分析"，这是大学组织结构中分权类型设计与选择的指导思想。正确的做法应该是根据实际情况和环境要求，根据大学组织的不同部分人员特点，根据要完成的任务的特点来设计选择分权。在科研单位，可根据实际需要，选择水平分权较适用，而在大型攻关项目时，涉及的方方面面较多，采用选择性的垂直与水平分权较好。认识分权类型对大学组织结构设计是有重要意义的，它有助于根据不同性质的工

第三章　多元化的大学组织结构设计

作、不同的组织人员构成而正确地选用不同的分权。①

三、密歇根大学的事业部组织结构

美国密歇根大学成立于1817年，是美国历史最悠久的公立大学之一，有美国州立大学之母的称号，是美国公立大学典型的代表，这也与其有效的内部管理机制和重视学术自由的传统等有关。密歇根大学包括三个校区，即密歇根大学－安娜堡、密歇根大学－迪尔伯恩、密歇根大学－弗林特。其中，安娜堡属于主校区，本节所分析的就属于密歇根大学安娜堡主校区，其组织结构如图3-15所示。

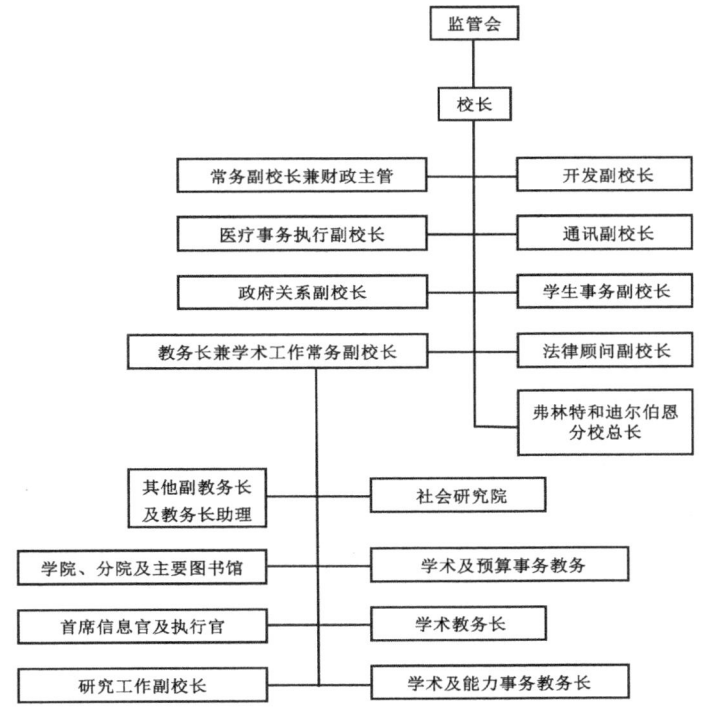

图3-15　密歇根大学的事业部组织结构

---

① 吴志功：《现代大学组织结构设计》，北京师范大学出版社，1998，第147-150页。

（一）密歇根大学的层次结构

从密歇根大学的组织结构图看，其所实行的是监管委员会领导下的校长负责制。和前面大学组织结构比较可以发现，由于密歇根大学具有分校的性质，而分校相当于事业部结构中的事业部，故密歇根大学的组织结构是事业部型。

密歇根大学的监管委员会只对密歇根这一个大学负责，这大体上也是美国州立大学的领导管理体制的模式。密歇根大学的大学章程规定，最高领导实体是监管委员会，它由两年一次地在全州范围所选举出来的 8 名委员和大学校长所组成，共 9 人。监管委员会成员具有院校总的监督管理权，并控制和指导所有学校财政的开支。监管委员会的成员一般都是具有很高威望和身份的社会著名人士，他们来自不同的行业，却都是各自行业的领军人物，代表了密歇根州发展的各个方面，能广泛地反映州内的社会、经济和文化的情况。这样从根本上保证密歇根大学监管委员会制定的发展战略服务是适应于密歇根州发展要求的。①

从密歇根大学的组织结构图可以看出，监管委员会下设包含副校长在内的 10 个职位，所以密歇根大学的管理幅度为 10，是典型的扁平型结构。越来越多的大学组织正努力扩大管理幅度，组织结构设计也呈扁平结构发展的趋势。

（二）密歇根大学的部门结构

密歇根大学在大学校长下设置了 10 个分部，按工作性质和市场建立机构分部是事业部组织结构的一大特点，我们可以看出其中五个部门按工作的性质所分：弗林特分校、迪尔伯恩分校、常务兼财政部、学生事务部和教务部兼学术工作部属于常规的部门。而另外四个部门（开发

---

① 杨森炎：《国外高校组织结构分析》，http://www.doc88.com/p-943526457324.html。

部、医学事务部、通信部、政府关系部）都是比较典型的根据市场要求设立的部门。根据市场需要设置部门是设计大学组织结构的根本要求，也是大学组织结构未来发展的趋势。

在密歇根大学的教学和科研部门也同美国其他大学一样有传统与现代结合、设置多样性的特点，在大学组织结构中，教学和科研部门的设置是个重要问题，直接影响整个大学的水平。密歇根大学在设计教学、科研基层部门方面比较注重传统和现代的相互联系，既保持传统划分组织的优点，又采用现代划分组织的特点。传统设置的教学、科研部门一般按学科划分设置，如哲学系、物理系等。而现代划分与设置则按矩阵、综合、问题来进行。密歇根大学既保持了传统的按系划分教学单位，发挥其传统优势，又吸收了当代的新方法来设置教学科研单位，跟紧时代要求。不仅适应了学科的发展，而且也在传统学术组织机构的基础上大大补充着大学内部的学术组织机构模式，使大学更好地发挥其职能并适应新职能的发展。这样的基层教学、科研的矩阵型的组织结构如图3-15所示。

（三）密歇根大学的职能和职权结构

在组织中有效性的发挥离不开正确的职权和职能结构的设计。密歇根大学的监管委员会下可以设置各种委员会，监管委员会规定他们的职责和功能。监管委员会应该有两个常设的委员会：财政、审计与投资委员会和报酬与人事委员会。

大学校长具有的权利是应该在不违反密歇根州的法律和本校法规章程的原则上，行使作为主要执行者所固有的总的权利，所有的办公人员都应该在校长总的指导下履行他们的职责。

从密歇根大学的纵向层次来看，在密歇根大学除了监管委员会和校长外，主要领导还有弗林特、迪尔伯恩校区总长及各分管副校长。这些领导都属于执行层次的上级领导，是执行学校战略方针的最上面一级。

密歇根大学组织结构的分权是以有限垂直分权为主,这种分权把各个单位的经营管理权下放给下属单位负责人,但其财政拨款和各单位负责人的任免权保留在组织最高层。同时,各个单位又具有管理自己单位的人事、财务、日常管理的权利,因各种权利在每个单位是相同的,又称其为同等的垂直分权。密歇根大学监管委员会保留了分校总长的任免权和各副校长的任免权,保留了分校财政拨款的权利,同时重要的是学校的总体战略都是由监管委员会决议制定的。这种分权是事业部组织结构的分权模式,也是"集中决策,分权管理"的具体表现。

密歇根大学除了有限垂直分权外,还有其他的分权方式——选择性水平分权。在密歇根大学,有一些自发组合而成的科研项目并领取固定科研经费的科研组,像这样与专业技术和经验有关的而不是与职位息息相关的分权就是选择性水平分权。① 事业部制、超事业部、矩阵制等均是不同形式的分权组织结构。

第四节　基于分阶段论的大学组织设计

马丁·特罗从 20 世纪 50 年代末开始特别关心高等教育大众化对现代社会的意义,热衷于其理论和实证的研究。他最突出的贡献是把高等教育发展过程划分为"精英""大众""普及"三个阶段。具体来说,在整个人口中,若 18 岁至 22 岁年龄段中,超过 15% 的人接受不同层次和形式的高等教育,高等教育发展便进入了"大众化阶段";低于 15%,

---

① 杨森炎:《国外高校组织结构分析》,http://www.doc88.com/p-943526457324.html。

则处于"精英阶段";超过50%,则可称之达到了"普及阶段"。① 正像用GNP来衡量一国的经济发展一样,用高等教育入学率表示一国的高等教育发展水平,这是马丁·特罗的首创。综观高等教育发展史,高等教育"精英""大众""普及"的三个发展阶段都对大学组织结构产生了不同的影响。

一、精英化阶段的大学组织结构设计

从高等教育发展史来看,从古代埃及和巴比伦的大学的"雏形"、公元前500多年孔子私学到公元1158年中世纪大学——博洛尼亚大学的诞生、1810年柏林大学成立,再到20世纪中叶,在3000多年的历史长河中,高等教育一直处于缓慢的发展阶段。据资料表明,美国20世纪40年代初高等教育入学率就达到16%,在世界上首先进入大众高等教育阶段,日本、德国等于20世纪60—80年代进入大众高等教育阶段。② 在这之前,都是精英高等教育阶段,这一阶段的大学的规模普遍很小,大学是"部落"。例如,哈佛大学1640年成立之初,仅有一位校长、两三名导师、一名财务管理员、一名厨师、一名总管、几名仆人、20—50名住宿学生。在设施上,哈佛有一个讲堂、一个图书馆、一个办公室和一所文法学校。又如,柏林大学1810年秋正式开学,第一学期有58名教员和256名学生;学生中有117人在医学院,57人在哲学院,29人在神学院,53人在法学院。此时的大学组织结构是创业者组织结构。

创业者组织结构亦称简单结构,其特点是组织中的中层人员少,劳动分工松散,管理层次小,活动正规化程度低,很少有计划程序或培养

---

① 马丁·特罗:《从精英向大众高等教育转变中的问题》,《外国高等教育资料》1999年第1期,第9-12页。
② 韦耀波:《独立学院:开启高等教育大众化的另一扇门》,《广西大学梧州分校学报》2004年第3期,第85-88页。

方案。从某种意义上讲,它是一种没有结构的组织结构。在这种组织结构中,权力集中在主要负责人手中,每个人都向主要负责人报告情况,信息流沟通是面对面的,而且是非正式的(不是文件的形式)。决策简单而灵活,其权力集中在主要负责人,其过程往往倾向于直觉。在创业者组织结构的战略制定中,战略远见起重要作用。有人认为战略远见可用六个字来表达:重复、展示、帮助。重复,指成功来自对需要掌握事物的深刻了解,当然机会起一定的作用,但远见的灵感并非来自运气,它来自无数次的经历。展示,不仅要演示过去,而且使过去活生生地展示出来;具有战略远见的领导人具有很强的语言能力,让人能从一个特别的视角来看待事物,具有给事物建立一种新格式塔的能力。帮助,指领导者和被领导者互助。可以说,清晰、具有想象力、统一的战略远见依赖于对有关事物的详细、缜密的洞悉。只要组织掌握在对有关事物洞悉的主要负责人之手,事业范围在一个人能控制之中,创业者组织的战略制定就是有力和不可比拟的。从以上分析我们可以看出,创业者的决策是一种经验加直觉,组织的运作不是团队的能力,而是靠创业者个人的能力和魅力。大学组织的初始阶段就是这种组织结构,规模小,组织层级少,如柏林大学(如图 3-16 所示)。

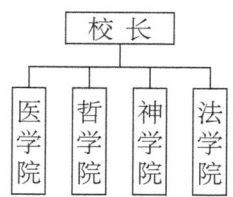

图3-16　柏林大学的组织结构

这一阶段除了创业者组织结构外,还有机械性行政结构、职业性行政结构。例如,机械性行政结构的特点是专业化程度高,有很强的技术专家,行为正规化、制度化,有许多规章制度,决策权力比较集中。职业性行政结构是一个纵向和横向都高度分权的结构。当然，它的正规化、制度化程度也是非常高的。需要高度分权的原因是其基本作业具有高度的技术性、职业性，工作复杂，难以用标准化的方法控制其工作过程或成绩。在这一阶段，组织的生存和发展主要取决于大学负责人的能力和水平，因而，大学管理重心处在高层，与学院的关系是垂直分权关系。

二、大众化阶段的大学组织结构设计

大众化高等教育是该国进入工业社会中期出现的一种特有的教育现象。例如，美国20世纪40年代末进入工业社会的中期，随之而来出现了高等教育大众化。而日本是20世纪60年代以后进入高等教育大众化的。20世纪30—40年代是德国大学走向衰落，也是美国大学崛起并走向兴盛的时代，更是美国高等教育向大众化迈进的时期。美国大学的坚实基础是在南北战争之后约半个世纪里奠定的。因而史学家将这一时期看作美国高等教育发展的关键时期。但大众化高等教育的到来是多因素的产物。1861年美国爆发了南北战争，战争最终以北方资产阶级的胜利而告终。1862年美国国会通过《莫里尔法》。法案规定，各州凡有国会代表一名者，联邦按人头拨地3万亩，并将这些土地的收益用于"资助、维护和维持至少一所学院，这种学院主要讲授有关农业和机械技艺方面的知识，但也并不排斥其他科学的古典的学科"。

《莫里尔法》是美国历史上第一个专门的高等教育法，它的颁布是美国高等教育史上一个重要的里程碑。从《莫里尔法》中诞生的农工学院（赠地学院）极大地推动了美国高等教育和美国经济的发展。正如当代美国最著名的高等教育家克拉克·科尔所说："赠地运动是上一世纪中叶美国工农业迅速发展的反映。大学以培养绅士、教师、律师和医生之外的人才，以与农业和制造业的技术发展有关的研究，以其众多以及最大限度地为社会的所有经济和政治部门服务……这就迅速冲破了美国高等教育早期的传统。"[①]南北战争后高等教育的发展一方面是大学、院校的增多，一方面是入学人数的增长。1850年美国有116所学院，1860年有182所，而1900年已超出400所。美国人口从1850年的2400万上升到1900年的7500万，而该时期学院入学人数增长了20倍，从119万上升到238万。又有资料表明：自南北战争后到1885年，大学院校约为300所。50年后的1935年增加到1600所，1940年又增加到1800所。1890年，大学生仅有15.6万人，为当时18－21岁青年的3％。到1935年，大学生总数达120.85万人，为当时18－21岁青年的13％。到1941年，学生总数达145万人，适龄青年入学者1/7。与此同时，单个大学的规模也大大扩展了。殖民地时期仅有数10名学生的学院，到独立后达到数百人，南北战争后又发展为数千人，第一次世界大战后更出现了万人大学。

从表3-2我们可以看出，从1869年到1919年，美国各级各类学校学生总数约增长了206％，其中，中小学学生数约增长了198％，特别是高等学校学生总数，增长了1050％，也就是说，50年后的学生数是50年前的11.5倍，这个数字是很惊人的（半个世纪平均年增长率5％，其中第一个十年平均增长率8％以上）。1870年，全国高等学校学生仅占18－21岁青年的1.7％；20世纪初占4％；1910年占5.1％；1920年占8％，1940年为16％。而其他各国直到1950年初，高等学校学生占18－21岁青年的还不到5％，而美国高等教育却超过了15％。[②]

[①] 金维才：《近代英国城市学院和美国赠地学院发展障碍与对策的比较》，《安徽师范大学学报》（哲学社会科学版）1997年第4期，第531-535页。

[②] 连进军等：《美国高等教育早期发展的特征剖析》，《河北大学学报》（哲学社会科学版）2004年第4期，第75-78页。

表3-2　1869—1919年美国各级各类学校学生数　　　单位：万人

年份	学生总数	中小学生数	公立中小学生学生总数	高校生总数
1869	780.1	774.9	687.2	5.2
1879	1133.0	1121.4	986.3	11.6
1880	1449.1	1433.4	1272.3	15.7
1899	1709.3	1685.5	1550.3	23.8
1909	1972.7	1937.2	1781.4	35.5
1919	2387.6	2327.8	2157.8	59.8

明茨伯格对组织结构设计的各种变量关系进行研究，提出了16种假说。其中，3种涉及组织规模。他认为：组织规模愈大，其组织结构愈精细；组织规模愈大，其单位的平均规模愈大；组织规模愈大，其行为亦愈趋正规化。组织规模对大学组织结构的影响，可以认为是一个动态渐进的发展过程（如图3-17所示）。①

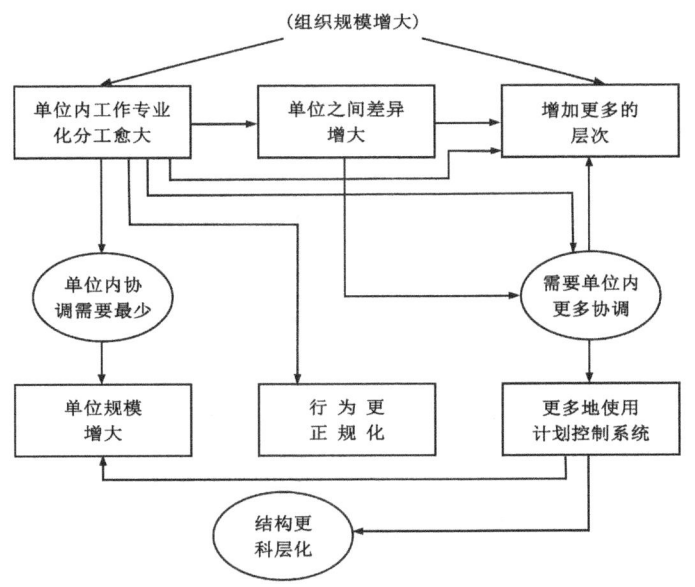

图3-17　组织规模与结构关系线路发展

---

① 吴志功：《现代大学组织结构设计》，北京师范大学出版社，1998，第179页。

大众化最大的特征是量的高扩张性，这种高扩张必然引起组织规模扩大，由小型组织到大型组织。例如，美国的大学或学院从几百人到几千人，再到几万人。组织结构也由于量的扩张，更趋多层级。组织结构的变化，是不断分化的结果。这种分化首先表现为纵向的垂直分化，呈现多层级特点。精英初始阶段，大部分大学只停留学院这一层级，开设为数不多的课程。后来，随着科学技术的发展和学科的不断分化，学科由大类向一级、二级学科分化，到大众阶段大学组织开始由学院向系、专业分化，出现了名副其实的多层次特征（如图3-18所示）。同时，由于组织结构由二级延伸到三级，相应的管理重心也由原来的学校向学院下移。①

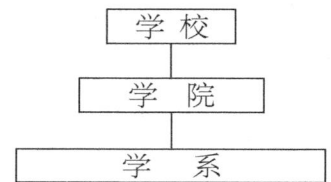

图3-18 大众化大学组织结构

这种纵向分化也导致水平分化，即横向职能的进一步分化。精英阶段大部分大学的职能是教学，只有少数大学如德国的柏林大学等学校兼具教学和科研的职能。然而，大众阶段大学的职能已由教学向科研延伸，但大学的主要职能仍然是教学，教学型大学还是占绝对的数量。由于大学的科研已由配角上升为主角，也就是说科研已从大学的教学职能中分离出来，成为一个与教学并存的独立的职能。与之对应的教学科研型大学已从教学型大学中分离出来，作为高等教育的独立层次而存在和发展。大学组织越分化，专业化程度越高，其管理也越规范化。由于

---

① 郭石明：《社会变革中的大学管理》，浙江大学出版社，2004，第42页。

科学技术并入或者物化在教学、科研过程中,因而分工不只是数量的概念,而是质量的概念,表现为岗位具有知识、技术的属性,也就是在具体的工作岗位上体现了知识、技术的要求。这种要求主要表现在岗位的学历要求。因此,专业化是以知识化为基础的。当然,专业化还体现在职能上,粗放分工可以一人多职,但精细分工只能是一人一职,或者由原来一人全过程管理到一人只分管全过程管理中的一个环节。

管理范围的缩小,使组织与人可以全身心地投入于自己从事的工作,因而专业化水平有所提高。在精英阶段,不少大学设置的教务处职能庞杂,不仅具有教学、教务管理的职能,还包括科研、设备、高等教育研究等职能,它是一个集多职能为一体的组织。但到了大众化阶段,科研、设备、高等教育研究等职能逐渐从教务处分离出去,各自成立与教务处相并列的独立组织。在精英阶段,一般教师承担教学为主和科研为辅的任务,但到了大众化阶段,除大部分教师继续担任教学科研任务外,还有一部分教师已经脱离教学,成为专职的研究人员。专职和兼职最大的差别是专业化程度高低。比如,教务处当它还处在粗放分工阶段时,因为人少职能多,只能是一种粗放管理。然而到了大众化阶段,科研、设备、高等教育研究等职能从教务处分离出来,成为独立的组织。因而无论是教务处,还是科研、设备、高等教育研究等组织,都可以集中精力健全和完善各种制度,管理好本部门的工作。大学组织由于组织规模的扩大,必然从专业化、专职化走向规范化。其结构也从简单到复杂,从科层到事业部。[①]

三、普及化阶段的大学组织结构设计

从 20 世纪 40 年代开始,美国的高等教育有了很大的发展。高校学

---

① 郭石明:《社会变革中的大学管理》,浙江大学出版社,2004,第 36 页。

生占各级各类学校学生的百分比基本上呈直线上升的趋势（见表3-3）。从表3-3可以看出，2年制高等学校发展较快，1949年时约占高校总数的28%，1987年已上升到约39%，约为1949年的2.55倍，而4年制高校数在1987年为1949年的1.65倍。2年制高校主要是社区学院，它是从20世纪初发展起来的，有力地推动了高等教育的大众化或普及化。

表3-3 1949—1988年美国各类高等学校的发展

学 年	总 计	4年制学校	2年制学校	公立学校	私立学校
1949—1950	1851	1327	524	641	1210
1959—1960	2004	1422	582	695	1309
1969—1970	2483	1619	864	1060	1423
1979—1980	2975	1863	1112	1310	1665
1987—1988	3406	2070	1336	1533	1873

1920年，美国有社区学院200所，学生人数1.2万。1987年社区学院大约增加了5倍，社区学院学生人数为441.8万，增加了大约367倍，平均年增长率为9.1%。这种增长率是相当高的，并保持了将近70年。另外，还可以看出，在美国，虽然公立学校数目发展很快，但至今未超过私立高等学校。[1] 我们还可以从1986年至2009年秋美国高等教育不同阶段招生和预计招生状况（见表3-4）作相关分析。

表3-4 1939—2009年度美国高等教育不同阶段招生和预计招生状况

单位：万人

年 份	招生总数	私立高校招生数	占总数的比例	公立高校招生数	占总数的比例
1939—1940	149.5	79.7	53.3%	69.8	46.7%

---

[1] 贺国庆：《德国和美国大学发达史》，人民教育出版社，1998。

续表

年 份	招生总数	私立高校招生数	占总数的比例	公立高校招生数	占总数的比例
1949—1950	265.9	135.5	51%	130.4	49%
1959	364.0	218.1	59.9%	145.9	40.1%
1984	1224.2	947.7	77.4%	276.5	22.6%
2003	1526.2	1189.4	77.9%	336.8	22.1%
2009	1633.6	1271.5	77.8%	362.1	22.2%

从表3-4可以看出，美国高等教育规模发展是一个总的趋势，但公立和私立高校所占的招生比例，公立高校不断下降，私立高校正逐渐提高。而由于高等教育规模的不断扩大，美国1984年就已经达到了普及高等教育的阶段。到现在高等教育普及率84%以上。高等教育的普及化使大学的中层结构发生了很大的变化。大学组织结构由大众化的学校、学院、学系3个层级扩展为学校、校区（分校）、学院、学系等四个层级（如图3-19）。与此对应的是管理重心的多样化，有的学校管理重心仍处于学院层级，而有的学校管理重心由学院层级下移到学系，出现了管理的低重心化（如图3-20）。中层结构变化还表现在：在大学中，存在着按矩阵结构划分和设置单位的方法，在大学不仅组织中层有矩阵结构，而且在组织操作人员层（基础）也大量存在。

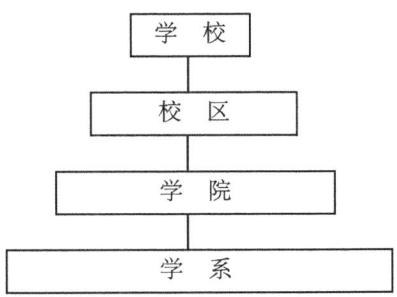

图3-19 普及化大学组织结构

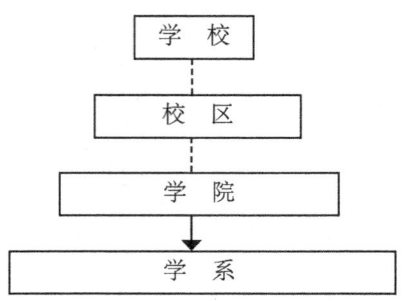

图3-20 普及化大学管理重心

大学中的矩阵结构多种多样，如果从时间上来划分，可以分为临时矩阵结构和长久矩阵结构；如果从大学职能来划分，大学的矩阵结构又可分为教学矩阵结构、科研矩阵结构、服务矩阵结构；如果按照孔茨的分法来划分，则大学组织中的矩阵结构又可以分为二元矩阵结构、三元矩阵结构、四元矩阵结构。如果把上述几种划分综合起来，则可以分为二元临时教学矩阵结构（如图3-21所示）、二元临时科研矩阵结构（如图3-22所示）、多元服务矩阵结构（如图3-23所示）。①

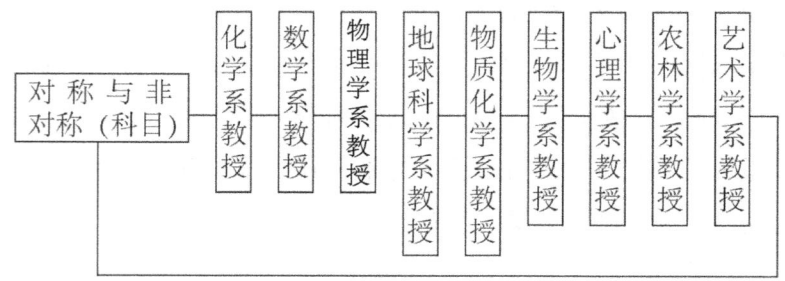

图3-21 二元临时教学矩阵结构

从图3-21可以看出，二元临时教学矩阵结构以横向专题"对称与非对称性"为龙头将纵向各个系贯串起来，其具体做法是学校组织各个

---

① 吴志功：《现代大学组织结构设计》，北京师范大学出版社，1998，第186页。

学系就其学科领域中的"对称与非对称性"问题进行教学。这样学生在这种临时的教学组织中可以听到各个系的教授讲授其学科领域的"对称与非对称性",使学生拓展知识面,提高综合能力。二元临时科研矩阵结构是指横向以课题为一元纵向以各系有关人员为一元而临时组成的跨学科的攻关小组,或者称课题小组。由于当代科学技术的特点是综合、跨学科,因此这种矩阵结构在大学到处可见。例如,对某一课题及某一地区经济、教育、政治、环境、人口资源等的研究,这是一个二元临时科研矩阵结构(如图3-22)。这种跨学科的研究能集多种学科的优势,解决社会中的难题,当然,通过这种研究能培养和训练人的综合能力。

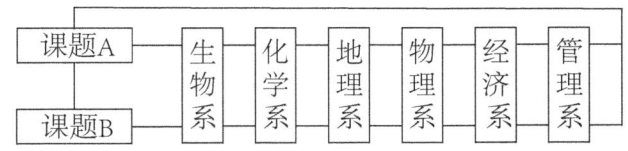

图3-22 二元临时科研矩阵结构

不论是二元临时教学矩阵结构、三元临时科研矩阵结构,还是四元临时教学矩阵结构、四元临时科研矩阵结构,只要在二元矩阵结构再加上"市场元""管理元",就是三元矩阵结构、四元矩阵结构、多元矩阵结构(如图3-23、图3-24所示)。① 由于临时教学矩阵结构、临时科研矩阵结构是一种临时性的松散组织,这就要求这个组织的负责人不仅是某一学科专业的专家,而且也是管理的专家;否则,这种组织运行就有困难。②

---

① 鲍嵘、刘尧:《政府扶持还是市场竞争——兼评一流大学成长的外部环境》,《北京理工大学学报》(社会科学版)2002年第1期,第70-73页。
② 郭石明:《社会变革中的大学管理》,浙江大学出版社,2004,第39页。

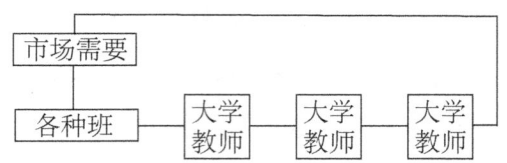

图3-23　三元教学矩阵结构

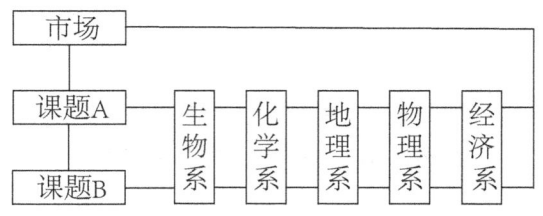

图3-24　三元科研矩阵结构

综合以上对普及化高等教育大学组织结构的一般性的描述，可认为大学组织是一个多层次多类型的体系，矩阵结构并不适应于所有的大学组织，只是适应于研究型、教学研究型的大学组织，而不适应于以教学型为主的民办大学组织，因为这些学校还不具备矩阵结构的条件。普及化高等教育阶段大学组织结构具有如下的特点：

一是大学组织结构的多样性。精英阶段，高等教育的特点是单一，只有为数不多的培养社会贵族的学校；大众、普及阶段，非大学形式高等教育机构的设立、扩张及质量提高给高等教育带来了巨大变化，过去许多国家将大学和非大学高等教育截然分开，称为"双轨制"。如今大多数国家都取消了这种"双轨制"，或者模糊了两者的界限。出现了追求知识创新的学术型大学与面向社区面向大众的高等职业技术学院、社区学院，有实体有空间感的传统大学与无实体无空间感的现代的虚拟大学、远程大学、无边界大学，国家、政府举办的国立、公立大学与社会民间、私人、企业等举办的私立、民办、企业大学共存的景象。教育形式也更为多样，既有单一功能的，也有多功能的；既有公益性的，也有经营性的;既有单一组织结构,更有混合组织结构。

二是大学组织结构的多层次性。精英阶段,面向精英教育的大学数量多,而面向大众教育的大学数量少,其结构呈现倒三角形。在大众化、普及化阶段,高等职业技术学院、社区学院兴起。据统计,美国目前有各类高等学校 3665 所,其中社区学院 1600 所,在校生 1000 多万,占美国学校、大学生总数的 44%,使高等教育呈现宝塔形。[①]

三是大学组织结构的大学化。当然,也存在着与多样化相反的趋势,即大学化,许多高校为了寻求更高的学术竞争力,竭力仿效名牌大学的办学模式。大学追求学术、提高学术竞争力,是大学的职责所在,也是大学追求的永恒的目标。当然,大学的竞争会加剧这种大学化。[②]

---

① 高桥:《关于高等职业教育招生考试制度改革初探》,《中国高教研究》2007 年第 3 期,第 69—70 页。
② 郭石明:《社会变革中的大学管理》,浙江大学出版社,2004,第 40 页。

第四章　民办高校组织结构的转型途径

改革开放所引发的经济社会全面转型也将中国高等教育带入了一个前所未有的历史转型时期，而中国民办高等教育的迅速崛起和发展则是这一高等教育历史转型期的重要成果之一。中国民办高等教育经过近四十年的发展，正处于一个由外延式扩展向内涵式发展的历史转型期。转型就其本质而言是一种变革。转型，宏观上既指一个社会和国家教育体制的转变，中观和微观上也指一种类型的教育模式、一个学校的办学模式的转变。转型意味着旧事物的逐步消退和新事物的不断生长，这既是一个历史的、充满生机与活力的过程，也是一个矛盾错综复杂、问题层出不穷的过程。①

民办高校是由各类社会组织、个人运用非财政性自筹资金创办的，表现形式主要有独立创办型、股份制合办型以及与政府部门公办学校联办型等。20世纪80年代至今，随着我国高等教育由精英化阶段进入高等教育大众化阶段，民办高校的组织结构随着学校规模的发展和办学水平、层次的提高，也有一个逐步由创业者组织结构向应用技术大学扁平化矩阵组织结构演化的过程。

---

① 樊继轩：《从古代学宫、书院到近代私立大学的转型》，《中国成人教育》2016年第3期，第129—132页。

第一节 民办高校组织结构的历史演化

民办高校是由创始人、校长、行政管理人员、教师、学生等不同群体为了知识传承和创新这一任务而组成的大学组织。大学是一个学术组织,这种学术组织就内在地决定了其组织结构的特殊性,即单位与学科的组合。大学组织内部既保持单位(类政府组织),又保持了学科(学术组织)的相对独立性,即单位按类政府组织(官僚制)构建,而学科按学术组织(矩阵制)构建。① 在民办高校组织内部,有董事长、校长、职能处室工作人员、教学科研支持系统工作人员等,他们从事学校的管理和教学服务工作,同时,还有教师、学生等,他们从事"知识产品"的生产和加工工作。在该组织内部,既存在行政上的领导与被领导关系,也存在学术上的教与学的关系。本节旨在以我国古代私学、书院组织和近百年来大学组织结构的历史演变和结构变迁为切入点,对我国民办高校的内部组织结构进行考察与探讨。

一、中国古代学官、书院的组织结构

我国私学作为一种教育组织形式,始于公元前770年到公元前221年的春秋战国时期。自春秋战国时期诞生之后,随着社会经济的发展、朝代的更迭,它经历了2500多年发展的历史过程。中国教育史从某种意义上讲,就是一部贯穿着私学发展的兴衰史。

春秋战国时期,诸侯争霸,周室衰微,学术开始挣脱官府的藩篱,向民间扩散。春秋末期,以孔子、墨子为代表的"士"人开办私学,为学术平民化、知识普及化打开了一条通道,使学术、教育从"学在官

---

① 郭石明:《社会变革中的大学管理》,浙江大学出版社,2004,第88-90页。

府"和"礼不下庶人"的奴隶制贵族的垄断状态中解放出来。"孔墨私学"已初具高等教育的雏形。战国时期,"养士"之风愈演愈烈,学派林立,处士横议,诸子百家相互争鸣,又相互吸收、融合,写下了中国教育学术发展史上辉煌壮丽的篇章。诸子百家借以扩大影响势力的中心阵地就是他们创办的学宫。①

秦朝焚书坑儒,禁私学,阻碍了私学发展。汉朝私学复兴出现了书馆、经馆两大类。书馆教育相当于蒙学或初级教育,经馆又称精舍,是一些著名学者聚徒讲学的场所。此时,私学中大师的弟子有两种,一种是"及门弟子",他们直接聆听老师的教诲,和老师一起辩论经义,商讨学术;另一种是"著录弟子",他们慕名而来,留下名字,以后在需要时再来请教。东汉蔡玄"及门弟子"多至千人,"著录弟子"达1.6万人。汉代私学是中国古代私学发展历程中趋于正规化的阶段,它奠定了后世私学发展的基本格局。

三国、两晋、南北朝时期,战争连绵,社会动荡不安,官学时废时兴,教育的延续和发展一直依赖私学。隋唐时期,官学发达,私学也较繁荣。两宋至清末的私学发展都是以一种新的教育组织形式,即以书院为线索从事授徒讲学活动。书院萌芽于唐朝,作为一种教育制度书院形成和兴盛则在宋朝,延续在元朝,普及在明清。北宋初期,书院开始兴旺起来,其规模和数量大幅度扩展,成为宋初教育的重要组成部分。南宋时期,理学已趋成熟,学派勃兴,形成了以朱熹为代表的闽学、以张栻为代表的湖湘学、以陆九渊为代表的心学等,各派学术大师为了讲论、传授自己的学术主张,积极创设书院,书院得到了很大的发展。②

---

① 樊继轩:《中国先秦时期私立教育综述》,《黄河科技大学学报》2004年第4期,第28-35页。
② 曾文:《略论中国私学的历史贡献和当今民办高校的发展》,《湖南农业大学学报》(社会科学版)2005年第5期,第71-73页。

（一）先秦时期稷下学宫的组织结构

战国时期，地处齐国临淄西郊的稷下学宫延揽天下学者精英，聚徒讲学，著书立说，使稷下成为先秦时期融汇古今学术的渊海。稷下学宫不仅为"百家争鸣"提供了一个集中的教育场所，而且还促成了诸子百家的发展、融合和分化。稷下学宫创办之早、历时之长、规模之大以及其独特的组织结构和功能堪称中国和世界古代私立高等教育的典范。稷下学宫是齐国在战国时期由"养士用士"而发展起来的一所著名的"高等学府"。稷下学宫具有服务于社会政治和经济的职能；其组织结构类似于现代大学的组织结构，并具有政府投资办校、学者办学的分权组织结构模式。稷下学宫的组织结构如下。

1. 稷下学宫的管理组织结构

稷下学宫的各位稷下先生都有自己的门第，互不相属，各自直接从齐国政府获取经费。在这些被称为"上大夫""列大夫"的众多稷下先生之中，有一位公认的首脑人物，被称为"祭酒"；他德高望重、学识渊博，虽享有崇高的荣誉并颇具影响，但不具有行政上的领导权力。至于稷下学士，则各自分属于他们的导师即稷下先生。每位稷下先生的门第之中，亦是他们属下弟子们学习、生活的场所。可见，稷下学宫的管理组织结构系统是：从后勤经费管理上，齐国政府－稷下先生－所属稷下学士；从教学和学术管理上，祭酒－各位稷下先生－所属稷下学士。而各位稷下先生及其所属学士与祭酒彼此间不存隶属关系。这是一种典型的单位与学科的组合组织结构系统。这一组织结构系统表明：当年在齐国稷下地方，每位稷下先生的府第犹如今天的一个大学的学院或学系，整个稷下学宫则是由若干个学院或学系所组成的一所"综合性大学"（如图 4-1 所示）。

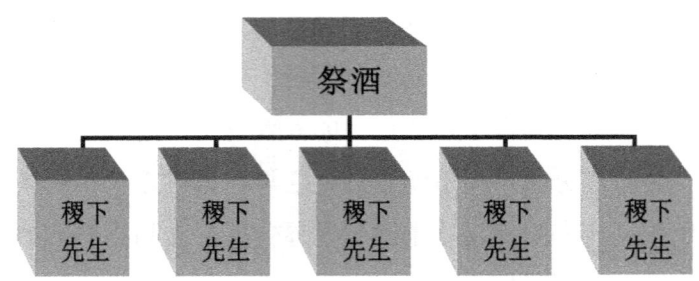

图4-1 稷下学宫的组织结构

2. 稷下学宫的学科组织结构

大学是一个以学科为基础、为核心的学术组织。学科构成有四个要素，即学者、知识、资料和场所。学者是学科组织的主体，知识是学者活动的对象，资料是学者进行学术活动的物质基础，场所是学者开展学术活动的空间。[①] 稷下学宫正是这样一个学科结构的学术组织。几乎每个稷下先生都有不同的学派，他们所从事的学术研究各有千秋，所讲授的课程各具特色、各不相同。稷下之学几乎包揽了当时社会上的各个学科流派，如：注重德治的儒家私学，含有哲学思想的黄老道家私学，注重自然科学、生产技术和逻辑学的墨家私学，注重法制之术的法家私学及名家之学、农家之学、兵学及阴阳学，可以说，稷下之学无所不包、无所不学。这些不同的学科和学派大师云集稷下学宫，著书立说，使稷下学宫成为一所延揽天下学者之精英、汇集古今学术之渊海、融合各种学科之流派的多学科、多层次的类似综合型大学的学科结构。

3. 稷下学宫是一种分权组织结构模式

不同的政治、经济体制，就会形成不同的大学组织结构。实行分

---

① 樊继轩：《从"养士用士"到稷下学宫——兼论先秦时期私立大学形成的过程》，《浙江树人大学学报（人文社会科学版）》2010年第2期，第23-28页。

权体制的国家，大学组织结构学术化、自治性特点非常明显。政府与大学在职能定位上比较明确：政府办校，学校办学。即：政府主要通过制定法律、法规、制度、政策和拨款等手段，为大学办学创造一个更为宽松而规范的社会环境，而不直接干预大学的具体办学。无论是教学还是科研，都是以学术为核心而展开的。其社会服务是一种知识、智力的服务。既然学术型是大学组织的本质特性，那么与之对应的大学组织结构应是分权模式的。[1]

齐国政府与稷下学宫在职能定位上，是一种典型的"政府投资办校，学者办学"的分权组织结构模式。精英化阶段的大学组织结构一般由大学及若干个不同学科的院系而组成。稷下学宫的大学组织结构为：稷下学宫－若干个不同学派的稷下先生府第－所属稷下学士，若干个稷下先生及府第就相当于现代大学若干个不同学科的院系。所以说，稷下学宫是"政府投资办校，学者办学"的分权组织结构模式，其组织结构类似于现代精英化阶段的多学科、多层次的综合性大学。

综上所述，春秋时期，具有游学性质的"孔墨私学"已初具高等教育的雏形，而"养士用士"之风则对战国初期私学的兴起起到了推波助澜的作用。如果说，春秋末期战国初期由"孔墨私学""养士用士"之风形成的私学只是一种较简单的高等教育的体制，而稷下学宫的种种职能已充分显示了它作为一所高等学府的存在价值，也表明了它作为一所高等学府应当具备的基本内涵。

在悠久的文明发展历程中，中国的大学呈现出的是一种与欧美国家截然不同的学术价值体系。西方欧美国家的大学崇尚学生学习自由的理念，而先秦时期的私学把符合国家、社会的利益和需求作为大学发展的首要宗旨。纵观中国古代大学教育的发展，可以看出中国古代大学理念

---

[1] 郭石明：《社会变革中的大学管理》，浙江大学出版社，2004，第25页。

总体是以政治论为基础的。在古代中央集权统治的制度下，官学和私学均强调大学为国家培养人才。尤其是以"孔墨私学"和"稷下学宫"为代表的中国先秦时期的"私立大学"，其为当时的政治和社会服务的职能更为明显，如儒家私学的"修身、齐家、治国、平天下"和"建国君民，教育为先"的办学理念，墨家私学以自然科学、生产技术和逻辑学为主要内容的职业教育理念，法家私学以研究治国之术为宗旨的办学理念等。稷下学宫则融合了先秦儒、墨、道、法等不同的学派，使其服务于齐国的政治和经济。稷下学宫汇聚这一大批有谋略的知识分子，使其成为齐国政府的一个咨询机关和学术研究院，而在齐国政府中又有稷下先生的身影，使稷下学宫变成了一个与政府、社会互相渗透和共同合作的开放型组织。

先秦时期的稷下学宫已具有了传授知识、教学与学术研究相结合、为齐国的政治和社会服务这三项大学的基本职能，是一所类似于现代大学组织结构的综合性大学。因此，中国古代私立大学在形成和起步阶段，就已初步具备了现代大学理念和组织结构的基本内涵。

（二）中国古代书院的组织结构

宋代书院组织结构较为简单，也只是作为学者讲学论道、藏书、供祀的场所，书院的教学活动一般采用集体讲授、个别指导的形式。这种教育组织的主持人通常是"学术大师"，他主要是依靠自身高深的学术造诣，开学授徒和聚众讲学。书院是中国古代特有的教育组织形式，它以私人创办和组织为主，将图书的收藏和校对、教学与研究合为一体，是相对独立于官学之外的民间学术研究和教育机构。在宋元明清诸朝，书院逐步发展成为官学之外最主要的私学综合性教育研究组织。[①]

[①] 赵文秋：《古代教育》，河南大学出版社，2005，第111页。

1. 古代书院的管理组织结构

书院是中国古代特有的教育组织形式。它以私人创办和组织为主，将图书的收藏、校对与教学、研究合为一体，是相对独立于官学之外的民间性学术研究和教育机构，其丰富的教学经验和灵活多变的办学方式为历代教育家所取鉴。

南宋时期，已形成了比较完备的书院管理制度。内容大体上有这么几个方面：一是山长和堂长两级管理负责制，有一整套组织管理系统，以保证书院管理有序进行；二是师资的聘用与管理，以确保书院的学术研究和教学水平；三是学生管理；四是教学管理；五是日常经费管理。

山长负责制是一种确立山长为书院领导核心的管理模式。山长之外，有堂长、学长、斋长等，大型书院如岳麓书院，除山长外，还设有副山长、堂长、讲书、将书职事、司录、斋长，形成科层化管理体制。山长即书院的主持人，主要负责讲学、主持祭祀、管理书院等任务。作为书院的核心人物，山长的学识水平和道德修养直接影响着书院的学风好坏，因而必须是学识和道德俱佳的人，才有资格担任山长（如图4-2所示）。

书院经费是指为了保证书院开展正常的活动而投入和消费的人力、物力、财力的总和。书院的经费往往来自四大部分，一是学田的田租地租，二是书院其他经营的收入，三是社会捐赠，四是官府朝廷的赐田和拨款。书院赖以生存和发展的主要经济来源和经济基础就是学田。学田是书院一切活动的前提和经济保障，正所谓：书院不可无田，无田是无书院也。[1]

---

[1] 邓洪波：《中国书院史》，东方出版中心，2004，第160页。

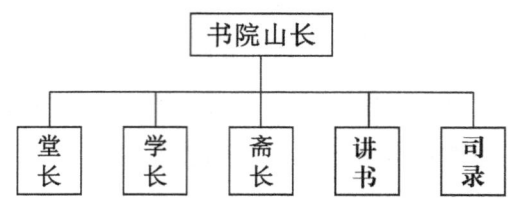

图4-2 山长为书院领导核心的组织管理结构

书院在组织管理上的特点：第一，机构简单，管理人员少；第二，课程设置灵活，根据山长的学派，不同书院有不同的课程安排；第三，学规严密；第四，经费自主；第五，重视自己的特色。

书院是在系统地综合和改造传统官学和私学基础上建构的一种独特的教育组织机构。它是一种包含多层次教育的综合性教育体系，是高等教育和基础教育、应试教育与素质教育相结合的产物。从宋代开始，书院既是教育的重要方面军，也是学术研究的重要方面军，又是进行文化传播、普及文化知识和宣扬教化的基地。①

2. 古代书院的教学组织结构

在教学内容上，以理学教育为主。许多书院都是理学大师为阐扬自己的学术思想而创办。理学是为重振儒学光辉在融合佛教、道教精髓的基础上发展而来，其教学目的不在科举进士，而是振兴和传承儒学。因而四书五经成为书院必备、通用的教材，理学的研究和讲授也是宋代书院授课的重要内容。

古代书院在教育教学方面的特点：第一，书院既是教育教学组织，又是学术研究机构；第二，允许不同学派讲学，在一定程度上体现了百家争鸣的精神；第三，入学"门户开放"，不受地域限制；第四，教学

---

① 陈谷嘉、邓洪波：《中国书院制度研究》（前言），浙江教育出版社，1997，第2-3页。

注意讲明义理，躬行实践，教学方式多采用问难辩论式，注意启发学生思维，培养学生学习兴趣与学习能力；第五，师生关系融洽，以道相交，师生之间感情深厚。

研究学问，辨析义理，发学探微，集成理学，是书院建设的首要任务。朱熹的一系列重要学术理论著作《四书集注》《论语精义》《孟子精义》《太极图说解》等都是在书院完成的。普及文化是书院的基本任务，讲学传道、传播学术是理学家赋予书院的神圣的责任。书院是读书人围绕着书开展文化教育活动的公共场所，藏书则是书院一种永恒的事业追求。[①] 大师要明道传学，必须由书院自己刻书。如此，理学大师的言论著作才得以流传，书院与学派思想才得以结合，达到书院的繁盛和书院学术研究的共同繁荣。祭祀是书院规制中的重要组成部分。书院祭祀的另一个重要目的就是对院中广大士子实施教育，尊前贤而励后学。

总之，古代私学从先秦产生具有游学性质的孔孟私学到初具大学雏形的稷下学宫，经两汉精舍、魏晋南北朝的玄学、隋唐到宋元明清的具有教学和学术研究功能的书院，历时两千多年，历尽坎坷地不断发展，终于从原始的、初级的教学形态逐渐形成了制度化、规范化、具有高等教育组织结构的私学，完成了私学内部的组织演化。这以后，在每一历史的社会阶段中，私学的初级形态和制度化的高级阶段都在教育活动中活跃着，担当起传播学术的角色，不遗余力地传承着中国的传统文化教育，起着官学所不能起到的作用。

二、中国近代大学组织结构的演化

中国近代大学发端于1898年学习西方高等教育制度的基础上建立起来的京师大学堂，它一开始就效法西方大学的模式，进行分科教育。

---

① 邓洪波：《中国书院史》，东方出版中心，2004，第156页。

1909年，京师大学堂正式筹办分科大学，设置有经科、政法、文学、格致、农科、工科、商科等（医科暂缓开学）。① 京师大学堂设立除医科之外的七科，是当时学科最多的大学。虽然当时京师大学堂各科尤其是理、农、工科规模很小，到辛亥革命时，只培养了120多个预科毕业生，但这时毕竟形成了多科性大学的雏形。1909—1912年京师大学堂学科设置情况如图4-3所示。②

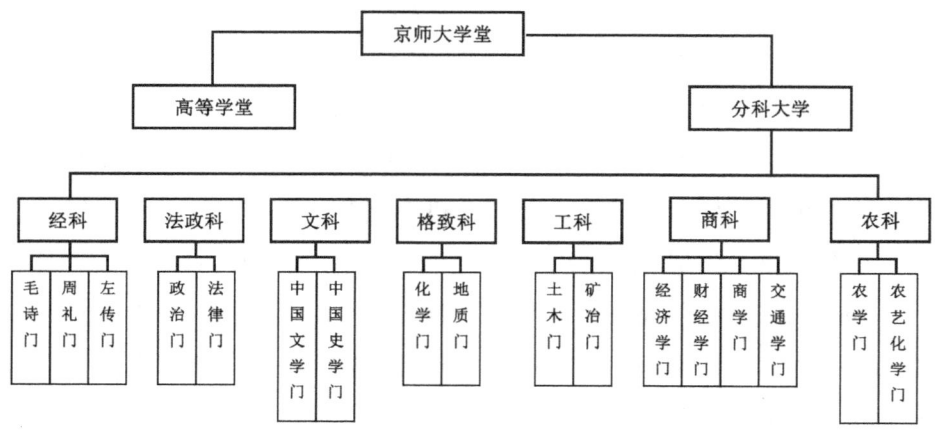

图4-3　1909—1912年京师大学堂直线式学科组织

（一）我国清末民初大学组织结构的演化

关于清末大学堂的培养目标，《奏定大学堂章程》规定，"大学堂以各项学术艺能之人才足供任用为成效，通儒院以中国学术日有进步、能发明新理以著成书、能制造器物以利民用为成效"。也就是说，大学堂要培养既具有中国传统伦理道德，又掌握现代西方科技知识，能满足社会政治经济、文化教育需要的治国人才、实业人才和学术研究人才。

清末大学堂是一种高度集权制的大学组织。大学堂的最高长官不

---

① 郑登云：《中国高等教育史》，华东师范大学出版社，1994，第1页。
② 萧超然等：《北京大学校史》(1898—1949)，上海教育出版社，1981，第324页。

但掌握大学的人事权,而且掌管学科设置等学术事务的管理权。从知识的层次结构看,这时的大学堂设有(高等学堂)大学预科、本科两级。此时期的大学均没有设立通儒院和科学研究机构,只是一种专门培养人才的教学组织。清末大学堂的组织结构是直线式的,从总监督—分科监督—提调到教员和办事员、管理员,自上而下垂直领导,不设职能机构。每一级机构拥有对下级实行指挥的权力,从组织的最上级直至最下级管理机构形成一条"指挥系链"。这主要因为清末大学堂规模较小,直线式指挥有利于提高管理效率。[①]

1912年和1913年,民国政府陆续颁布了《大学令》和《大学规程》等文件,对于大学的分科和组织进行了明确规定。在管理上,大学设置评议会和教授会等,体现教授治校的思想。到1917年蔡元培出任北京大学校长时,他仿照德国大学教授治校的模式,对学校的组织结构进行了改革:组织评议会,作为学校最高的权力机关,这一机构后来演化为国内大学的校务委员会,是一种以学术权力参与到行政权力系统的决策机构;设立行政会议,作为全校最高行政和执行机关,下面再设置若干专门委员会,处理具体事务;各个学科设置教授会,作为基层决策和监督机构;成立教务处和总务处,分别协调全校教学和行政工作。同时,将各个学科所属的"学门"一律改为系,废止学长制,改设系主任。

(二) 我国近代私立大学组织结构的演化

我国近代私立大学开始于清末,后经历了数量扩张(1912—1927年)、规范稳定(1927—1937年)、衰落与终结(1937—1949年)三个发展阶段。创建于1905年的"中国公学"和"复旦公学"开启了中国近代私立大学的新纪元。法规是近代政府对私立大学进行管理的主要行

---

① 苗素莲:《中国大学组织特性历史演变研究》,博士学位论文,华东师范大学,2004,第24页。

政手段，其涉及的主要内容有私立大学的立案、私立大学的设立、经费、督学四个方面。有关这四方面的法规有《大学令》《私立大学规程》《私立大学立案办法》《私立学校规程》《私立学校校董会设立规程》《私立专科以上学校补助费分配办法大纲》《督学规程》等。从民国政府成立至1949年间，在治理私立大学上，民国政府有关部门先后颁布了大约30个成文法规，对遏制私立大学的盲目发展、提高私立大学的办学质量、保障私立大学的办学成效起了至关重要的作用。[①]董事会一般是私立高校的最高管理机构，由设立者聘若干人组成，通常是社会上有名望的人，有政界要员，可起到协调学校与政府间的关系，争取政府财政上支援的作用；有工商界人士，可在经费或办学条件上提供经济帮助；也有学者名流，其声望，一可扩大学校的影响力，二可为学校提供学术上的指导。董事会的职责是：选聘校长，筹集资金，监督学校资金的使用。学校的一些发展规划、培养宗旨等重大事务由董事会商讨决定，一旦议决，董事会一般不得干涉校长的管理，校长则对学校行政全权负责。[②]

中国近代各私立大学内部组织管理方式根据各校具体情况各有不同。例如，大同大学于校长下设群育会议、教务会议、事务会议，于各会议下分设各处分别管理学校教务和事务。震旦大学于校长下设秘书处、事务处、教务处、会计处，并相应设有各委员会，并设有各种小组及临时委员会、训育委员会。有些大学在校长下设副校长或秘书帮助校长处理学校事务并主持各委员会或教授会议等。各学校的具体组织管理结构在学校的发展中也不断发生变化。例如，大夏大学于最初成立时，

---

① 廖岳玲：《我国近代私立大学的管理模式研究》，硕士学位论文，湖南师范大学，2010，第18-21页。
② 宋恩荣、章咸：《中华民国教育法规选编（修订版）》，江苏教育出版社，2005，第126-127页。

实行校长制，校务由教授组织校务行政委员会处理，后改为委员会制，最终定为董事会下的校长负责制，学校事务由教务和事务两处处理。但一般私立高校的内部组织管理方式为：校董会－校长，下设教务处、事务处、群育处。①

学院制是世界大学比较通行的一种管理方式，不论是我国近代的公立大学，还是私立大学，在20世纪初都采用了这种管理方式。中国的大学学院制最早可追溯到1929年，当时南京国民政府颁布《大学组织法》，规定大学将清朝末年所设的科改为学院。具备三个学院以上的可以称为大学，不具备三个学院的称独立学院，学院下设系。教员分为教授、副教授、讲师、助教四个等级。此外，还对大学校长、院长、系主任的任命、权限做了规定。从此，中国的大学实行校、院、系三级管理模式（如图4-4所示）。

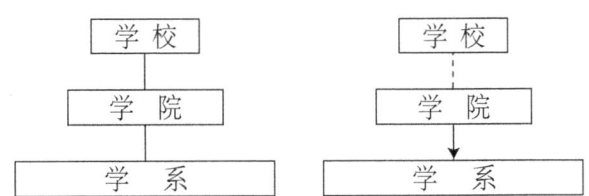

图4-4 校、院、系三级管理组织结构

以中国近代的私立南开大学和私立厦门大学为例。张伯苓校长提出以法治校，在于其"人存政举，人亡政息"的思想，以管理效率高为主要目标。而林文庆校长则根据陈嘉庚"学府机关，权限不明，贻误非轻"的思想，以职责分明、严格管理为目标。南开大学的内部组织结构为：校长下设教务处和秘书处，教务处下设注册课、图书馆、体育课；秘书长下设秘书、文牍课、会计课、庶务课、建筑课和学生指导委员

---

① 中华民国教育部：《第一次中国教育年鉴》，开明书店，1934，第426页。

会，并设有评议会、教授会和教务会议。厦门大学的内部组织结构为：校长下设会议、委员会、教务处、总务处、会计处、编译处。①厦门大学教务处下分事务和教授二项。教务上的事务由事务管理，各学院教学之事由教授主管。总务处主要管理属于其他各处的一切事务。会计处下设出纳课与簿记课，将资金与账目分开管理。编译处设主任一人，编译员及书记若干人，编译本大学书籍杂志等。委员会主要执行董事会及评议会通过的应办事项。两校都由校长负责全校各项事务，不同的是南开大学有关教学方面的各项事宜由教务处主管，后勤工作由秘书处主管，本单位和教学相关的各项工作由各院系负责，使各类管理人员各司其职，各负其责。②

（三）新中国成立后的大学组织结构

新中国成立后，于1950年颁布了《高等学校暂行规程》，规定大学设立若干学系，如果有必要也可以设立学院，在学院内部设立系，同时可以设立研究部或研究所，教师分为教授、副教授、讲师、助教四个等级；科目性质相近的教师组成教学研究指导组；实行校长负责制，校长下设校务委员会；系设系主任，作为基层教学行政组织。1952年，我国大学的办学模式学习苏联，并且根据我国经济建设的需要进行高等教育改革，在建立新学校的同时进行院系调整，工、农、医、商、法等科均被撤出，大学只分为文理大学、单科性大学以及单科性学院。大学的学院一级被取消，随后中国的大学内部实行校、系两级管理体制。同时学习苏联经验，在系下面设立教研室（如图4-5所示）。③

---

① 中华民国教育部：《第一次中国教育年鉴》，开明书店，1934，第443页。
② 廖岳玲：《我国近代私立大学的管理模式研究》，硕士学位论文，湖南师范大学。2010，第30-31页。
③ 赵旭明：《我国民办高校的组织结构分析》，《科技创新导报》2008年第18期，第178-180页。

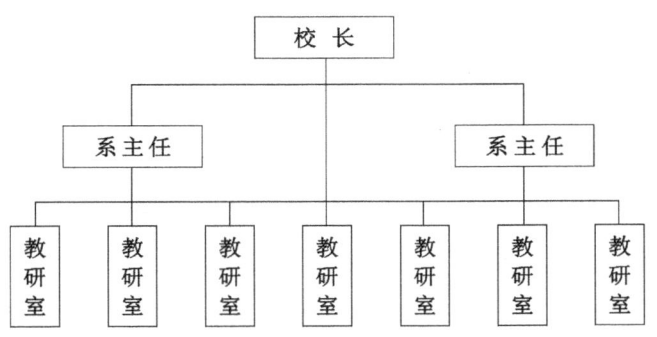

图4-5 新中国成立后校、系两级管理组织结构

20世纪80年代以来我国大学又进行了新一轮的学院制改革，随着大学规模扩大，学生和教师都有所增加，并且与西方高等教育的联系越来越多，很多大学开始设立学院，推行校、院、系三级管理体制。20世纪80年代后进行的学院制改革探索，既不是对于以往学院制的简单回归，也不是对于国外大学学院制管理的简单模仿，而是在新的历史条件下进行的积极探索，是在深入分析日益复杂的大学内外部环境变化，认真反思原有大学内部管理方式存在的问题和缺陷的基础上进行的、有着深刻的历史背景和明确的目的追求。纵观我国高等教育内部管理和组织制度沿革，可以发现中国的大学与政府的联系要比西方大学紧密得多；大学的运作章程都是直接受政府法规文件所制约的。姑且不论这种紧密的联系是如何有助于学术的发展，在研究高校的内部治理结构和外部治理结构时，这都是中国高校所面临的一个独特之处。其中，一个重要的问题就是，我国高校内部在行政上的最高领导是校长，但与此同时还存在党委书记这一职位。虽然这二者分属党政两套班子，但党委书记在实际上也参与大学的行政事务。也就是说，在高校本已复杂的行政－学术二元权力体系内,而在行政权力内部又存在一个二元权力配置。①

三、当代中国民办高校的组织结构分析

改革开放之后复苏的当代中国民办高等教育虽然只有四十多年的发展历史,但民办高校已从创业之初的简单组织结构发展到类同于公办高校的组织结构,只是民办高校在组织结构设计上更加侧重于教学活动,而不是像一些研究型大学那样侧重科研活动。这和当前我国民办本科高校的主要办学类型、学校定位有关。

高校内部治理的三种机制中,除了激励机制是要求就学校的剩余权力做出安排以外,监督机制和决策机制都要求学校在内部组织结构中做出相应的安排。从国内外大学的组织结构设计和治理经验来看,为了起到良好的制衡作用,更好地发挥监督机制的作用,高校内部组织结构都注重行政权力和学术权力的平衡,特别是保持学术权力的独立性,学术权力有向行政权力渗透的趋势。从这一点看,我国现在的民办高校由于学校定位和功能主要侧重于教学,导致先天的学术权力不足的不利因素,因此在监督机制上就缺少对董事会、校长的制衡,这对于维持民办高校的公益性本质是不利的。在短期民办高校不太可能增强科研功能加强学术权力的现实条件下,可能的解决途径就是增加一个独立的专门负责监督的监事会;监事会的成员应该以非行政系统的人员为主,如教员、学生家长代表、社区代表等。

为了更好地发挥决策机制的作用,国外大学的决策机构普遍具有"委员会化"的趋势。②这个趋势的成因主要有如下几方面:首先,大学规模日益增大,职能增多,一个人的知识、能力水平不足以应付复杂的

---

① 赵旭明:《我国民办高校的组织结构分析》,《科技创新导报》2008年第18期,第178—180页。

② 吴志功:《现代大学组织结构设计》,北京师范大学出版社,1998,第1页。

管理任务，为了保证决策正确，必须集思广益，采取委员会制；其次，现代大学的社会服务功能日益增强，必然与社会各方发生联系，由此就产生了校外人员不断参与大学管理事务的形式，即在大学的决策机构里有校外委员；再次，大学的管理是一项复杂工作，需要调动和协调全校各种人员的积极性，而调动的一个重要途径就是让校内各个群体代表参加委员会。因此，目前大学的决策机构的发展趋势是从个人化发展为委员会化，委员人选从单一化发展为多元化。为了适应这一趋势，我国的民办高校在组织结构设计上应该改变目前的单一决策机构模式，也就是说，从目前单一的由最高层的校董事会、校长决策发展为学校高层决策机构由教员参与、学校基层事务交由教员委员会决策的一种多层次决策体系。① 综上所述，虽然同为高等教育机构，但中国的民办高校和国内公立大学在组织结构上存在不同之处。

首先，民办高校是一种非营利组织。非营利组织可以同时较好地满足"多利益相关者"多方面的需求。企业组织形式比较适合于满足少数利益相关者比较明确的需求，但往往不适合满足多利益相关者在多方面的需求。以大学为例，它有多个利益相关者，如果学校办得不好，不仅学生利益受到损害，而且教师、管理人员以及整个社会利益也同时受到损害。科恩和马奇通过对美国大学研究发现，非营利性大学具有其他组织所不具有的三个特点，它们分别是目标的模糊性、技术的不确定性和人员的流动性。大学的办学目标不仅是模糊的，有时甚至是相互冲突的。大学的非营利性以及在组织结构和决策程序方面的特殊设计，很好地适应了这种要求，这是企业组织形式所无法满足的。松散联结的组织可以同时对相互抵触的需求做出反应。

其次，公司和民办高校最为不同的一点就在于权力的分布结构。在

---

① 赵旭明：《我国民办高校的组织结构分析》，《科技创新导报》2008年第18期，第178-180页。

这一点上，商业性的公司相对于民办高校来说具有先天优势。公司具有明确的、定义清晰的利益集团，这些利益集团对公司拥有最终权力，通过投入的股份索取回报。公司的利益集团通过标准化的程序选举董事会，董事会通过雇佣全职经理来实现公司目标。而我国的民办高校或国外的私立大学则并非这样。首先，高校组织在董事会成员的选举上就会受到多方因素的影响。以美国为例，教会选举董事的时候考虑更多的是宗教活动能力而非管理教育活动的能力，而对由董事会成员内部选举出来的新成员则更多地考虑到该成员是否具有筹款能力。

再次，民办高校的董事会不同于公司的董事会。在英语里，公立大学的董事会叫作 Board of Regents，私立大学的董事会叫作 Board of Trustees。与公司由股东组成的董事会（Board of Directors）不同，国外私立大学的董事会一般由外部人士组成，所需条件主要是对高等教育感兴趣和在社会上具有一定的威望，一般包括政府官员、企业首脑、社会名流等。因此，董事会成员并不是学校的所有者，而只是它的看护者或托管者，这一点从 trustee 这个单词的本意即可看出。他们根据大学的特许状和办学使命，保证学校能够获得足够的资源，长久地运转下去。由于非营利组织具有"无所有制"和"无分配约束"两个特点，因此学校内部成员之间的关系是建立在信任基础之上的。这种信任关系是保证教师学术自由和开展复杂教学科研活动的基础。

为了更好地理解这一点，有必要对国外大学董事会的发展和功能作一简要说明：美国的高等教育始于 1636 年建立的私立哈佛学院，到了美国建国以前，只有 9 所私立的具有宗教性质的学院。但是，建国后，很快建立了一批公立高校，并以公益信托的形式，赋予这些公立高校具有类似财团法人的资格。在英美法系国家，财团法人的职能通过信托制度来实现。信托是指信托人将资产的产权转移给受托人，受托人根据信托契约的规定，为受益人或特定目的进行经营、管理或处置信托资产的法律制度。所谓公益信托，又叫作公共信托，在英美法系中称为 public trust 或 charitable trust，是指为了增进社会公共利益而实现的信托制度，其实际内容和功能与以德国、日本为代表的大陆法系国家的财团法人制度基本相同。作为委托人的国家、基金会和社会各界以公益信托的形式，投入公立教育事业的资产形成信托资产，委托人设立信托后，便失去了对资产的占有、使用、处置、收益和控制的权利。从这个意义上说，委托人不具有信托资产的产权，代理人以及高校和管理者取得了信托资产的实际控制权。但是，根据信托契约的规定，控制权收益只能用于指定目的，如扩大再生产和学生的培养、训练等，学生是学校信托资产的直接受益人。为了确保公共信托的实现，英美信托法对其强加了三项要件：（1）目的公益性，也即信托目的必须具有公益性，发展教育就属于公益目的；（2）公共利益，也即信托必须受益于社会大众，信托本身对社会有一定价值，而且受益人不特定；（3）目的排他性，也即在设立信托的多个目的中，任何一个都必须具有公益性，或者有助于公益目的的实现。[①]

我国民办高校的董事会组成与国外稍有不同。依据《中华人民共和国民办教育促进法》第二十条规定："这些决策机构的成员包括举办者或者其代表、校长、教职工代表等人员。其中，三分之一以上的理事或者董事应当具有五年以上教育教学经验。学校理事会或者董事会由五人以上组成，设理事长或者董事长一人。理事长、理事或者董事长、董事名录需要报审批机关备案。"根据这一规定，我国民办高校董事会的董事当中其实含有部分学校的所有者。但是，不论是我国的民办高校还是国外的私立高校，学校董事会成员都含有非学校所有者，他们都是与学校的利益相关的群体代表。这种人选安排的目的是适应我国现阶段的特

---

① 阎凤桥：《从非营利组织特性分析我国民办学校的产权和治理结构》，北京大学教育经济研究所工作论文，2005。

殊情况：民间资本举办高等教育的主要目的即使不明说，也含有营利的成分在内。为了鼓励民间资本办学，同时又要保证学校教育的公益性，因此国家法律对董事会人选作出了这样的规定，目的就是要让非学校所有者的董事对以学校举办者身份出任的董事（甚至许多情况下当然是董事长）起到制衡作用。

第二节　民办高校内部治理结构类型及演变

我国民办高等教育起步于 20 世纪 80 年代初，40 多年来，民办高等教育事业伴随着国家经济社会的发展以及国家高等教育体制机制改革而快速发展，其发展历程大致可划分为萌芽探索期（1982—1998 年）、扩张发展期（1998—2015 年）、分类规范期（2015 年以后）三个发展阶段。我国民办高校在生命周期的不同阶段，学校利益相关者各方拥有资本的多少和讨价还价能力的强弱形成了不同的民办高校内部治理模式。

一、我国民办高校内部治理结构的类型[①]

现代产权理论和现代契约理论认为，人力资本与非人力资本所有者都有平等的权利索取剩余，但剩余索取权的实现还要依赖相应的控制权[②]，这个控制权也就是企业的重要事项决策权。对于营利性民办高校来说，其所有权安排与企业基本相同；而对于非营利性民办高校来说，学

[①] 王维坤、张德祥：《我国民办高校内部治理结构类型及演变路径》，《现代教育管理》2018 年第 1 期，第 30-35 页。

[②] 杨瑞龙、周业安：《一个关于企业所有权安排的规范性分析框架及其理论含义——兼评张维迎、周其仁及崔之元的一些观点》，《经济研究》1997 年第 1 期，第 17 页。

校没有所有者,这种情况下学校控制权的配置和行使就成为民办高校治理问题的核心和关键。①

正如伯顿·R.克拉克指出的,学术系统如何分配权力和使权力合法化,这可能是最重要的方面,他引用阿什比的话说,"大学兴旺与否取决于其内部由谁控制"。②因此,不论是营利性民办高校还是非营利性民办高校,决定其内部治理结构类型的都是控制权的配置与行使。

民办高校出资者拥有学校有形资产的控制权,本书将其称之为"出资者控制权";而教师的教育教学能力、行政人员的管理运营能力所表现出来的是学校的人力资本,本书将其称之为"教职工控制权"。此外,本书使用了出资者控制权,而不是举办者控制权,是因为民办高校的出资者可以不是学校的举办者,有的出资者通过委托第三方机构或个人作为学校的举办者;同时,在举办者中也存在未实际出资的单位或个人,比如通过与出资者签署办学协议而成为举办者。综上,民办高校内部治理结构本质上就是一个关于学校控制权安排的契约,民办高校内部治理结构的演变就是出资者控制权与教职工控制权不断冲突和合作的过程。

有学者曾从控制权角度将民办高校治理结构分为人力资本控制模式、股东控制模式以及共同治理模式三种类型。③本书运用二维象限分析法,进一步细化提出我国民办高校内部治理结构的类型与演变趋势,具体如图4-6所示。图4-6中的"两维"分别是"出资者控制权"和"教职工控制权","强""弱"分别代表两种控制权的"两极",由此导

---

① 苗庆红:《民办高校治理结构的演变研究》,《中国高教研究》2005年第9期,第28-30页。

② 伯顿·R.克拉克:《高等教育系统——学术组织的跨国研究》,王承绪、徐辉、殷金平等译,杭州大学出版社,1994,第75、121页。

③ 苗庆红:《民办高校治理结构的演变研究》,《中国高教研究》2005年第9期,第28-30页。王维坤、张德祥:《我国民办高校内部治理结构类型及演变路径》,《现代教育管理》2018年第1期,第30-35页。

出民办高校内部治理结构的四种类型,分别是"松散型治理""人力资本单边治理""出资者单边治理""关键利益相关者共同治理"。图中的箭头线表示的是各治理结构类型的演变方向。

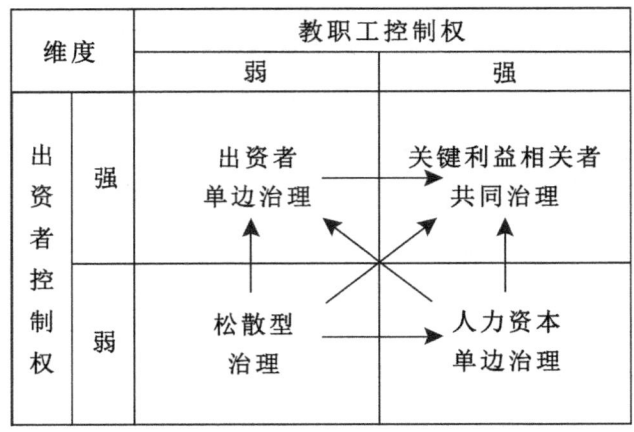

图4-6 我国民办高校内部治理结构的类型与演变

二、我国民办高校内部治理结构的演变[①]

（一）萌芽探索期（1982—1998年）：松散型治理或人力资本单边治理

1982年3月,"中华社会大学"在北京成立。同年12月,在全国人大五次会议正式通过并颁布的我国第四部宪法中提出:"国家鼓励集体经济组织、国家企业事业组织和其他社会力量依照法律规定举办各种教育事业。"自此,我国民办高等教育开始复苏并重新成长起来,但发展速度较为缓慢,大多从事的是高等教育自学考试或学历文凭考试,而非全日制学历教育。直到1993年原国家教委颁布了《民办高等学校设

[①] 王维坤、张德祥:《我国民办高校内部治理结构类型及演变路径》,《现代教育管理》2018年第1期,第30-35页。

置暂行规定》后,分别于 1994 年和 1995 年批准设立 4 所和 2 所民办普通高校。但后来教育部门认为民办高校普遍办学条件匮乏,担心难以保证办学质量,在 1996 年和 1997 年又停止了审批。截至 1998 年,加上各省市政府审批备案的在内,全国仅有民办普通高校 25 所。① 在这个萌芽探索期阶段出现了两种民办高校内部治理模式:松散型治理、人力资本单边治理。

1. 松散型治理

出资者控制权弱,教职工控制权弱。学校未设置董(理)事会等决策机构,或者即便设置了董(理)事会,其中却没有谁拥有学校的控制权。这种类型的民办高校在治理中充满了混乱和冲突,效率低下,属于大学治理的一种极端类型。比如,我国改革开放后开始萌芽并发展起来的民办高校,很多都是由老教授、老教育工作者等发起创办的,几乎没有原始资本投入,完全依靠自身的滚动发展,其中个别学校在创校初期办学规模较小,仅有几名教师,租借几间教室,类似"合伙制企业",处于松散型治理状态。这属于最不稳定的民办高校内部治理结构类型,必将快速向其他三种类型转变,最终使学校由无序变为有序。如果没有成功实现转型的话,学校将走向衰退或倒闭,此时对学校的控制权则会向其他利益相关者转移,分为几种情况:当不能发放教职工工资时,教职工就拥有了学校的控制权;当不能偿还债务时,债权人拥有学校的控制权;当破产或发生安全稳定问题时,政府拥有学校的控制权。

2. 人力资本单边治理

出资者控制权弱,教职工控制权强。在学校董(理)事会等决策机构中以及学校重大决策上,教职工拥有绝对的控制权。这里的"教职

---

① 徐绪卿:《我国民办高校内部管理体制改革和创新研究》,中国社会科学出版社,2012,第 91-92 页。

工"或者是以校长为首的行政人员，或者是拥有专业知识和权威的教师代表，从而形成以人力资本为核心的大学治理结构，即专家治校或教师治校，这本应该是大学教职工心中理想化的治理结构，比如欧洲大陆国家在中世纪大学发展初期出现的学者行会就属于这种类型。但是，随着大学的巨型化和走向社会，大学的组织运行日趋复杂，这种理想化的治理类型在现实中已难以存在。

在20世纪80年代我国民办高等教育发展初期，大多数民办高校创办人是来自公办高校的退休教师和管理人员，对学校几乎没有物质资本的投入，这些创办人既担任董事长又兼任校长，还同时从事教学和管理，对学校拥有绝对的控制权，实际投入的是这些创办人的人力资本，彼时学校规模较小且有形资产主要依靠学校自身的滚动发展而来，甚至学校没有实质意义的、法律上认可的出资人，这种内部治理结构并不同于欧洲大学早期的学者行会，属于"人力资本单边治理"模式的一种特殊类型。因为这里面的人力资本只是学校创办人群体所拥有的，在学校发展过程中教职工队伍规模不断扩大，而学校广大普通教职工的人力资本并没有得到体现，他们在学校重大决策上很少有话语权，学校决策机构的组成人员是由创办人指定的，并不是由学校教职工集体选举产生的，这也导致此类民办高校往往出现"家族式办学"的特征。随着学校进入规模化发展阶段，学校的管理运行日趋复杂化，尤其自1997年国务院正式颁布《社会力量办学条例》后，国家在民办高校设置和评估上对土地、房产、设备、图书等有形资产的投入提出了更高的"门槛"要求，使得这些民办高校或者通过创办者自身担保贷款方式增加出资，或者通过吸引外部出资者方式加大学校基本办学条件的投入，而由于学校创办者自身筹资能力有限，实际上更多的是引入外部出资者，导致学校创办者依托自身人力资本所拥有的学校控制权不断得到削弱，而实际出资者依托学校有形资产所拥有的学校控制权不断得到加强，最终促使学校的内部治理结构向"出资者单边治理"或"关键利益相关者共同治理"转变。

(二)扩张发展期(1998—2015年):以出资者单边治理为主

随着2002年《中华人民共和国民办教育促进法》、2004年《中华人民共和国民办教育促进法实施条例》等一系列法律法规规章陆续颁布,我国民办高等教育事业进入了依法快速扩张发展的阶段。据教育部发布的《2015年全国教育事业发展统计公报》,2015年度全国共有民办高校734所(含独立学院275所),民办高校在校学生达610.9万人。这些民办高校绝大多数都是这一时期经教育行政部门批准设立的。

王维坤、张德祥选取了2008—2015年经教育部批准设立的105所民办本科高校章程文本作为研究对象,发现其中仅有1所明确是捐资办学的高校,其他均为投资办学,民办本科高校举办者类型统计表详见表4-1。此外,在民办高校章程中描述最多最细的内容要素与利益相关者的权力呈正相关,充分体现了当时民办高校的出资者单边治理模式,其他利益相关者处于相对弱势地位。比如,在民办高校章程中普遍重视描述董事会的人员构成、职权和议事规则以及校长的任职条件与职权等治理要素,但对于校长办公会议事规则、学术委员会议事规则以及党组织、教代会和学代会的作用发挥机制等缺少详细表述,绝大多数民办高校也还未建立监事会制度。①

---

① 王维坤、张德祥:《我国民办高校章程文本表达现状研究——基于105所民办本科高校章程的文本分析》,《中国高教研究》2017年第7期,第43-48页。

表4-1 民办本科高校举办者类型统计

举办者类型	高校数量（所）	其中，明确出资额的高校数量（所）	明确出资额的高校占比
单个公司出资	70	45	64.3%
1名自然人出资	17	8	47.1%
多名自然人联合出资	6	3	50%
多个公司联合出资	5	5	100%
自然人与公司联合出资	3	3	100%
国有企事业单位出资办学	1	1	100%
非营利的社团法人办学	1	0	0
个人捐资办学	1	1	100%
章程中未明确举办者	1	1	100%
合　　计	105	67	63.8%

出资者单边治理模式的典型特征是：出资者控制权强，教职工控制权弱。在大学董（理）事会等决策机构中代表出资者利益的举办者拥有绝对的控制权，形成出资者利益至上的民办高校内部治理结构。学校的重要决策由董（理）事会中代表出资者利益的董事作出，教师、行政人员等利益相关者没有任何话语权和投票权。典型的民办高校出资者单边治理模式如图4-7所示。各治理参与主体在图4-7中，如文本框用虚线表示，意为其未真正参与或只是名义上参与了学校决策；如文本框用实线表示，则意为其真正参与了学校决策。同时，图4-7中，不同治理参与主体之间的连接线如用虚线表示，意为并未发挥切实的领导或监督制约等作用；如用实线表示，则意为其真正发挥了领导或监督制约作用。如果将图4-7中用虚线表示的文本框和箭头线等删除，我们发现这种治理结构相当于有限责任公司股东单边控制的法人治理结构。

第四章 民办高校组织结构的转型途径

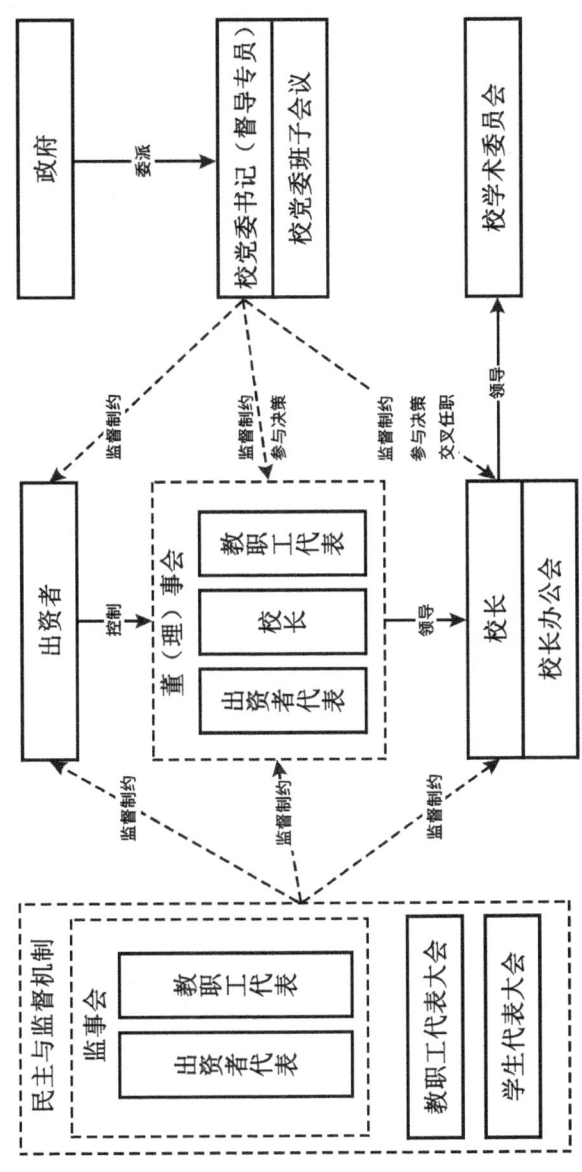

图4-7 民办高校出资者单边治理模式

由于民办高校资产的产权边界模糊，出资者利用信息不对称，通过董（理）事会成员的委派权等对学校实施绝对控制，并通过这种绝对控制权来保障自身出资的收益，而政府难以通过经费等方式对学校施加影响。即便国家相关制度要求校长、党组织负责人（兼政府督导专员）、教职工代表进入董（理）事会，建立健全学术委员会、教职工代表大会、学生代表大会、监事会等，也往往流于形式。一方面，董（理）事会中的校长、教职工代表是由出资者指定的，并不是由选举产生的，代表的还是出资者的利益，并成为出资者的"橡皮图章"；另一方面，由于监督机制不完善，学校的重大决策往往并不通过董（理）事会审议，出资者往往绕过董（理）事会直接决定，或者避开校长、教职工代表而通过少数董（理）事参加的"小董（理）事会"开会决定。此外，民办高校大多没有真正成立监事会、教代会、学代会并切实发挥作用。

我国民办高校内部行为治理结构的利益团体控制特征是由外部制度的规范性（法律对于民办高校组织属性的模糊界定）和资源获得的单一性（主要依靠学费）特征所决定的。[①] 对于投资办学性质的民办高校来说，在其发展初期，教师的学术能力、教育教学能力以及行政人员的管理运营能力比较欠缺，其拥有的无形资产和人力资本并不具备与学校出资者讨价还价的能力（谈判力），双方谈判的结果是教职工放弃了对学校控制权的要求，从而成为学校的雇员，这种打工心态使其并不把自己当作学校的主人；与此同时，出资者自然就实现了对学校控制权的独占。但是，随着学校的快速发展，一方面，教师的学术能力、教育教学能力和行政人员的管理运营能力不断积累提升，与出资者讨价还价的能力（谈判力）不断增强；另一方面，学校也面临日益复杂的外部环境，其生存和发展越来越依赖教师和行政人员的知识、素质和能力；同时，出资者在民办高校发展初期进行有形资产投入后，在以后的发展阶段不再向学校投入或减少投入，学校的有形资产主要依靠自身办学过程的滚

---

① 阎凤桥：《中国民办高校内部治理形式及国际比较》，《浙江树人大学学报》2007年第5期，第1-8页。

动积累，出资者不再能帮助学校获取成功运营所需的关键资源。以上几种因素的叠加使得出资者要想获得学校持续健康的发展，必须依赖无形资产和人力资本的所有者，即与广大教师和行政人员紧密合作，共同分享学校的控制权，而利益相关者各方分享学校控制权的多少则取决于各方讨价还价的结果，此时任何一方的退出和投机行为都会使其他方的利益遭受损失，这样就使得民办高校的治理结构从出资者单边治理向利益相关者共同治理转变。

三、从单边治理走向利益相关者共同治理 ①

我国高等教育的毛入学率在 2015 年时达到 40%，高等教育由强调数量增长、规模扩大的外延式发展阶段进入注重结构优化、质量提升的内涵式发展阶段。2015 年 12 月，全国人大常委会对《中华人民共和国教育法》《中华人民共和国高等教育法》进行了修订。2016 年 11 月又表决通过了关于修改《中华人民共和国民办教育促进法》的决定，此次修法一个很重要的内容就是对民办教育实行营利性与非营利性分类管理。紧接着中共中央办公厅发布了《关于加强民办学校党的建设工作的意见（试行）》，国务院发布了《关于鼓励社会力量兴办教育促进民办教育健康发展的若干意见》，教育部等五部门颁布了《民办学校分类登记实施细则》，教育部等三部门颁布了《营利性民办学校监督管理实施细则》。这一系列制度文件的出台将从法律上破解困扰民办教育发展的学校法人属性不清、财产归属不明、支持措施难以落实等瓶颈问题，并对民办高校规范内部治理结构、完善内外部监督机制等提出了明确的要求。

大学与企业不同，没有严格意义上的股东，每一个人或每一类人都不能对大学行使独立控制权，大学只能由利益相关者共同控制，大学是

---

① 王维坤、张德祥：《我国民办高校内部治理结构类型及演变路径》，《现代教育管理》2018 年第 1 期，第 30-35 页。

一种典型的利益相关者组织。① 大学对利益相关者的依赖程度随大学生命周期阶段的不同而不同。② 为避免大学陷入"泛利益相关者治理"的困境，大学应该秉承"关键利益相关者治理观"，即大学按照少数关键利益相关者的利害采取行动，同时注重大学与其他利益相关者之间关系的协调。③ 结合诸多学者对高校利益相关者的研究成果，最符合我国现阶段大学实情的关键利益相关者分类是：教师、学生、行政人员、出资者、政府。④ 对于我国民办高校来说，这些关键利益相关者对学校办学的期待各有不同（见表4-2）。

表4-2　民办高校关键利益者对学校办学的期待

利益相关者类型	对学校办学的期待
出资者	学校实现办学目标，保证办学效率，获得投资回报
教师、行政人员	有社会地位，收入高，实现个人与学校共同成长
学生	学校品牌声誉好，学有所成毕业后找到满意的工作
政府	学校办学正规，人才培养质量高，促进区域经济和社会发展

在民办高校上述关键利益相关者中，政府不是学校的出资者和举办者，其主要通过制度和政策等方式规制学校内外部治理，也通过委派党组织负责人（政府督导专员）、开展教学评估和财务审计等方式参与内部治理，但并不直接参与学校的重大决策。对于学生来说，既是学校的"客户"，也是学校的"产品"，学校应该依法保障学生合法权益。虽

---

① 李福华：《利益相关者理论与大学管理体制创新》，《教育研究》2007年第7期，第36-39页。
② 刘宗让：《大学战略中利益相关者管理策略研究》，《中国高教研究》2010年第2期，第56-58页。
③ 李维安、王世权：《大学治理》，机械工业出版社，2013，第172、191页。
④ 胡赤弟：《教育产权与现代大学制度构建》，广东高等教育出版社，2008，第167页。

然学生在校学习期间很难客观评价教育教学和评判学校决策，但是其在毕业参加工作成为校友后，凭借与母校之间的感情纽带，以及在工作岗位上对学校教育教学等方面的感悟，为学校筹资做出贡献，国外很多大学会吸纳校友代表进入董（理）事会等决策机构。本书也认为我国民办高校可以适当引入校友代表进入学校决策机构。而对于出资者、行政人员、教师三者来说，对应的正是基于法律权威的理事会、行政体系以及基于专业权威的教师体系。对于我国民办高校内部治理来说，学校决策权力在教师、学生、行政人员、出资者、政府等关键利益相关者间如何分配是最核心的问题。

关键利益相关者共同治理的典型特征是：出资者控制权强，教职工控制权强。在大学董（理）事会等决策机构中出资者、教师、行政人员等大学关键利益相关者共同拥有对学校的控制权，形成关键利益相关者共同参与决策并与其他利益相关者有效协调的内部治理结构。学校的重要决策由关键利益相关者各方共同做出，教师、行政人员等利益相关者代表通过法定程序进入董（理）事会等决策机构，并在学校的重要决策上拥有与出资者平等的话语权，同时建立了监事会、教代会、学代会等完善的民主监督机制，来约束和制衡利益相关者各方的权力运行。

理想的民办高校关键利益相关者共同治理模式如图 4-8 所示。从图 4-8 与图 4-7 对比可以看到：学校的董（理）事会由出资者单边控制变为学校关键利益相关者各方共同参与决策；董（理）事会的人员构成除出资者代表外，还包括校党委书记、校长、教职工代表以及校友代表；监事会的人员构成不仅包括出资者代表，还包括校党委班子成员代表和教职工代表；各治理参与主体的文本框除"学生""校友代表"外全部变为实线表示，意为真正参与了学校治理，而依照我国现有的民办教育法律法规，目前仅有"学生代表""校友代表"是否参与学校重大决策未予以明确。同时，图中不同治理参与主体之间的连接线也均变为实线表示，意为校党委、监事会、教代会、学代会等切实发挥了监督制约等作用。

当前，我国民办高校在内部治理上采取"出资者单边治理"或"人力资本单边治理"模式，符合我国民办高等教育发展的阶段性特征。今后，我国的民办高校将分为非营利性和营利性两类，而这两类院校在治理上最大的相似点在于管理者和董事会之间的关系，最大的区别在于非营利院校所有权或享有剩余索取权的股东的缺失，以及在使命上潜在的模糊化。[①] 对于营利性院校来说，虽然其治理逻辑更接近于公司法人治理，但在企业理论发展史上，自20世纪90年代以来已有诸多国内外学者提出企业的"利益相关者共同治理观"，并进一步发展为"关键利益相关者治理观"。《中华人民共和国公司法》中对利益相关者参与决策和监督也有明确规定，同时国家在《中华人民共和国民办教育促进法》以及2017年1月颁布的《营利性民办学校监督管理实施细则》等制度中明确规定，营利性民办高校也要坚持教育的公益性，建立健全党组织、董事会、监事会、教代会、工会等机构。因此，无论是非营利性院校，还是营利院校，随着学校利益相关者各方控制权的不断博弈，其内部治理结构都必然会走向"关键利益相关者共同治理"。

---

① 埃伦伯格：《美国的大学治理》，沈文钦、张婷姝、杨晓芳译，北京大学出版社，2010，第192页。

第四章 民办高校组织结构的转型途径

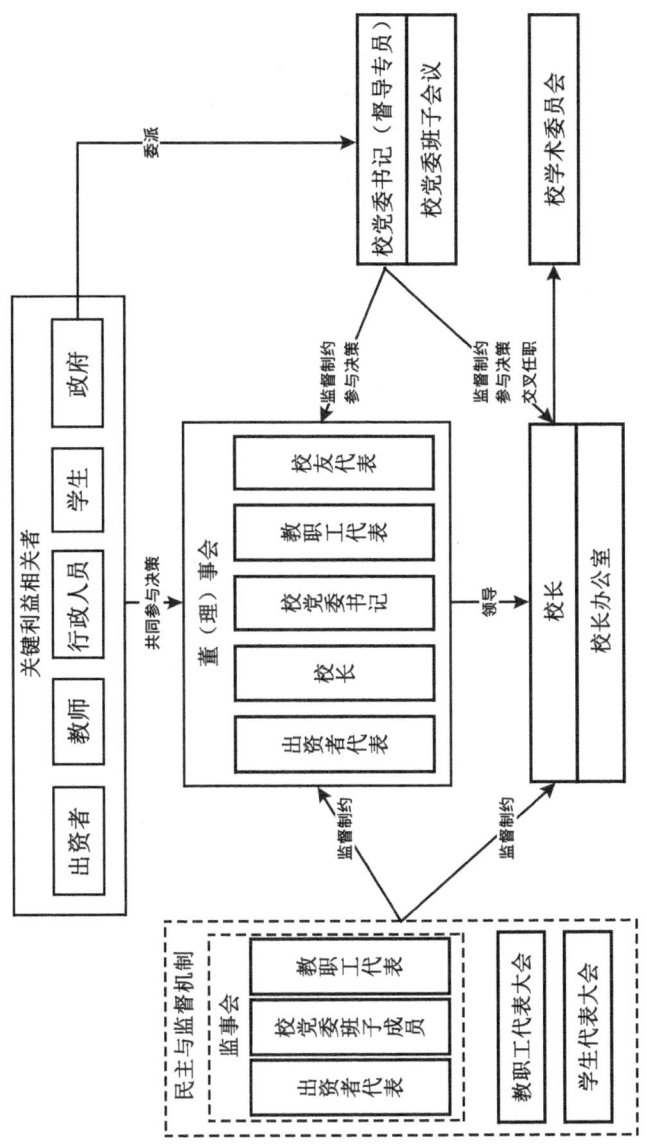

图4-8 民办高校关键利益相关者共同治理模式

为推动民办高校依法治校、构建现代大学治理体系，应以国家对民办学校实施非营利性和营利性分类管理为契机，重点解决民办高校内部治理存在的五个突出问题：一是解决出资者（举办者）、董（理）事会、校长行使权力的边界问题；二是解决学校党组织作用发挥问题；三是解决学校民主监督机制形同虚设问题；四是解决学校学术组织难以发挥作用、行政权力主导的问题；五是解决师生权益保障与救济问题。相信随着我国民办高等教育外部制度的不断完善以及民办高校章程"承上启下"制度作用的切实发挥，我国民办高校一定会走向特色的关键利益相关者共同治理模式，构建有效的内部权力运行与制约监督机制，从而实现持续健康的发展。①

第三节 民办高校的组织管理与组织转型

民办高校是我国高等教育体系的重要组成部分，是由各类社会组织、个人运用非财政性自筹资金创办的，表现形式主要有独立创办型、股份制合办型以及与政府部门公办学校联办型。其组织结构随着学校规模的发展和办学水平、层次的提高，有一个逐步由创业者组织结构向大众化组织结构演化的过程。从实践上来看，民办高校是对传统办学体制、运行机制的改革与创新，增加了学生的教育与培训机会，能够有效地满足人们对现代高等教育的客观需求。

一、民办高校的发展模式和组织管理

（一）民办高校发展模式的多元化

我国民办高校目前的发展模式主要有：以学养学－滚动发展、以

---

① 王维坤、张德祥：《我国民办高校内部治理结构类型及演变路径》，《现代教育管理》2018年第1期，第30-35页。

产养学－注入式发展、国有民办－改制运作、一校两制－附属再生四种模式，即目前广为人知的完全意义上的民办高校、依附于具有一定知名度的高校或企业并有独立法人资格的独立学院、不完全具有国家规定的"七独立"的二级学院、部分高校自主申办的二级学院即所谓"校中校"。部分民办高校由国内外资金雄厚的公司、企业集团或海内外华人凭借其充足的资金进行规模化投资办学，以产养学，打造一流的教学环境，引进现代化的管理机制，形成高投入、高起点、高标准、高速度、高效益的办学特点。部分民办高校由国家、地方政府或行业部门主办并承担教育经费，以一定的方式转给独立法人承办改制运作，按民办管理机制，自筹资金，自我管理，自主办学。此外，还有一部分以公办院校为母体，按民办机制运行附属在生的二级学院及独立学院。多数传统意义上的民办高校的资金来源主要依靠学费，以学养学－滚动发展，走低成本扩张的发展道路。民办高校近年来蓬勃发展，已逐步形成政府及教育行政部门宏观指导、各界参与，学校面向社会、适应市场、依法自主办学的弹性开放管理体制，以及自我激励、自我发展、自我约束、自我调适的运行机制。

民办高校具有自筹经费、自主办学、受市场调节明显的特性，独立办学、自主性强为其主要特点。目前管理体制多样化，主要有董事会领导下的校长负责制、主办单位或教育集团统筹下的校长负责制等形式。民办高校享有较大的办学自主权，内部管理体制的选择、教工聘任、自主招生、自主设置专业、校产管理和使用、重大事项议事和校内监督等权利均可自主选择。这种选择注定了民营高校在坚持大学教育管理、教育理念和尊重教育规律基本方向的同时，必须坚持市场管理的理念，尊重市场经济规律，注重实用主义的价值取向，注重经营管理，讲求管理效率与办学效益。①

（二）民办高校与公办高校体制的区别

民办高校不仅与公办高校不同，而且具有不同类型的办学机构。民办高等院校与公办高等院校的区别之一就是财政拨款与产权的区别。不要求取得合理回报的民办学校在存续期间，举办者（出资人）享有法人财产权，也就是管理权和使用权，并享有与公办学校同等税收优惠政策。要求取得合理回报的民办学校同样享有法人财产权，其税收优惠政策由国务院财政部门、税务主管部门会同国务院有关行政部门规定，其中最重要的一点就是国家不给民办学校财政资助。国家给予公办学校财政拨款，其财产权属于国家。

民办高等院校的另外一个区别是民办普通高等院校（普通专科、本科，高职专科）和民办成人（自学考试、文凭试点及各级各类劳动技能型培训）高等学校的区别。民办普通本、专科高等学校须经教育部批准，高职专科即高等职业技术学院经省人民政府批准并教育部备案，属普通高等学历教育，具有颁发普通高等教育本科或专科学历证书资格。民办成人高等学校则属于非普通高等学历教育与民办非学历高等教育机构，经省教育行政部门批准，按照《中华人民共和国民办教育促进法》《中华人民共和国民办教育促进法实施条例》之规定，核发办学许可证。民办非学历高等教育机构以面向学校所在地区开展高等教育自学考试助学活动为教学内容，通过国家高等教育自学考试相关专业学科规定的全部课程，方可取得主考普通高校及自考委验印的国家承认学历的文凭。②

---

① 徐金安：《民办高校运行机制与管理体制探讨》，《人民论坛》2013年第5期，第64-66页。
② 何彬生：《转型时期我国民办高等院校发展研究》，博士学位论文，武汉理工大学，2007，第30-31页。

(三) 民办高校的运行机制和组织管理

民办本科高校的组织管理采取董事会组织下的由校长负责的大学（院）、院、系三级管理体制。校长往往由创办人或举办人担任，或者聘请具有丰富高校管理经验者负责，只有资格限制，没有任期限制。校长年龄不超过 70 岁即可连续任职，这样有利于学校发展的长远规划，不断积累管理经验，准确把握学校特色及在社会和行业中的位置及竞争实力，让学校的运作和发展具有可持续性。因此，这就要求民办高校领导者除具备一般意义的领导能力、业务能力之外，还应具有战略思考与规划、资源整合与运作、动态管理与组织等能力，做好行政、教学、后勤、领导班子、教职工队伍以及学生等方面的管理，针对可利用资源进行有机组合，做到组织最优化、效能最大化。

民办高校的性质及特点决定了行事权力集中、资源约束、知行统一，因此，可依办学现状及事业发展需要自行设置内部机构。民办高校经营性强，讲求工作效率及效益，各部门岗位责任制清晰，职责明确，无固定的人员编制，学校与教职员工责权利关系明了、简单。所以，民办高校在有限的人力、物力、财力情况下能办较多的事情，可有效地实现学校的管理目标。民办高校在竞争机制的刺激下可激发出较强的生机与活力，但办学历史短、起点较低、基础不牢、投入相对不足、师资队伍不强等先天不足注定了多数民办高校存在诸多薄弱之处，与公立高校师资、校舍、教学仪器设备等综合实力比较相对滞后，在学术研究和校园文化建设方面弱势更加明显。

民办高校师资队伍中，兼职教师及退休教师是重要的组成部分，因此，师资老化、水平参差不齐、队伍稳定性差以及教师管理有一定困难是诸多民办高校面临的困境。由于部分学校注重追求利润，忽视教学质量管理，漠视师资队伍建设，形成了教学工作中培养计划不能真正实施，缺乏全面衡量教学质量的硬性指标，以及教学管理效率低、矛盾多、流程不规范、职责不明确、机构不合理、管理不科学等问题。少数民办高校举办者教育思想落后，短期回报欲望强烈，只考虑经济效益，不考虑社会效益和社会承受力，不重视人才培养质量和特色，走"泡沫教育"或"商业炒作"的路子，这是民办高校发展过程中不可回避的需要解决的问题。

民办高校的定位是发展"本科学历教育与职业技能培养相结合"的高等本科职业教育，但受社会长期形成的用人标准的影响，使民办高校以能力为主的办学目标与以追求学历为中心的应试教育之间的矛盾非常突出，成为绝大多数民办高校面临的困境。由于民办高校生源质量一般，学生水平参差不齐，管理难度较大，很多学校仍停留在"大学的教学，中学的管理"模式。由于受经费、实习场所等限制，多数民办高校目前专业多集中于经济、管理等社科类及不需要过多实习实践场地的热门专业，理工科专业相对较少。

资金短缺严重制约民办高校改善办学条件以及教育水平的提高，尤其规模较小、依靠以学养学的民办高校处境更为困难。部分民办高校财务管理不严格，缺乏有效监督，实行校长"一支笔"制度。个别民办高校财务管理人员政策性、原则性差，举办者随意支取资金用于个人消费，或者采取坐收坐支、不入账、不开正式发票等方式变化资金的收支办法，或者直接将学校滚动发展的资金和资产记入个人名下，使得学校没有规范的管理和明确的长期发展目标，严重影响了民办高校的生存和发展。① 例如：湖南某知名度非常高的民办高校，由于创办人挪用资金从事其他投资失败和挥霍豪赌，办学资金大量流失，最后被河南某教育集团兼并重组。鱼龙混杂是目前部分民办高校创建与发展过程中共同存在的现象。

---

① 徐金安：《民办高校运行机制与管理体制探讨》，《人民论坛》2013年第5期，第64—66页。

二、民办高校发展中组织结构的演化

由于上述先天和后天的因素,民办高校在长期的发展过程中,从20世纪90年代我国高等教育精英化阶段进入21世纪的高等教育大众化阶段后,经过"转移－改造－提升"三次转型,学校由非学历教育的高等教育助学机构已发展成为万人、数万人的民办普通本科高校,其行政组织结构也由创业起步时期的二级核心行政组织管理体系(如图4-9所示)转型为独特的、超稳定的三级核心行政组织管理体系(如图4-10所示)。

图4-9 起步阶段民办高校的二级行政组织管理体系

(一)初创阶段的二级行政组织管理体系

20世纪80－90年代,第一级的核心管理层由创始人及配偶、子女、家族直系亲属组成。俗话说"上阵要靠父子兵",学校的财务及后勤部门等重要岗位往往由他(她)们出任,以杜绝办学资金流失和不必要事件发生。这是最稳定的核心领导层。靠滚动积累发展起来的中国高水平的民办本科高校,如黄河科技学院、山东英才学院、西安培华学院、西安翻译学院、西京学院、郑州科技学院等均由二级核心行政管理体系组成了稳定的大学组织结构体系。与国外私立高校发展历程不同,中国发展较好的知名民办高校基本上是这种由创始人及亲属组成第一级家族核心管理层的组织结构。

在早期创校起步阶段的留校生及发展阶段引进的创办人的学生、同事及朋友则构成了民办高校的第二级的核心领导层。尤其是早期创校期间留校的优秀学生，他们和创办人同心同德、同甘共苦、以校为家，把自己的青春大好年华贡献给了自己的母校，他们对学校对事业的忠诚度丝毫也不亚于第一核心层次亲属人员。经过多年呕心沥血的奋斗，在各类民办高校的校级领导层都能看到他们主政的身影，更多的留校优秀人才，凭着自己多年的工作经验和出色的能力，担任了各高校的中层领导、高层领导。除此之外，在创校早期和中期，与创办人有一定渊源关系、并具有一定的高学历和能力的同学、同事、朋友，或者是创办人的学生，也进入了学校第二级核心行政领导层。正是民办高校在发展过程中形成的第一核心层和第二核心层组成了不同于公办高校的、稳定的行政管理组织机构（如图4-9所示）。这种稳定的二级行政组织管理体系为高等教育大众化阶段民办高校大规模发展发挥了应有的作用。

（二）大众化阶段的三级行政组织管理体系

进入21世纪后，由于高等教育大众化阶段对应用型人才的需求，随着民办高校快速发展为万人大学、数万人的巨型大学，这种创业初期的二级行政管理组织体系已远远不能适应学校规模发展的需要。图4-9的二级行政管理组织体系是一种几百人、千人小规模民办高校或高等教育助学机构的组织管理体系，其组织结构也是一种高等教育精英化时期的创业者组织结构。因此，随着高等教育大众化阶段的来临、民办高校的规模扩张，各民办高校为了适应规模扩张和提高办学水平的需要，必然要大批地引进富有高校管理和学术研究的离退休人员及其他高学历、高层次人才。与此同时，也必然引起大学组织结构的演变，其组织结构自然演变的结果就是这批高水平行政管理和教学科研管理人员的加盟，构成了规模扩张后民办高校的第三级的核心管理层（如图4-10所示）。

民办高校的第三级核心管理层由离退休高层次人员和引进的高层

次人才组成，无论是民办高校董事会聘请的校长、副校长，还是进入民办高校行政机关和二级学院的处长、院长，他们均属于民办高校的第三核心层。这是因为，对于从高校领导岗位和教学岗位退休的高层次人才，虽然这是一个富有行政管理和教学学术管理经验的、非常稳定的管理层，但由于他们年龄基本上在60岁以上，若干年后将面临再次退休。由于民办高校与公办高校编制不同，退休待遇有差别，因此，从社会高薪招聘的中青年高学历、高层次人才对学校的忠诚度和稳定性较差，一旦有更为合适、更高薪资且能发挥他们能力的高校，部分人员会流动跳槽。"铁打的营盘流水的兵"，鉴于上述两方面的原因，第三核心层是一个不太稳定的核心层。正因为如此，在高端人才的竞争中，民办高校始终处于劣势地位，已成为向地方本科高校、省属重点高校输送优秀高层次人才的培训基地。如何能留住这批中青年高学历、高层次人才是民办高校创建高水平应用技术大学中应解决的重大问题。

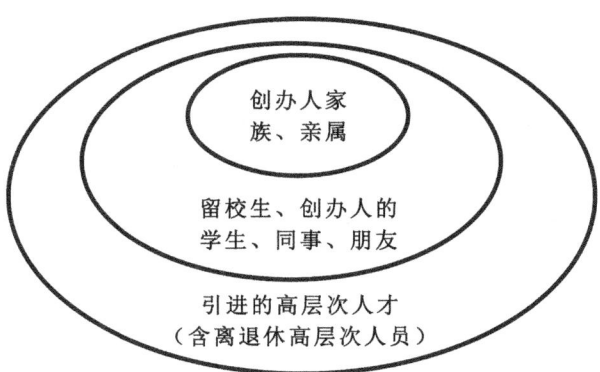

图4-10　高等教育大众化阶段民办高校的三级核心组织管理体系

三、民办高校的制度变迁与组织转型[①]

在民办高等教育发展初期，由于政策与地域等方面的差异，我国民办高校发展呈现多样化态势，形成了不同的发展模式。但是，在整体发展过程中，一些民办高校组织消亡，而一些民办高校因顺利完成组织转型而成为办学的引领者，发展成万人甚至几万人的办学规模，同时在办学层次上也向本科阶段迈进。在此过程中，一些民办高校较好地适应了环境与制度的转变，在制度变迁的历程中实现了组织转型。

（一）组织转型与研究的分析框架

我国民办高校发展经历了如学历文凭考试、高等职业教育、专科教育以及本科教育等不同阶段。在各个阶段，每所学校都拥有不同的定位与发展目标，当出现组织目标转换与阶段过渡时，民办高校组织也就步入了转型时期。可以说，不同的民办高校经历了不同的目标转换过程，进而引起组织文化、结构等多种组织维度的转变，实现了自身的组织转型。

从历史视角分析，这种转型是一种组织变迁的过程，也是一种制度变迁过程。以道格拉斯·C.诺斯为代表的新制度经济学家认为，制度是社会中个人所应遵循的行为规则，是影响经济增长的主要因素和内在动力，制度变迁是社会经济发展的根本源泉。[②]

民办高校组织转型既有来自政府政策与法令方面的影响因素，也有来自民办高校自身发展的自励性动力因素。用制度变迁理论来考察民办

[①] 周朝成：《制度变迁与民办高校组织转型——以浙江树人大学四校联合组建为例》，《教育发展研究》2009年第6期，第62-66页。

[②] 林毅夫：《关于制度变迁的经济学理论：诱致性变迁与强制性变迁》，载R.科斯、A.阿尔钦、D.诺斯的《财产权利与制度变迁——产权学派与新制度学派译文集》，上海人民出版社，2000，第374、396页。

高校组织转型具有较强的解释力。

在新制度经济学中，制度被理解为一种对资源或权利进行安排的规则体系，是一种理性选择的结果；而在社会学中，制度被理解为"包含了规制、规范与文化认知三个方面的要素，能不断再生产出来，围绕着对人或资源的权利（或权力）而形成的人群或组织之间的互动框架"[①]。

周朝成将上述新制度主义的基本要素与制度变迁理论相结合，形成一个分析框架，对浙江树人大学四校联合组建的组织转型展开研究，以寻求解释其中制度变迁及其组织转型的基本路向与逻辑关系。[②]

（二）强制性制度变迁中的"联合组建"转型

在我国民办高等教育发展初期，政府为推进民办高等教育的发展壮大，干预程度相对弱一些。但是，随着民办高等教育规模的扩大，为规范、引导民办高等教育发展，政府通过政策、法令等加大了干预力度，形成了民办高等教育发展中的强制性制度变迁。从制度起源分析，20世纪80年代初期，浙江省政协的一批老同志倡议利用政协作为"智力库"的人才荟萃优势创建一所面向地方经济的民办高等学校，后经省政府正式批复，于1984年创建了浙江树人大学。学校的创建是制度变迁的原点，确立了经费投入体制、治理结构、办学层次（专科）、专业设置以及招生就业等制度的基本雏形。学校发展至20世纪90年代末期仍然传承着传统的精英教育模式，坚持注重质量和社会效益，维持低收费机制与小规模发展模式，至1999年，学校在校生规模尚未超过2000人。

在我国民办高校的发展进程中，中央或地方政府会介入其发展过程，调整民办高等教育发展政策，从而导致民办高等教育发展的强制性

---

① 郭建如，马林霞：《社会学组织分析中的新老制度主义与教育研究》，《北京大学教育评论》2008年第3期，第136-151页。
② 周朝成：《制度变迁与民办高校组织转型——以浙江树人大学四校联合组建为例》，《教育发展研究》2009年第6期，第62-66页。

制度变迁。1999年《中华人民共和国宪法修正案》明确规定：在法律规定范围内的个体经济、私营经济等非公有制经济，是社会主义市场经济的重要组成部分。同年，中央政府实行扩招政策，高等教育大众化进程加速，高等学校的发展加快。在此背景下，浙江树人大学创始人、永远名誉校长王家扬先生致信省政府，希望与周边几所中专学校联合组建新的浙江树人大学。2000年3月，经研究决定，浙江省人民政府发文批复同意联合浙江省电子工业学校、浙江省轻工业学校以及浙江省对外经济贸易学校等三所学校组建新的浙江树人大学。①

联合组建主要是浙江树人大学一方的需求，对于三所中专学校而言，它们当时可能更多地在谋求开展高职教育的出路，合作双方很难有共同对话的平台。但从政府主体利益出发，联合组建可以通过体制转换使公办高校获得体制外的办学经费，又可以提升中专学校的办学层次，有利于加快浙江省高等教育发展步伐。因此，政府适时介入干预，增加并强化了政策与制度供给平衡，通过政府指令性文件的形式主导了这次政策转换，对民办高校发展进行了制度设计与创新，促进了组织与制度的转型过渡。

（三）组织转型的新制度主义分析

在联合组建过程中，从政府主体利益出发，政府主导制度变迁主要出于两方面考虑：其一，地方高等教育既要获得发展又要尽量控制成本，联合组建可以带动中专学校走出低层次办学的局限，有利于提升浙江地方高等教育的建设发展，同时实现体制转换，将这些公立学校嫁接到"民营化"轨道上，在以后长期发展中可以预期政府成本投入的降低。其二，政府介入有利于实现低成本"交易"。如果将联合组建交由

---

① 郭建如：《陕西民办高校的组织转型——以四所民办本科高校为例》，《高等教育研究》2007年第9期，第58-65页。

市场机制完成，势必是一个长期、耗时的高成本的"讨价还价"过程。从浙江树人大学这一利益主体出发，联合组建有利于组织规模的扩大，增加学校在政府、市场两个方面的经费来源，增强学校的发展实力，这一收益预期非常明显。而三所公立中专学校在制度转换前后并没有一个很明显的利益获得，甚至担心在这样一种"民营化"转制后可能出现生存困难，因此它们在转型中的主动性不强。鉴于此，政府给予了相应的制度性补偿，批复文件中做出了省财政、原主管部门对学校的经费投入安排在近期内保持不变以及原教职工身份不变等承诺。因此，在利益与效率的视野中，政府是最大的利益主体，主导了此次制度变迁，同时也进一步强化了浙江树人大学民办公助的发展模式。①

对于浙江树人大学而言，提出联合组建的要求，是对政府政策法令的一种直接反应，也可能是受到了其他公立高校合并这一强大组织行为（如1998年合并组建的新浙江大学）的影响。联合组建的行动表明，这是一种强制性的组织行为趋同过程，组织结构与行为受到共同政策环境的影响，体现国家制度化与合法化的规则。第一，关于公办学校转制与民营化的改革。自20世纪90年代以来，伴随社会主义市场经济体制的改革，运用市场经济法则和机制管理公立教育机构实行"转制"的全球教育民营化发展浪潮对我国产生较大影响，不仅学者从理论上对公立高校"转制"的意义、可行性、内涵与模式等进行了较多探讨，而且实践中也出现了转制案例。②到1999年底，浙江省的金华职业技术学院、浙江万里学院和温州大学都实行了改革，涌现了13所依据公办大学设置的民办二级学院。可以说，"转制"现象对于当时的省政府、浙江树人

---

① 周朝成：《制度变迁与民办高校组织转型——以浙江树人大学四校联合组建为例》，《教育发展研究》2009年第6期，第62—66页。
② 吴开俊：《公立高校"转制"问题研究文献综述》，《教育发展研究》2006年第6期，第36—39页。

大学以及公立中专学校等具有"文化－认知"的作用，这些思想观念作为一种"文化"实践背景，改革者在其影响下获得了一种"认知"，认同了中专学校的"转制"改革，为新的制度创新提供了"合法性"基础。第二，这种"认知"还来自大众化背景下中专学校的升级发展环境。1999年，浙江省政府办公厅转发了省教委、省计经委关于《浙江省试办高等职业教育实施意见》，以成人高校的改制、改革、改组和部分条件较好的中专学校升格为途径，至2002年先后筹建了38所高等职业学校。在这种制度背景下，三所公立中专学校的升格发展也就存在着政策环境的压力，与浙江树人大学联合建校可以直接开展高等专科教育，在行为上导致一种"升格"的趋同选择，体现了制度环境的"同构"作用。

（四）组织转型的基本维度

制度变迁将浙江树人大学的发展带入了一个组织转型时期，四校联合组建的浙江树人大学面临着组织协调、冲突与发展的过程，在组织文化、组织体制、组织规模以及组织内涵等方面都要有所转型。

每一个组织都有自己独特的组织文化，这对于组织成员具有向心力的作用。四校联合组建之前，每一所学校都有自己的特点，三所中专学校面向行业办学，每一所学校都具有自己独特的行业导向性，具有各自的组织文化特征。四校联合组建之后，新实体首先就面临着组织之间的融合问题。联合初期，王家扬先生提出"热爱新树大、建设新树大"的文化精神，这是一种组织文化融合的要求。浙江树人大学校长朱玉教授指出，新树大是四所学校的联合，必然有一个磨合过程。新树大十分需要一个团结的集体，各级领导班子要加强团结，尽量缩短磨合期，尽快统一到新树大旗帜下，提高对联合建校的认识，最重要的是思想上的融合。四校联合组建不是一种松散型的合作，而是紧密型联合，实行了统一领导、统一规划、统一管理的组织领导管理体制，打破了四校原有的平衡去建立新的平衡。①

这是一种基于制度变迁的组织体制转型，主要体现在三个方面：一是组织治理结构的转型。省政府、教育厅妥善安排了联合组建后的领导安排问题，确立了一个新的浙江树人大学领导班子，形成了新浙江树人大学的组织领导核心。二是三所公立学校实现了办学体制转型，从公立性质转变成为民办性质，融入浙江树人大学的新实体之中。三是政府对浙江树人大学资助体制的创新。这是一种在民办与公办之间展开的异质性联合组建，是一种制度性互补，也是一种战略性互补。政府主导下的联合组建将公有资源纳入民办体制，改革本身体现了政府对于民办高校发展的支持和培育。在经费来源上，新组建实体体现出民办公助的优势：政府对公立学校办学的制度性财政预算安排不变，以"基数加增长"的模式纳入财政拨款，同时新组建的浙江树人大学也获得了来自市场体制机制的资源配置。因此，这一体制成为明显不同于其他办学体制的一个重要特征，既以历史的路径依赖为基础，强化与发展了民办高校的组织制度结构关系，又以政府政策与外部环境的变化为基础，相互影响，产生了一种强制性的制度变迁。

四校联合组建整合了组织资源，通过制度变迁实现了资源的聚合。新实体在占地面积、建筑面积、图书资料以及师资力量等方面都得到了较大增长，拓展了浙江树人大学的发展空间。可以说，学校办学规模在联合组建中得到了急速扩张，这也是此次组织转型中的一个关键特征，从联合建校前后招生规模与师资规模的变化即能看出这一点。联合建校前，浙江树人大学的招生数一直比较平稳，规模较小，至1999年招生数为750人，而2000年联合建校后，当年招生专业从13个发展到29个，招生数量增加到2221人，学校规模有了急速扩张。学校还提出了

---

① 朱玉：《树人实践》，浙江人民出版社，2002，第115-166，第161页。

"上规模、上层次、上水平"的战略目标，为学校实现规模发展奠定了基础。同时，由于三所中专学校的并入，师资数量也在原有基础上有了很大增加。原浙江树人大学规模小，教师主要靠利用社会资源，聘请外聘教师兼职任教。1999年，学校只有专任教师17人，联合建校后，虽然坚持利用社会兼职教师资源，坚持专、兼职教师6∶4的基本比例关系，但绝对数已经有了很大增长，至2002年专任教师已增加到300人，在原有基础上实现了飞跃。[①]

浙江树人大学在联合建校前是一所高等专科学校，其他三所公立学校也有着良好的办学基础与经验，但它们均为中专学校，联合后的浙江树人大学面临着在师资水平、管理水平与基础建设水平等方面的提升。所以，虽然联合后统一招收了专科学生，但学校仍面临着在办学内涵上加快建设的基本任务，需要加快提升各项办学指标，提升学校办学层次与内涵。这是一项长期而又艰难的任务，也是实现成功转型的关键性标志。为此，一方面，新的浙江树人大学在新领导班子带领下，以质量为学校发展的生命线，制定了学校四年发展规划，并且加强联合之后的规章制度建设，加强师资队伍建设，稳定教学秩序，深化教学改革，以保障教学质量；另一方面，学校在联合之初就设定了建设一所民办本科院校的发展战略目标，在联合之后的三年时间之内，学校既努力面向联合之后的转型建设，又面向新的"升本"建设任务，不断提高办学水平，积极准备办学层次与办学内涵的提升。2003年，学校通过了全国高校设置评议委员会专家评审，升格为本科院校。

四校联合组建导致了浙江树人大学的组织转型，实质上是一种制度变迁的结果。从形式上分析，通过政府介入干预，以政府文件批复的形式完成了联合组建，是一种强制性制度变迁；但从组织转型融合上分

---

① 周朝成：《制度变迁与民办高校组织转型——以浙江树人大学四校联合组建为例》，《教育发展研究》2009年第6期，第62-66页。

析,涉及组织文化融合、治理体制转变、成员身份认同、办学规模扩张与办学水平提升等方面,又是一个长时期的过渡与转型的建设过程。根据新制度主义理论的三种基本分析路径,联合组建是不同利益主体利益最大化的理性选择与博弈的结果,是权力冲突与重新配置张力下的制度变迁,也是变革者对文化、制度与政策环境背景"认知"前提下社会制度同构的结果。

浙江树人大学在新的制度框架下,形成了一个相对稳定的组织与制度结构,并且在新的领导团队带领下通过学校师生的共同努力取得了巨大发展。作为组织发展的转折点,联合建校是学校适应时代发展的一个重要基础,政府在其中充当了主导性角色。三所中专学校的公立性质以及浙江树人大学一直所具有的民办公助的特性,为政府介入这次联合组建提供了合法性基础,既符合时代发展环境的需要,也适应了政府在制度、政策与利益方面的需求。这是一次政府介入的强制性制度变迁,对于浙江树人大学而言,也是一次具有重要意义的制度创新。[①]

四、创建应用技术大学——民办高校组织结构的转型

20世纪末21世纪初,当中国高等教育经过大规模的扩招和合并,进入高等教育大众化阶段之后,早期创校的民办高校从以自学考试为主的非学历教育机构经过了三次转型和规模的扩张,已成功转型为高等教育大众化阶段的万人大学、数万人的巨型大学。民办高校的每一次转型都呈现出"转移-改造-提升"这样一个同步推进的过程,与此同时,也伴随着大学组织结构的自发转型。这一转型就是从民办高校初创阶段的创业者组织向大众化组织结构转型;由地方普通高校向培养应用型创新人才的应用技术大学转型。

---

① 周朝成:《制度变迁与民办高校组织转型——以浙江树人大学四校联合组建为例》,《教育发展研究》2009年第6期,第62-66页。

(一) 由创业者组织向直线-职能制组织转型

20世纪80年代，当我国的高等教育还处于精英化阶段时，初创阶段的民办高校是一种简单组织结构。这一时期的中国民办高校基本上都是以自学考试为主的高等教育助学机构。"教室靠租赁，教师靠招聘，管理靠家人"，有创办人和亲属、朋友几人或十几人、一兼多职的管理人员队伍以及几十名学生或数百名学生的规模，就是当今一些知名民办高校初创时期的真实写照。此时的民办高校组织结构是创业者组织结构（如图4-11所示）。

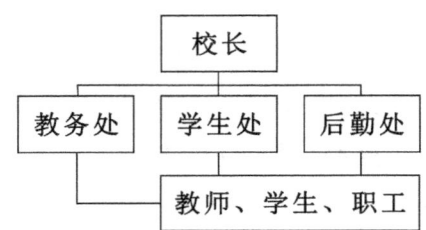

图4-11 民办高校初创时期的创业者组织结构

20世纪末21世纪初，我国进入了高等教育大众化阶段，大众化最大的特征是量的高扩张性，这种高扩张必然引起组织规模扩大，由小型组织到大型组织。我国的民办高校也迎来快速规模发展的机遇，从几百人到几千人，再到几万人的民办高校比比皆是。这些大型民办高校的组织结构也由于量的扩张，更趋多层级。高等教育大众化阶段民办高校的组织，从组织结构形式上看，除了民办高校有董事会组织之外，其组织结构也是类似于公办高校的校-院-系的三级组织结构。但是，由于规模扩大后的民办高校主要任务就是教学，基本上没有或者有极少的科研学术活动，社会服务功能也很薄弱。这种特点反映在组织结构设计上，就是学术权力系统中的教员力量被削弱，民办高校普遍缺少作为基层行政和学术决策机构的教授会。① 这是因为民办高校本校培养的教授凤毛麟角，副教授屈指可数，就是有，也不堪担当学术带头人的重任。公办高校退休教授、副教授为教学学术主体结构的高层次师资队伍，与民办高校的关系更多的是雇佣和被雇用的关系。所以，民办高校学术决策权力非常薄弱，即使有教授会或学术委员会，或者学术权力微弱，或者形同虚设。因此，中国民办高校的内部组织结构就呈现出一种偏重于行政权力的非对称的二元系统：最高决策和权力机构是股东大会，其常设和代表机构是学校董事会，董事会以下是以执行机构身份出现的校长，在校长这一级别的执行机构上缺少有普通教员参与的校务委员会，校长下面一般设置教务处、学生处和总务处，分别管理和协调全校教学、学生管理和行政工作，系是基层组织机构，学院是中层机构，负责向系传达学校的各种规定制度，同时将系里的情况综合整理向学校一级反馈汇报。

由前所述，民办高校在从高等教育精英化阶段的助学机构转型为高等教育大众化阶段实施学历教育的普通大学组织，其建校初创阶段的二级核心行政组织管理体系（如图4-9所示）也自发转型为三级核心行政组织管理体系（如图4-10所示）。二级核心行政组织领导下的大学组织是一种简单的创业者组织，那么进化到三级核心行政组织领导下的大学组织是一种什么样的组织结构？作者认为它还是一种扁平化的创业者组织。

创业者组织结构亦称简单结构，创业者组织是以创业者为核心形成的关系网络，不仅包括新设组织内的人，还包括这个组织之外的人或组织。创业者组织是一个学习型组织，通过学习，不断变换要素间的关系，实现动态性平衡，成功完成创业。在这种组织结构中，权力集中在

---

① 赵旭明：《我国民办高校的组织结构分析》，《科技创新导报》2008年第18期，第178-180页。

主要负责人手中,每个人都向主要负责人报告情况,信息流沟通是面对面的,而是非正式的(不是文件的形式)。决策简单而灵活,其权力集中在主要负责人,其过程往往倾向于直觉。在创业者组织结构的战略制定中,创业者的战略远见起重要作用。从以上分析,我们可以看出,创业者的决策是一种经验加直觉,组织的运作不是团队的能力,而是靠创业者个人的能力和魅力。回顾靠滚动积累发展起步的民办高校的历史进程,民办高校组织的初始阶段就是这种组织结构,规模小,组织层级少。创办人的办学理念和个人魅力常常决定着学校的发展和生存。大多数组织在历经多年、逐渐形成组织形态之后,才能跨越这一初级阶段。

在当代社会中,由于市场竞争的需要,不仅民办高校在起步的初期采用的是创业者组织结构,当民办高校通过规模扩张已成为万人以上的大型组织后,当新组织不断发展而需要采取其他组织结构时,许多民办高校的创办人仍然习惯于采取这种创业者组织结构,换句话说,这种结构适合于专制型领导。从时间来分析,创业者组织结构不仅适合组织的开创初期,也适合于处在危急时刻的组织,适合于组织的转折时期。[①]

由创业者组织的定义,高等教育精英化阶段民办高校二级核心行政组织管理是以创办人为核心的创业者组织结构。进入 21 世纪后的民办高校,经过多年的规模扩张发展,虽然已转型为三级核心行政组织管理体系(如图 4-11 所示),但其实质只是在原有行政组织结构的基础上又增加了一个层级。民办高校由于规模的扩张,其校级行政管理机构分工更为细致,其组织结构呈现一种直线—职能制的组织结构(如图 4-12、图 4-13 所示)。

---

① 吴志功:《现代大学组织结构设计》,北京师范大学出版社,1998,第 101-102 页。

第四章 民办高校组织结构的转型途径

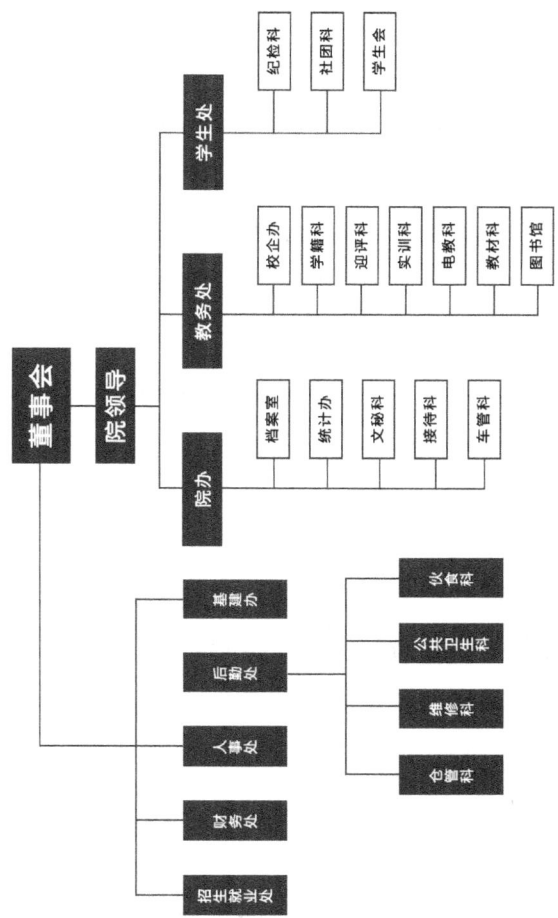

图4-12 国内某民办高校行政管理架构

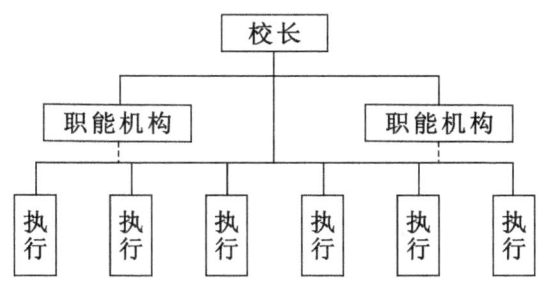

图4-13 民办高校的直线－职能制的组织结构

直线－职能制是在直线制和职能制的基础上，取长补短，吸取这两种形式的优点而建立起来的。从图上看直线－职能制与职能制的组织结构很相似。区别主要在于职能机构与执行层的联系，前者是直线，后者为虚线。用虚线连接的直线－职能制组织结构特点是校长保留了集中统一的领导和指挥权，职能机构在职能范围内只充当学校领导的参谋助手，对下级只起业务指导和协助校长进行具体管理，不能对下级直接下达命令和指示。由于这一组织结构非常适用于以创办人个人魅力为领导核心的高校，因此，直线－职能制是进入高等教育大众化阶段各类民办高校普遍采用的组织结构类型。

图4-12是国内某民办高校行政管理架构图。这是一种典型的以创办人为主的董事会领导下教学型民办高校的行政管理组织结构。涉及招生、财务、人事、后勤、基建的部门一律由董事会直接管理。董事会聘请的院长及院级领导只负责院办、教务和学生管理，并没有人事权和财务权。也可以说，这是一种"大权独揽，小权分散"的直线－职能制组织结构（如图4-13所示）。

(二) 创建应用型技术大学——民办高校的"转移、改造、提升"

在我国进入高等教育大众化阶段的初期，民办高校经过"转移、改造、提升"的转型，由数百人、数千人的非学历教育转型为万人、数万人的大型普通高校时，毫无疑问直线－职能制组织结构是一种非常适合规模扩张后民办高校的组织结构形式。在高等教育大规模扩张的"战国时代"，无论是民办高校还是各类公办高校都被卷入大扩招的洪流中。公办高校的扩招有国家财政资助做后盾，民办高校扩招则是为了生存的需要。没有生源就没有办学资金，生源是生存的第一要素。因此，简洁而高效的直线－职能制组织机构，由于保留了创办人集中统一的领导和指挥权，所以十分适合以家族、亲属为第一核心层，以创校时期留校生及同学、同事、朋友为第二核心层的管理模式。扩招过后，当一个个万人、数万人的民办高校由非学历教育转型为高职高专教育，再由高职高专转型为普通本科教育之后，原有的办学理念、人力资源结构、管理模式以及组织结构就难以满足万人、数万人民办高校的需要，所以，由创业者组织结构向适应万人、数万人民办高校的组织结构转型也就成为必然的发展趋势。

1. 创建应用技术大学是民办高校转型发展的需要

升本后的民办高校如何定位？如何转型发展？《教育部2014年工作要点》提出：研究制定关于地方本科高校转型发展的指导意见，启动实施国家和省级改革试点，引导一批本科高等学校向应用技术类型高等学校转型。教育部原部长袁贵仁在"2014年全国教育工作会议"上强调：教育部将出台关于引导地方本科高校转型发展的指导意见，引导一批本科高校在办学思路、模式、方法上向应用技术型大学转变。教育部《关于地方本科高校转型发展的指导意见（征求意见稿）》指出：确定一批试点高校和专业（集群）向应用技术类型高等教育转型发展。民办本科高校属于地方本科高校的范畴。从上述文件、讲话中我们可以看出，地方新建本科院校转型发展成为国家高等教育结构调整的重要组成部分，地方新建本科院校将成为连通中职、高职、本科和研究生职业教育立交桥的重要环节。[①]

新建民办本科高校大多由高职高专院校升格或独立学院转制而来，高职高专院校在升格前就已经开展了多年专科层次的职业技术教育，积累了丰富的应用型技术技能人才培养经验；升格后又在人才培养目标定位、专业设置、课程体系构建、教学模式改革、师资队伍建设等方面进行了有别于传统学术型人才培养的整体规划。独立学院在创办之初也大

---

① 孟贤军、翟振东：《地方新建本科院校向技术应用型大学转型的思考》，《陕西教育·高教》2014年第12期，第4-6页。

都开展了有别于母体学校的应用型人才培养工作。无论是升格后的民办本科院校还是转制后的独立学院，经过多年的创新实践，形成了鲜明的办学特色。面对新的竞争环境，新建民办本科高校在继承原有应用技术教育特色基础上开展的系列探索，不仅为自身发展赢得了更为广阔的空间，也为下一步向应用技术大学转型提升奠定了良好基础。①

纵观国内现有民办本科高校，它们大都位于省会城市或发达的地级城市，如西安、济南、郑州、武汉、长沙、杭州、石家庄、长春、无锡、大连、青岛、宁波、绍兴、烟台等，覆盖我国25个省、自治区、直辖市。这些地方大学源于地方、根植地方，依靠地方资源发展壮大，同时立足地方、融入地方，主动服务于地方经济建设和社会发展。作为地方发展的"驱动器"，新建民办本科高校面向地方、服务地方的办学导向成为此类学校能够实现转型发展的重要优势。

与重点高校及老牌本科院校相比，民办本科院校的办学资源相对短缺，外部发展环境也不容乐观，尤其是升格或转制后面临激烈的高等教育竞争，其生存与发展更加不易。因此，坚持市场导向、满足市场需求成为其办学的重要方略。民办本科院校竞争力的实质体现在以市场为导向的要素整合能力。无论与公办学校相比，还是与其他民办高校相比，这些学校都呈现出超强的市场分析力和主体选择性，特别是在缺乏资金资助和政策支持的条件下，更依赖对市场需求的积极回应。②同时，面向市场办学，也决定了其在人才培养的过程中可以更灵活地根据地方经济、产业和技术结构的特征，瞄准地方特殊需求，有前瞻性地设置专业，更快速地培养地方急需的新型特色技术技能人才。

---

① 白海雄：《新建民办本科院校向应用技术大学转型发展的比较优势与路径》，《教育与职业》2016年第20期，第20—23页。

② 刘莉莉：《民办本科院校的转型与发展》，《教育发展研究》2007年第18期，第60页。段丽华、白海雄：《创新民办高校内部管理体制路径研究》，《宁波大学学报》（教育科学版）2012年第3期，第117页。

体制机制灵活是民办本科高校与生俱来的天然优势。在办学体制方面，当前我国大部分新建民办本科高校均实行董事会领导下的校长负责制，这一体制模式和治理结构清晰明确了举办方、办学者的权责利，较好地体现了董事会作为学校产权代表与校长作为学校管理权代表之间的关系，有利于民办高校内部的权力制衡，也有利于激发组织成员的创造性和积极性。

在办学机制方面，新建民办本科高校借鉴企业经营管理的成功经验，大都树立了开放办学、多元合作的办学理念，构建了直线－职能制的组织结构和适合应用技术大学的扁平化的管理组织结构，建立了政校企多方联动、互促共融的运行机制。① 因此，民办本科高校从各方面已具备了向应用技术大学转型的基础。

2. 向大众化组织结构转型，创建应用技术大学

依托地方，在服务地方经济社会转型升级的过程中建设应用技术大学，是新建民办本科院校实现自身转型发展的必然选择。因此，民办高校在向应用技术大学转型的办学实践中，一是要紧贴地方经济社会及产业转型升级需求，确立办学定位和发展方向；二是要强化校地互动互融，建设地域特征和行业特色鲜明的学科专业；三是要促进校企深度融合，构建多样化的应用型创新人才培养模式；四是要创新教师发展机制，建立应用型教师队伍和教学团队；五是要多方协同联动，开展应用研究与实用技术研发，通过开展创新性的应用研究来服务社会需求。

大众化高等教育是我国进入工业社会中期后出现的一种特有的教育现象。应用技术大学是在高等教育大众化成长期适应地方区域经济建设人才需求的新的办学类型。因此，现有的民办高校直线－职能制组织结

---

① 白海雄：《新建民办本科院校向应用技术大学转型发展的比较优势与路径》，《教育与职业》2016 年第 20 期，第 20—23 页。

构在进入高等教育大众化初期阶段,在民办高校从高等教育助学机构经过"转移、改造、提升",发展成为万人、数万人普通高校过程中,起到了不可替代的作用。但是,经过十几年的发展,当民办高校从外延式的规模扩张向提高办学质量和办学水平的内涵式发展阶段转型时,其以创办人个人魅力为领导核心的直线-职能制组织结构就难以适应新时代发展的需要。应用技术大学是随着工业社会中期后进入高等教育大众化一种特有的办学类型。因此,它的大学组织结构也必然是适应高等教育大众化成熟阶段的大学组织结构。

由前述可知,高等教育大众化最大的特征是量的高扩张性,这种高扩张必然引起组织规模扩大,由小型组织到大型组织,如我国众多民办高校,从几百人到几千人,再到万人、几万人。民办高校组织结构也由于量的扩张,在规模扩张初期,由简单的创业者组织结构转型为多层级的直线-职能制组织结构,在规模扩张后,一些数万人的巨型民办高校由于管理的需要,则不得不采用多校区的事业部制组织结构(如图4-14所示)。

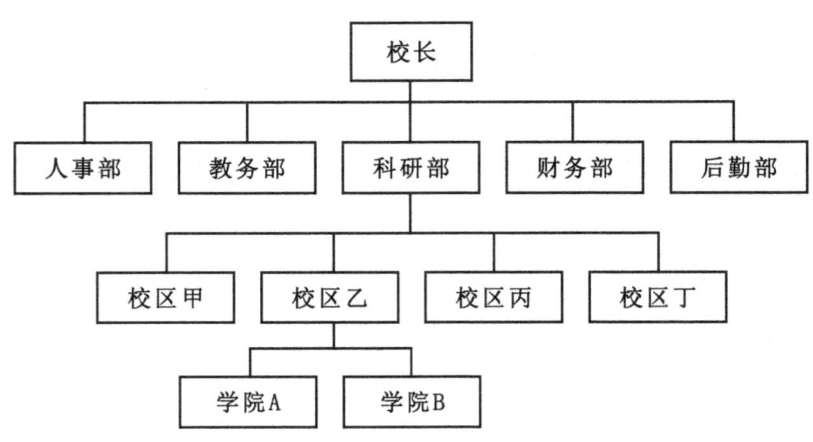

图4-14 多校区的事业部制组织结构

多校区的事业部制组织结构也是我国进入高等教育大众阶段，在21世纪初，多所公办高校合并为多校区综合型大学所广泛采用的组织结构模式。它的最大特征是合并初期保留了各校区原高校的一定的独立性。此外，其还具有如下的特征：一是责权利划分比较明确，能较好地调动管理层次人员的积极性；二是每个事业部即学院都有自己专业的学科和管理，能够规划其学院的未来发展，也能灵活自主地适应国内教学环境出现新情况时做出反应，因此这种结构有高度的稳定性和适应性；三是有利于提高学校整体的效益，最高领导层可以摆脱日常事务，成为坚强有力的决策机构；四是各事业部（学院）之间可以有比较竞争，增强学校活力，促进学校发展；五是各学院自主管理，责任明确，使得目标管理和自我控制能有效地进行；六是有利于培养全面管理人才，为学校的未来发展储备干部。

事业部制也有不足之处，一是需要更多素质较高的专业人员来管理学院；二是管理机构多，管理人员比重大，对学院领导者要求高；三是学院间某些资源竞争激烈，可能发生内耗，协调困难；四是对大学高层领导的管理工作要求高，否则容易发生失控。如果说对于以政府指令办学为特征的公办高校，强大的国拨资金和政府掌控的人力资源的稳定性，不足之处影响不大，所以公办高校，尤其是新建本科高校更适合于事业部制组织结构。但对于以生源维持生存、以三级核心组织管理体系维持稳定的民办高校，事业部制组织结构的不足之处往往也是民办高校管理的薄弱环节。因此，在向应用技术大学转型过程中，需要进一步探索更适合于民办高校转型为应用技术大学的组织结构类型。

第四节 应用技术大学的组织结构设计

近十年来，我国高等教育实现了跨越式发展，进入了大众化教育阶段，高等教育类型呈现出多样化发展态势，已初步形成了学术型研究型大学、专业性应用型大学或学院以及职业性技能型院校（高职高专）三种办学类型。作为一种新的办学群体和办学类型，我国应用技术大学与传统学术型研究型大学、专业性技能型院校相比，在组织目标、组织结构、组织体系和组织文化上更具有自身的独特性。进入高等教育成长期的民办高校随着大学组织结构转型，根据办学定位转型为应用技术大学后，必须整合组织目标，优化学科专业架构，进一步变革完善组织体系，培育组织文化，同步提升办学内涵。[①]

一、应用技术大学组织结构的特征

组织理论认为，不同的组织目标与使命，应有不同的组织体系，呈现出不同的组织特征："一个可以为科研提供最有效支撑的大学组织结构，将完全不同于另一个密切关注本科生教育的组织结构。"[②] 应用型大学，特别是近年来通过改制、合并等方式升格而来的新建本科院校，必须根据新的办学定位和任务，实现组织转型，同步提升办学内涵。

（一）以知识应用为使命的组织目标

任何组织的建立与变革都是适应目标需要的。"组织目标是一个社会组织存在和发展的基础，它为组织的发展指出了方向，是判断组织活

---

① 徐立清：《我国应用型大学的组织特征与体系设计》，《江苏高教》2013年第5期，第25-27页。

② 阎光才：《大学组织的管理特征探析》，《高等教育研究》2000年第4期，第53-57页。

动合法性的依据,起着团结和激励组织成员努力奋斗的作用,是衡量组织效果与效率的准则。"①

教育的本质是培养人的社会活动,人才培养自始至终都是高校的首要任务和根本职能。我国应用型大学以培养应用型本科人才为主要目标,并以此从根本上区别于其他教育类型。应用型人才是介于传统学术研究型人才与职业技能型人才的"中间型人才",既有本科人才的学科教育特征,又有应用人才的职业教育特征。为此,应用技术大学在办学目标和任务上有着自身的特殊性,在教学、科研、社会服务上,应用型是特色,是优势,是本质特征。

相对于传统学术型大学,在人才培养上,应用技术大学不强求人才的宽口径厚基础,更强调人才的专精实用和实践能力。在科学研究上,应用技术大学注重基于实践问题的集成创新而不是学术理论原创,注重将发现的客观规律应用于生产实际。在社会服务上,应用技术大学既追求以创新人才培养和知识创新来促进社会进步,更注重以技术转让、咨询服务甚至创办公司来直接服务区域经济发展。

与职业性技能型院校相比,应用技术大学虽然也重视学生职业素养教育,但以较强的综合设计和研究能力区别于技能型人才。"它容纳广阔的学术教育,也提供广泛的直接为市民生活服务的教育而不是单纯培养职业人的教育;即使是培养职业人才的教育,它也侧重于基层一线人才在智能和技术上养成,而不是单一技能和单一职业操作习惯的养成。"②

(二)以开放拓展为特征的大学组织结构

大学的组织结构设计与大学组织目标和价值取向密切相关。应用型

---

① 程勉中:《现代大学管理机制》,人民出版社,2006,第13页。
② "北京联合大学发展战略研究"课题组:《探索应用型大学发展之路》,《北京联合大学学报(人文社会科学版)》2006年第1期,第82-87页。

是应用技术大学的本质属性和核心理念。要实现其人才培养、科学研究和社会服务的应用型，其组织结构必须突破原有的封闭性，构建形成一个基于知识应用的开放性组织体系。一是要以强化人才实践能力培养为重点，探索形成与有关部门、科研院所、行业企业联合培养人才的新模式和新机制，破除高校人才培养与社会人才需求脱节的痼疾，提高人才的创新思维和实践能力；二是要以增强高校应用研究能力为重点，加强与科研机构、行业企业的深度合作，突破高校内部以及与外部的体制机制壁垒，实现集成创新能力的显著提升；三是要以增强高校区域社会贡献能力为重点，创建以知识创新为基础的有利于促进高校直接服务社会的组织体系，实现以服务求支持、以贡献求发展。

（三）以权力适度分离为特征的内部组织系统

一般来讲，现代大学组织具有学术型与科层性两种属性。学术型是大学的本质属性。科层性是随着大学发展后衍生的组织属性。大学的权力特性相应地呈现出学术权力与行政权力并存的二元性特性。相对于学术研究型大学的相对松散型组织构架，为加强与外部的密切合作以及能够集中力量完成一些专项任务，应用技术大学更需要建立一个从学校到院系的能够灵活处理各类事务的强有力管理机制。在权力关系的处理中，应用技术大学需要遵循大学的本质属性，将教学、科研、学科建设以及其他适宜于学术管理模式的事务纳入学术管理的范畴，也需要考虑自身发展的阶段性特征，在学术权力与行政权力的博弈中寻求相对均衡。

（四）以应用和开放为重要特色的组织文化

组织文化是组织在长期的生存和发展中形成的，为本组织所特有的，是多数成员共同遵循的最高目标、价值观念、道德规范等的总和。大学组织的变化不仅是管理制度、组织体系的转变，大学发展范式的转变,更是大学核心信仰和价值体系的转变。应用技术大学办学目标能否顺利实现,组织体系能否顺利转型,最后取决于或表现为其组织文化能否从封闭性走向开放性,并形成具有自身特色的校园精神。①

二、应用技术大学组织的目标定位

任何大学都是遗传和环境的产物。面对办学资源的相对稀缺、生源压力的逐年增长及教育需求的多样化,应用技术大学必须主动应对正在变化着的内外部环境压力,从高校在社会大系统和自身在本科教育子系统中的使命与价值出发,明确办学定位和组织目标,重新审视和调整自身的组织结构和运行机制,以适应自身发展的需要。

(一)应用技术大学应明晰组织使命,整合组织目标

我国应用技术大学应瞄准国家产业转型对应用型创新人才的战略需求,适度超前,因势而动,主动转型,实现跨越发展。目前,世界上已有一些大学在创业型大学建设上取得诸多成功的先例。伯顿·克拉克在《大学的持续变革:创业型大学新案例和新概念》中认为,"二三流大学更容易成长为创业型大学"。因为,此类大学位于高等教育的边缘地带,是不被政府和社会所十分重视的弱势群体,在激烈的大学竞争中它们所面对的生存压力日益严峻,更容易实现转型。历史亦证明,以应用为主的教育也可以成为世界一流的教育。创建于1861年的麻省理工学院当时只是一所技术学院,虽然后来增设了人文科学、社会科学等系科,但学院仍保持了纯技术性质的特色,"有用"始终是麻省理工学院的核心理念。斯坦福大学创建时就认为,大学不是搞纯学术的象牙塔,"实用教育""创业教育"成为办学的优良传统,在科学研究上也更多地偏重

---

① 徐立清:《我国应用型大学的组织特征与体系设计》,《江苏高教》2013年第5期,第25-27页。

于应用或具有应用前景的课题。在法国,"精英"院校是多以技术和职业定向的大学。

(二)应用技术大学应调整学科专业,优化组织架构

学科是高校构成的基本元素,专业是人才培养的基本载体。学科专业结构决定着大学的整体布局结构,决定着大学教育教学资源配置、师资队伍建设甚至校园文化特色,也关系到高校与区域社会发展的协调与适应。为此,大学组织结构的变革必然首先是以学科专业为基础的组织机构变革。

教育部《关于做好普通高等学校本科学科专业结构调整工作的若干原则意见》中明确指出:"高等学校尤其是地方高等学校,要紧密结合地方经济建设发展需要,科学运用市场调节机制,合理调整和配置教育资源,加强应用型学科专业建设,积极设置要面向地方支柱产业、高新技术产业、服务业的应用型学科专业,为地方经济建设输送各类应用型人才。"根据区域经济发展的产业集聚群与行业结构链,应用技术大学的学科专业要积极与之对接,形成相应的学科专业集聚群;根据学校的学科专业现状与发展规划,整合与重组院系、院所等组织设置,建立形成符合学科专业发展要求的院系与院所等宏观组织构架。[①]

(三)应用技术大学应拓展发展外围,创建前摄性组织

现代大学同时承担着教学、科研与社会服务的职能,应用技术大学尤其注重以技术创新服务于社会需求,其组织设计必须由封闭性向开放性转型,创建传统行政管理体系之外的新组织。一是可以根据区域经济社会产业发展需要,建立符合学科专业发展实际要求的"前摄性"的新职能与新机构,如技术创新战略联盟、行业发展战略联盟等若干官产学

---

① 徐立清:《我国应用型大学的组织特征与体系设计》,《江苏高教》2013年第5期,第25-27页。

战略合作联盟；二是可以以重大项目为载体，依托多学科综合优势，建立若干以区域经济中的重大现实问题研究为主的学科间和跨学科组织；三是可以与政府部门、行业协会、国际权威行业认证机构合作共建各类培训机构，面向企业开设高端培训项目，为企事业单位培养高层管理和技术人才；四是可以通过项目合作、战略互惠，与行业及相关企业共建行业特色实验室与研发基地、产业研究院；五是可以创建产学研合作办公室、技术转让办公室等对外协调机构，为教师专利申报、技术转让提供咨询服务。总之，通过一系列有利于资源开放、基地建设、项目研究、员工培训、技术转让等"具有环境敏感的内外协调机制"及合作平台建设，力争成为区域发展的高素质应用型人才输送基地、应用科学研究与高新实用技术推广中心和地方各类专业技术人才终身教育基地，为学校未来集中力量重点发展优势特色学科、培育特色人才奠定坚实的资金、资源、人脉和组织基础。

（四）应用技术大学应变革内部组织，提高管理效能

从纵向看，现代大学是一个设置有从董事会、校级各类机构到院系到教研室的不同层级的庞大的组织体系。这样一个复杂体系的高效运行，必须建立一个精干、务实、高效的"从中央校部机构伸展到主要的学院到底线各系和研究所的一个行政脊骨"，必须要有一支具有事业开拓能力和奉献精神的专家型管理队伍。当前，对心无旁骛、全心全意地投入学校管理工作的专家型管理队伍建设尤为迫切。另外，现代大学呈现出学科交叉复合、组织纵横交错的发展态势，一所具有发展活力的大学要"建立在坚强的系之上"，要激发"心脏地带各系的创业精神"。在权力分配上，应用技术大学要将影响学校发展全局的权力集中在学校，赋予学院更多资源调配权和经费使用权，使院系、院所真正能够成为"一个有动力的场所，吸引教授、学生和资源提供者"，促使他们主动去调查生源市场和就业市场的供求情况，积极构建合理的教师队伍，购置

必需的教学仪器设备。

从横向看，现代大学以学科为组织细胞，"大学组织的管理领域更多地运用科层机制进行协调和控制，而在学术领域则主要不是科层机制发挥作用"[①]，"除了知识创造者群体本身之外，没有他人真正有能力去评价一个学者的研究成果"[②]。为此，应用技术大学要厘清行政系统与学术系统之间的关系，明晰两者的权力边界与功能定位，努力将"合适的事交给合适的人决策"，推进行政权力与学术权力的适度分离，把与学术相关的权责利回归基层学术组织，建立健全教授委员会、学术委员会、学位委员会、教学委员会及其他专门委员会，赋予各类委员会在学科专业建设、学术评价、学术发展中的审议权，在学术成果评价等方面的评定权。

（五）应用技术大学应结合办学目标，培育文化特色

一所大学区别于另一所大学，往往不在于校园布局和仪器设备，而是各自独特的大学文化。大学文化建设涉及方方面面，有一个日积月累、逐步形成的过程，不仅要有整体规划，循序推进，更要依据办学目标，培育"应用为本"和"创业为魂"的文化特色。

一是"应用为本"。学术的使命是什么？博耶认为，"实在""实用""有用"，"这些词被美国即使是那些最杰出的大学领导人用来描述高等教育的任务——即学术的使命"[③]。重视"实用"性，是现代大学科研历史发展的总体趋势。应用技术大学是以知识的应用人才为培养目标，以专业化知识的应用服务于社会，以知识的应用研究作为学校前进

---

① 金顶兵、闵维方：《论大学组织的分化与整合》，《高等教育研究》2004年第1期，第32—38页。

② 张维迎：《大学的逻辑》，北京大学出版社，2004，第15页。

③ 欧内斯特·L.博耶：《关于美国教育改革的演讲》，涂艳国，方彤译，教育科学出版社，2002，第83页。

动力的大学。我国应用技术大学大都具有重视技术教育的历史传统,发掘和弘扬这些注重"实在""实用""有用"的文化基因,并以此作为衡量教学、科研和社会服务的评判取向,必将推进学校向特色鲜明的一流应用技术大学办学目标迈进。

二是"创业为魂"。组织文化是组织及其制度的灵魂。作为后发型学校的应用技术大学,必须主动走出"象牙塔",走向经济建设主战场,以学术创新为根基,积极推进科技创新、成果推广和技术转让,通过自力更生、开拓创新的办学实践,在与社会互动中实现互利共赢。通过创业行为支持与规范,积极营造一种自主创业的文化氛围,在师生中形成"对自力更生精神的深思熟虑"和"强有力的争取学校声誉的根深蒂固的意志"的"大学范围的创业文化",并成为师生员工努力奋斗的动力源泉。[①]

三、应用技术大学组织构建准则

从组织理论发展的角度看,应用技术大学基础组织的构建要遵从组织的发展运行原则。

(一)应用技术大学组织构建要体现社会服务功能性

与研究型大学相比,应用技术大学的教学和社会服务功能更为凸显。这两个功能维度的组织目标都是知识应用,而不是知识创新,与以学科为中心的大学传统组织目标有明显不同。就教学功能而言,其主旨是培养应用型人才。组织运行要紧密围绕教学中心,逐步由相对独立的学科中心体系转向多系统、多行业协同的组织体系,为本科生领悟知识、发展实践能力搭好台、铺好路,形成以培养应用型创新人才为主要

---

① 徐立清:《我国应用型大学的组织特征与体系设计》,《江苏高教》2013年第5期,第25—27页。

价值取向的组织文化。就社会服务功能而言，它主要执行的是"技术服务"，并追求"技术含量"。为此，它的基础组织结构应有利于同政府部门、科研院所、行业企业建立稳定而有效的合作，深度融合，为联合实施人才培养、协同创新、科技服务提供最有效的组织系统和运行机制。①

研究型大学的教学可谓是"科学研究的连带功能"，在人才培养方面与独立的研究院并无多大区别。由于它以培养高层次人才为主，在实施教学过程中可以通过教学相长刺激科研灵感，激发科研动力。应用技术大学以应用型人才培养和应用技术研究开发为根本使命，教学活动主要是知识传授和技能训练，几乎没有纯学术探究。

应用技术大学的社会服务是"技术服务"，它追求"技术含量"。这里所指的"技术"是广义的技术，指知识的应用，不限于工程的范围。它的学术层次和服务的内容、形式等与研究型大学有显著区别。因此，应用技术型大学的组织目标是知识的应用，无论是人才培养、科学研究，还是社会服务，都不以追求知识创新为目标，这与学科中心的大学传统组织目标有明显不同。

不同的组织目标必然有不同的组织结构、运行机制和组织文化。应用技术大学基础组织结构应有利于同政府部门、科研院所、行业企业建立稳定而有效的合作，深度融合，为联合实施人才培养、协同创新、科技服务提供最有效的组织系统和运行机制，孕育特有的组织文化。② 就组织的教学功能而言，一个可以为科研提供最有效支撑的大学组织结构将完全不同于另一个密切关注本科生教育的组织结构。组织的运行管理要围绕教学中心，为知识传授与实践能力培养搭好台、铺好路，由相对

---

① 眭依凡《关于大学组织特性的理性思考》，《高等教育研究》2000年第4期，第49-52页。
② 王英杰：《大学基础组织结构的构建：传统与创新》，《探索与争鸣》2013年第6期，第4-6页。

独立的学科中心体系转向多系统、多行业协同的组织体系，形成以培养人、服务于人为主要价值取向的开放合作的组织文化。①

（二）应用技术大学组织构建应尽力避免结构性冲突

应用技术大学组织结构要设法解决结构性冲突问题，它是现代大学制度建设必须解决的矛盾之一。当前，我国大学组织的结构性冲突主要表现在三方面：一是学术结构与行政结构的冲突，集中体现在二级学院机构。学者比较认同的观点是，大学组织内部结构分为学术结构和管理结构，学院机构和科研机构属于学术结构，管理结构则主要指具有行政职能的处室。大学按学科专业设置院系，学院具有管理教学和科研的权力和职责，从组织结构层级上与行政管理部门属于平级。但从实际情况来说，职能处室掌控学校的资源，甚至干预科研学术事务，这是体制性的结构冲突。二是学科结构冲突，主要表现为利益关联的资源分配竞争和合作阻碍。三是行政管理结构冲突，主要指各行政管理部门之间职权及利益的交叉和矛盾。应用技术大学要科学、合理地设计组织结构，通过压缩管理层级、创设综合性机构等方式避免结构性冲突，如创建协同创新中心、建立创新团队、开展地方合作办学等；通过减少管理机构数量、合理分配权责、强化管理机构的服务功能、优化运行机制等措施，提高组织效率。②

（三）应用技术大学组织结构功能应尽力避免同质化

大学同质化表现为大学组织结构的高度雷同、千校一面。袁东等人对我国大学的同质化现象进行了比较深入的研究，他们认为，大学存在内部组织结构的"外部同质化"和"内部同质化"两种表象：大学内部

---

① 阎光才：《大学组织的管理特征探析》，《高等教育研究》2000年第4期，第53—57页。

② 郑薇薇：《我国应用技术型大学基础组织结构研究》，《教育与职业》2016年第4期，第10—13页。

组织结构的外部同质化,指大学组织与外部行政组织甚至企业组织等其他社会组织结构的雷同;大学内部组织结构的内部同质化,主要指不同大学之间在内部组织结构组成和功能上相互模仿甚至高度一致。过度同质化会造成组织之间的不良竞争、资源浪费、效率低下等后果。[①] 虽然我国高校确实存在同质化的现象,但应用技术大学在破解同质化方面有"后发优势",主要原因有以下几方面:一是应用技术大学是我国高等教育为适应经济社会发展需求而出现的新类型,有着与其他类型大学不同的办学目标和办学定位,在内部组织结构设计时有特定的目标、充分的自由度和灵活性;二是应用技术大学大多是"转型"而来的,需要有实现新的办学目标的手段、方法、途径,也需要调整内部权力分配,重新整合资源;三是应用技术大学大多为地方性本科高校,有特定的区域环境和服务对象,便于形成组织结构特色。应用技术大学只要准确定位,依据办学目标,紧贴区域经济社会发展需求,理顺与地方政府的关系,建立与行业企业密切合作共赢的机制,定会形成具有个性特色的组织体系。

（四）应用技术大学组织运行要保障人才培养的核心地位

组织的设计要围绕目标需要开展。大学目标也有主次之分、中心与辅助之别。应用技术大学以培养面向行业职业的应用型本科人才为主要目标,有别于其他高校类型,与传统学术研究型和专科层次的职业技能型人才培养目标有明显区别。与近年来诸多学者所讨论的应用型大学相比,应用技术大学在人才培养目标方面更具行业职业导向,更侧重于基层一线人才智能和技术的培养;在教学内容方面更重视应用型和实践性,对学科体系完整性的要求更低;在科学研究功能上更以培养人才为

---

① 袁东、李爱民：《中国大学组织结构同质化探析》，《中国高教研究》2013年第7期，第37-41页。

出发点和最终落脚点,突出利用知识进行应用型开发,并具有更强的行业企业针对性和实用性,而不是进行创新性综合设计和应用基础研究;在社会服务方面更注重技术转让、咨询服务,不是为服务而服务,而是出于人才培养需要而进行社会服务,帮助行业企业改造工艺技术、优化管理流程等。

大学组织目标能否实现预期,与组织运行决策机制的价值取向密切相关。应用技术大学要保障人才培养的核心地位,其组织结构要突破原有的封闭性,构建形成一个基于知识应用、强化人才实践能力培养的开放性组织体系;组织的运行必须要有良好的组织决策制度,重视"教学委员会""专业指导委员会"等专家组织群体和教学一线教师、学生及利益相关者的决策参与,保证决策方案的合理性和决策过程的专业化、规范化;"适度的行政干预"和利益相关者共同参与决策有利于规范决策流程,促进决策民主、透明,并最大限度地避免重大决策失误,有利于决策的顺利执行,使组织运行达到预期效果。[①]

(五)应用技术型大学组织结构要有利于内外部协同

协同的概念最早出现在系统论中各子系统的相互协调、合作或同步的联合作用及集体行为,其产生的"1+1>2"的结果即为协同效应。应用技术大学的组织结构系统必须有利于组织系统内各机构之间运行的同步协调,同时还能充分协调、利用和共享高校的外部资源,使大学与企业、科研机构、政府部门相互结成产学研政联盟,形成组织合力,使大学在履行人才培养、科学研究、社会服务和文化传承创新职能中发挥最大的组织效益。知识联盟正成为一种新的知识生产和技术转移方式。协同创新是高校向政府、企业、科研院所和其他社会组织"借力"。应用

---

① 郑薇薇:《我国应用技术型大学基础组织结构研究》,《教育与职业》2016年第4期,第10—13页。

技术大学的重点不是直接创新知识，而更注重知识传授方式以及方法的创新、知识应用的技术创新和知识技能的创新性应用服务。协同的思想在创新系统理论中得到重视和深化，协同育人、协同创新、协同服务已成为大学发展的新动力，协同已成为应用技术大学组织结构系统的内部系统要素，协同创新也成为国家创新系统的重要组织形式。

四、应用技术大学组织结构设计

应用技术大学的组织结构设计就是对大学组织的组成要素和它们之间连接方式的设计，它是根据组织目标和组织活动的特点，划分管理层次、确定组织系统、选择合理的组织结构形式的过程。大学组织传统具有学科属性。随着经济社会的发展和产业转型，大学功能的内涵更加丰富，大学的服务性功能更加突出，大学组织的职能也悄然发生了嬗变。

高等教育大众化阶段的大学组织结构具有多元化的特征。因此，应用技术大学的组织结构可根据自身的办学目标定位和区域经济社会发展的实际情况，构建有特色的组织系统，使其具有最高的组织效率，实现组织目标。依据应用技术大学组织的构建准则，借鉴现行大学组织结构及其运行经验，"延展型院系结构"和"无系层级扁平化结构"较为适合由民办本科高校转型为应用技术大学的组织结构模式。

（一）应用技术大学延展型院系结构设计

延展型院系结构是在直线式基础上的矩阵结构，是"校－院－系"结构模式的拓展。

矩阵结构是 21 世纪兴起的一种组织结构，它是一种既有纵向分工又有横向跨各个职能部门联系的组织结构。在这种结构中，为了加强各职能部门之间、组织与组织之间的协作，把组织管理中的"垂直"联系和"水平"联系结合起来，既讲分工又重视协作。其具体做法是从组织的垂直领导系统中，从各单位、各职能部门抽调有关人员，组成临时的或长期的任务小组或委员会,这种任务小组或委员会以完成一定的工作任务为目标。①

应用技术型大学的延展型院系结构与大学传统的"校－院－系"结构（如图4-15所示）有本质的区别,主要体现在以下几个方面。

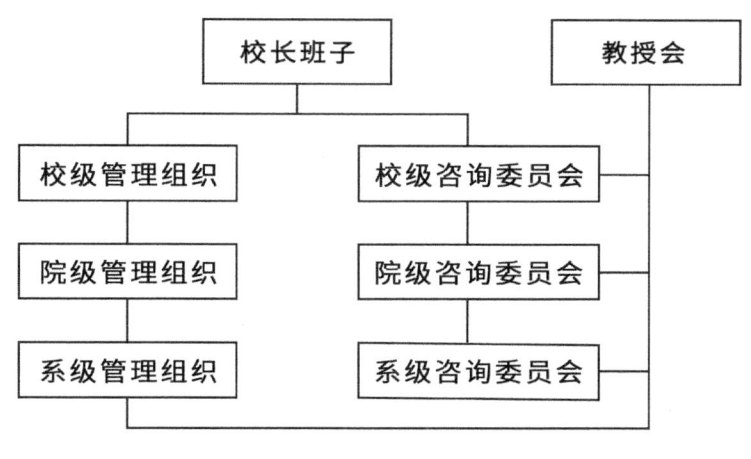

图4-15 中国大学的"校－院－系"组织结构

第一,该结构以专业作为划分院系的依据。传统的院系结构以学科为依据进行划分,如按一级学科（或学科门类）划分院,按二级学科划分系（以学科门类划分院级机构时,系级组织往往按一级学科划分）,所以也称为"学系"。应用技术大学应按专业群划分院系。只有这样,才能体现大学以人才培养为中心而不是以学科科研为中心。学校应对接地方产业集群对人才的需求,将对应某个行业的若干个研究与探索专业组合起来设置为一个学院,根据教学需要在学院内设置若干个系,形成机构功能与组织目标高度一致的组织结构。

第二,该结构更具组织的开放性。在以专业为依据划分的院系结构

---

① 刘根东:《大学组织结构与运行机制》,《南通大学学报》（社会科学版）2005年第3期,第143-148页。

形式的基础上，应用技术大学可以根据区域经济社会发展需要，建立符合学科专业发展实际需求的新职能与新机构。例如，可以以重大项目为载体，建立技术创新联盟；可以结合行业发展需求，与行业企业共建特色实验室或产学研基地；还可以创建产学研协调管理机构，为校企联合人才培养、社会服务提供帮助等。通过这些开放的管理机构的设置和管理机制的建立，学校与政府部门、行业企业有更紧密的联系和合作，能充分共享资源，更高效地实现人才培养、技术服务的目标。

第三，该结构具有矩阵型特征。传统院系结构的实质是基于学科的组织结构，应用技术大学的"延展型院系结构"既有纵向层级特征，又因其校地联合人才培养、技术服务需要而拓展了许多产学研技术联盟。这些新机构有相应的组织职能，具有与院系层级相当的组织单元，成为横向组织机构。这些组织单元结构具有明显的矩阵型特征（如图4-16所示）。

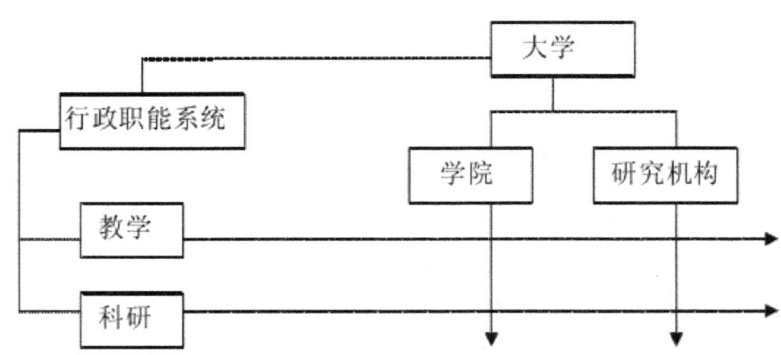

图4-16 应用技术大学的矩阵组织结构

（二）应用技术大学无系层级扁平化结构设计

无系层级结构就是取消系层级，实施扁平化管理。"扁平化"管理是相对于"等级式"管理构架的一种管理模式。它较好地解决了等级式管理的"层次重叠、冗员多、组织机构运转效率低下"等弊端,加快了信息流的速率,提高决策效率。应用技术大学无系层级结构就是各学院下不设学系,直接用学科、专业代替学系。以学科或专业代替学系作为基层教学研究的学术组织,这是对大学组织结构变革的一种新的尝试。组织层次的扁平化要求大学组织层次不宜超过三级,在建立学院制的高校,要取消教研室建制,原教研室的性质与功能上移至学系。大学的学术研究需要给予大学教师一个自由宽松的气氛、灵活多样的组织设置、充分授权的工作环境。只有扁平化的组织,才有利于信息的沟通、团队的建立、工作的创新,使教师具有较强的独立性与自主性(如图4-17所示)[①]。

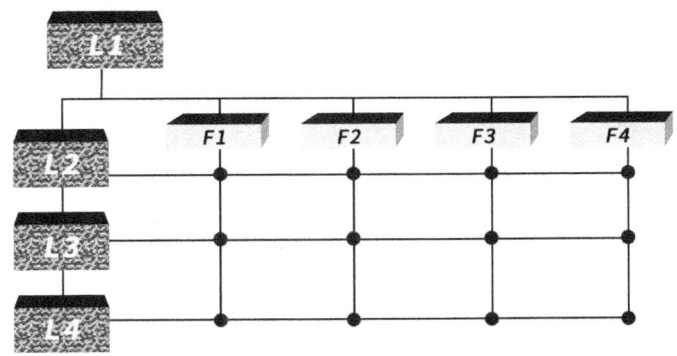

图4-17 大学的扁平化无系层级组织结构

高校普遍存在管理层级过多的现象,"校—院—系"结构实际上成为校级管理职能部门、职能部门管理学院、学院管理相关系室、各系管理相关专业的方式。这样的组织管理结构凸显了组织的行政性职能,既失去了传统学科组织的优势,对于校政企多方建立的各种跨学科产学研

---

① 刘根东:《大学组织结构与运行机制》,《南通大学学报》(社会科学版)2005年第3期,第143-148页。

联盟组织的运行非常不利，也不利于学术组织与教学组织的配合与统一。学院作为教学科研的基层单位，在管理体系中起着关键作用。系层级的设置在应用技术大学显得无关紧要，甚至有可能成为影响管理效益的多余层级。学院直管专业和产学联盟组织，建立人才培养与科技创新服务有机融合的矩阵型扁平化组织体系，有利于协调校地联合培养人才以及开展技术服务。[①]

在学院层面，无系层级结构的管理单元可以作如下设置：

（1）每个专业设专业核心团队。该团队由3—4人组成，负责本专业建设，包括专业培养方案制定、课程和实践教学体系安排及教学质量监控等。

（2）按课程的学科属性组建若干个基层教研组。要打破专业界限，对全院所有的专业课程按其内容的学科属性进行分类组合，由核心内容学科"相亲"课程的主讲教师组建成若干个基层教学学科组织。每个基层组织的规模以10人左右为宜，承担相应课程的教学任务、课程建设和教学研讨活动。

（3）以行业企业的共性关键技术创新任务为导向组建相应的研究所、协同创新联盟、工程技术中心等产学研一体化机构，教师通过这些平台参与科技开发、社会服务，并提升实践创新教学能力。

（4）学院设教学委员会、科学技术委员会和教学督导组。这些院级机构与学院行政班子及管理团队一同负责学院教学科研资源的调配、管理和过程监控。

学校层面也可以压缩管理层次，缩减管理部门，按照"就低原则"来处理学校的各项事务，赋予二级教学科研单位更多的办学自主权。应用技术型大学更应该从战略的高度来认识扁平化管理的意义，使管理层级与责任分担以及授权行为相匹配。只有把组织的责任与权力科学配置

[①] 郑薇薇：《我国应用技术型大学基础组织结构研究》，《教育与职业》2016年第4期，第10—13页。

到相应的管理层级，才能使层级化管理具有实质性的意义。

综上所述，应用技术大学独特的"应用技术"定位，使其与传统大学以学科为核心的组织目标有显著区别。应用技术大学组织的构建应避免结构性冲突，各校应根据自身的办学定位构建有利于内外部协同、开放的管理组织，避免同质化照搬照抄；应建立一个精干、务实、高效的管理组织；应建立一支由行业企业和政府部门参与的专家型管理队伍；赋予二级学院更多的资源调配权和经费使用权。延展型院系结构和矩阵型无系层级扁平化管理结构应是应用技术大学基础组织的基本模式。

第五章 应用技术大学的人才培养模式
——基于大学组织结构理论的视角

"应用技术大学"是20世纪60年代中期提出的一种新的大学类型,它是伴随欧洲国家工业化进程与高等教育大众化阶段的出现而产生的。比较典型的应用技术大学以德国为代表,其办学特色鲜明,定位于向社会输送实用型的高级技术人才,尤其强调学生的技术应用和开发创新能力的培养。本章梳理了应用型创新人才的培养模式,阐述了创建应用技术大学人才培养设计方案,从大学组织结构理论的视角设计了民办高校转型后创建应用技术大学的人才培养模式。

第一节 应用技术大学人才培养模式概述

高校人才培养模式是实现人才培养目标和人才规格制定的具有系统性的培养方式、方法和途径。在中国高等教育大众化时代,高校人才培养呈现多样化发展趋势,转型为应用技术大学的民办高校定位为培养应用型创新人才。实施应用型本科教育的应用技术大学已逐步成为高等教育体系中的新类型,但由于受精英教育学术型人才培养的影响及学校资源条件的制约,不少高校仍沿用传统精英教育的人才培养模式。因此,切实解决好这一问题,改革完善适应信息化时代需求的应用型创新人才培养模式,是民办本科高校转型为应用型大学的当务之急。

一、应用型创新人才培养模式的内涵

(一)高校人才培养模式的内涵界定

什么是模式?《说文解字》称:"模,法也。"[①]"法"即方法,指借助一定工具(模具)来制造物品。"模式"的"式"指样式、形式。因此,"模式"指事物的标准样式,如"发展模式"。"模式"的基本含义按《现代汉语词典》的解释是:"某种事物的标准形式或使人可以照着做的标准样式。"《辞海》对"模式"的解释是:"可以作为范本、摹本、变本的样式。"因此,我们可以认为,"模式"是描绘现实、再现现实的一种观念形态或理论方法,是对事物本质特征的提取与概括。模式是结构主义用语,指用来说明事物结构的主观理性形式。

1998年教育部下发的文件《关于深化教学改革,培养适应21世纪需要的高质量人才的意见》首次对"人才培养模式"的内涵作出直接表述:人才培养模式是学校为学生构建的知识、能力、素质结构,以及实现这种结构的方式,它从根本上规定了人才特性并集中体现了人才目标定位和教育的思想观念。1998年在教育部召开的第一次全国普通高校教学工作会议上,时任教育部副部长的周远清同志也曾对这一概念作出过阐述,他认为所谓的人才培养模式,实际上就是人才的培养目标和培养规格以及实现这些培养目标的方法或手段。

对于"人才培养模式"这一概念我国很多学者都对其下过定义。尤其是20世纪90年代以来,随着人们对人才培养模式关注度的增强,相关的研究迅速增多,形成了以下几种较为典型的界定:"人才培养模式

---

① 许慎:《说文解字》,中华书局,1963,第120页。

是一定教育机构或教育工作者群体普遍认同和遵从的关于人才培养活动的实践规范和操作样式，是直接作用于受教育者身心的教育活动全要素的总和和全过程的总和……"①还有人认为：所谓人才培养模式，是为实现培养目标而采取的培养过程的构造样式和运行方式，主要包括专业设置、课程模块、教学设计和教学方法等构成要素；人才培养模式是实现人才培养目标和人才规格制定的具有系统性的培养方式、方法和途径。从以上几种对人才培养模式的解释可以看出，人才培养模式的实质是人才培养目标、培养规格和基本培养方式方法，是教育理念与育人过程的统一，是培养目标和操作程序的统一。

高校人才培养模式是由诸多要素构成的比较复杂的系统工程，其中，最重要的构成要素是教育目的、教育内容、教育方法。它具体可以包括四层含义：（1）培养目标和规格；（2）为实现一定的培养目标和规格的整个教育过程；（3）为实现这一过程的一整套管理和评估制度；（4）与之相匹配的科学的教学方式、方法和手段。如果以简化的公式表示，即：目标＋过程与方式（教学内容和课程＋管理和评估制度＋教学方式和方法）。②

1. 教育目标是构成人才培养模式的第一个要素

高校的教育目标集中表现为培养什么人，主要涉及价值层面的培养目标和培养规格。当前，除研究型大学和教学研究型大学承担学术型人才的培养（这类学校也有应用型人才培养）之外，大部分本科高校以培养应用型人才为目标。学术型人才培养应采用精英化教育模式，而应用型人才培养应采用大众化教育模式。前者应在获得已有知识的基础上，重点提高发现新问题、解决新问题、创造新知识的能力；后者应在获得

---

① 魏所康：《培养模式论》，东南大学出版社，2004，第 24 页。
② 百度百科：《人才培养模式》，https://baike.baidu.com/item/%E4%BA%BA%E6%89%8D%E5%9F%B9%E5%85%BB%E6%A8%A1%E5%BC%8F/4675726?fr=aladdin。

已有知识的基础上,运用已有知识和经验,提高解决已经发生的现实问题的能力,也要具备创新精神,但应用型人才的创新,是把新发明、新知识、新技术加以应用或推广,转化为生产力,造福社会。

2. 教育内容是构成人才培养模式的第二个要素

联合国教科文组织《国际教育标准分类》根据培养目标和课程内容特点,将中等及中等以上教育的内容分为学术定向和职业定向两大类。学术定向模式的教育内容要求学习者对一个科目或一组科目有更深刻的理解,让他可以为进一步学习或接受更高层次的教育做准备;职业定向模式的教育内容要求学习者获得某一特定职业或某一类职业所需要的实用技术、专业技能、态度和认识。联合国这个分类标准还以培养法律研究人才和法官为例,对两种分类进行比较,指出培养法律学术研究人员的计划有别于培养法官的计划。

在我国,职业教育的最高教育层次为高等专科,本科教育历来偏重学术型。近几年,随着高等教育规模迅速扩大、毕业生就业形势愈趋严峻的新情况出现,在改革创新人才培养模式的本科学校中,不少学校积极探索将学术定向与职业定向相结合,在课程增多和专业技术技能课实践性加强的基础上,改刚性学制为弹性学制,实行学分制、选修制,扩大选修学分比重,促进学生知识、能力、素质全面提高,增强毕业生的职业适应性和就业竞争力。

3. 教育方法是构成人才培养模式的第三个要素

重点解决怎样培养人的问题,也就是明确通过什么方式、途径培养人才。高校是为培养学生而开办的,一切教学活动要坚持以"育人为本",充分发挥学生的主体作用,调动他们求学成才的主观能动性;同时,充分发挥教师在育人过程中的主导作用,使其成为学生学习的向导和领路人,引导学生学知识、学做人、学做事,从而在认识自我的基础上塑造自我、完善自我，使潜能得到开发，个性得到张扬，优势得到发挥，知识能力素质全面提高。

(二) 国外高校人才培养模式的主要类型①

高校人才培养具有国家性和地域性特点，不同国家或地区往往有不同的教育思想和教育制度，决定其人才培养模式有不同的类型。

在欧美发达国家，随着社会人才需求的多样化，高校人才培养也呈现多样化发展趋势，学术型人才、应用型人才、有文凭有学位的职业型人才、不拿文凭的职业培训等，都有不同的培养模式，由不同的高等院校承担不同的人才培养任务。在本科高等教育中，其人才培养模式大致上按两种标准来划分。

一是按课程计划（教学内容）为分类标准，人才培养模式可分为"通识为本"与"专识为本"两类。"通识为本"的人才培养模式强调"博"是"专"的基础，"专"是"博"的提升，主张本科教育要重视"博"。比如，1986年哈佛大学校长博克在《高等教育》一书中主张加强广博文理教育。现在美国普通本科高校多为前两年不分专业，以学习基础课为主，包括人文科学、社会科学、自然科学三个方面的课程，要求学习非人文、非社科专业的学生要必修一定数量的人文与社科课程。"专识为本"的人才培养模式强调人才必"专"，"博"而不"专"，无以成才，主张本科教育要重视"专"，应构建"专才"培养模式。苏联曾广泛运用此种人才培养模式，建立了大批针对行业经济发展需要的单科性院校，培养出大批加快实现工业化所迫切需要的"专门人才"，学生所学知识偏重专业，比较狭窄。

二是按教学管理制度为分类标准，人才培养模式可分为"自由发

---

① 樊继轩、张锡侯：《民办本科高校应用型人才培养模式的构建》，《教育与教学研究》2010年第4期，第53-55页。

展"与"规范指导"两类。"自由发展"的人才培养模式主要是实行与选课制相适应的学分制,以学分计算学生取得学位所必须完成的学习量,不以学期、学年计算学习量。美国大学实行全方位、开放性学分制,学生可以自由选课(包括选择授课教师),实力雄厚的大学往往开设上千种课程让学生自由选择,允许学生随时改变专业方向,也允许学生中断学习、工作一段时间后回校继续完成学业。显然,这种完全学分制也有一定局限,它要求有大量高水平的教师和非常完善的教学设施,教学成本高,学生管理难度大,因而美国之外的欧洲发达国家,只在拥有很强实力的综合型大学实行完全学分制,一般水平的本科高校只实行学年学分制(与学年制结合的不完全学分制)。"规范指导"人才培养模式实行学年制或学年学分制,要求本科四年(个别难度大的专业如医学为五年)完成学业,教学活动有计划有组织地进行。各课程有教学大纲、教材,有整套的教学制度和管理办法,保证教学秩序和质量达到一定要求。这种人才培养模式在苏联和多数亚洲国家广为实行。

二、我国高校人才培养模式改革趋势

我国现代高等教育是在借鉴欧美的基础上逐步发展起来的。新中国成立后,高校管理体制、教育思想和育人模式等都全面学习苏联。由于实行计划经济体制,推行用人与育人相结合的原则,20世纪50年代以苏联的高等教育为参照系搞"院系调整"。此后,又新建了一批单科性院校和为地区服务的地方院校,逐步形成了以单科院校为主的总体格局。由于长期控制发展规模,毕业生供不应求,包分配,包当干部,人才培养模式属"规范指导"型,学生学习的自由度极小。许多学生进入高校后就被划定到某个专业方向的狭窄框子里,想转换专业难于上青天。高校的教学管理主要实行学年制,按统一课程表安排学习内容,用统一标准考核教学质量。这种人才培养模式的长处是,部门、地区、行业针对性比较强，毕业生能较快适应岗位工作要求，在人才紧缺的计划经济年代，许多高校毕业生经过一个时期的工作锻炼成为各级党政机关、企事业单位的领导骨干，对国家建设发挥了重要作用。但是，随着改革的不断深化，特别是随着近十年全国高等教育的持续高速发展，这种政府主导的带有计划经济烙印的"规范指导"型人才培养模式越来越不适应社会人才需求，急需改革创新。教育理论界与高校领导人对这一问题有许多探究，比较一致的主张有以下几点。[①]

一是人才培养模式的改革必须坚持"以人为本"、以学生为主体，而不是以书本、以知识为主体。要以培养学生成为适应社会需要的专门人才为目标，把迫切需要学生掌握，并且是学生通过学习能够真正掌握的教学内容作为核心，来构建、改革人才培养模式。西班牙20世纪著名思想家奥尔托加·加赛特在《大学的使命》一书中曾经指出："当需要获得的知识与学习能力不成比例时，教育就出现了。如今，文化和技术财富之丰富大大超过以前，以至于给人类带来了灾难性的威胁，因为任何一代人都觉得要吸收如此繁多的文化和技术财富几乎是不可能的。""因此，我们必须以普通学生为起点，把迫切需要学生掌握，并且一个正常的普通学生能够真正掌握的教学内容为一所大学的核心……我们必须弄清楚哪些东西是学生将来的生活必不可少的。"其目标是："大学能够通过利用人类智慧所发明的最经济、最直接和最有效的步骤和办法将普通人培养成优秀的医生、法官、数学教师或历史教师。"[②]他主张精选对学生"必不可少"的课程内容，运用"最有效的步骤和办法"，把学生培养成社会需要的有用人才。这是针对欧洲大学改革提出来的，

---

① 樊继轩、张锡侯：《民办本科高校应用型人才培养模式的构建》，《教育与教学研究》2010年第4期，第53-55页。

② 奥尔托加·加赛特：《大学的使命》，徐小洲、陈军译，浙江教育出版社，2001，第69-73页。

恰好与科学发展观"以人为本"的核心理念不谋而合,对我国的高校完全适用,应该成为改革应用型人才培养模式的首要目标。

二是人才培养模式的改革要有特色,不仅不同专业要构建各具特色的人才培养模式,同一专业在不同学校也要因不同的培养规格、不同的个性追求而建立有特色的人才培养模式。通过有特色的人才培养模式,培养出适应社会需求的多样化人才。在高等教育体系中建立合理的人才培养结构,既能培养生产、管理、服务一线的应用型人才,又能培养学术型拔尖人才,还能培养负责任的公民,满足社会建设各方面的需要;既要有长学制的正规学历教育,也要有短学制的职业资格培训和证书教育等。

三是人才培养模式的改革要有针对性,要认真消除传统模式中的弊端。比如,调整课程结构,适当增加通识性的人文社科知识教育,以弥补"专识为本"模式基础知识面过于狭窄的不足,从而培养学生对社会的洞察力、丰富的想象力、思维的逻辑力;还可增加一些能提高学生实践能力的教育内容,或者增加一定比例的实践教学时间,以弥补旧模式偏重学科理论而忽视能力培养的不足。再比如,针对传统模式刚性有余、弹性不足、统得过死的弊端,创造条件实行学分制(包括不完全学分制),运用学分制的精华所在的选课制、主辅修制,使学生有条件发挥自身的爱好特长,自主成才,全面发展。[①]

三、应用技术大学人才培养模式的构建

应用型创新人才必须具备的能力和素质决定其人才培养模式的主要特征。与学术型创新人才相比,应用技术大学培养的应用型创新人才要更加贴近社会生产、生活,要有更强的解决现实社会和经济发展中存在

[①] 樊继轩、张锡侯:《民办本科高校应用型人才培养模式的构建》,《教育与教学研究》2010年第4期,第53-55页。

问题的实际能力,这种能力不仅仅是来自专业知识、技术技能等智力因素,也来自品德、意志等非智力因素。因此,应用技术大学构建应用型创新人才培养模式应采取以下措施。

(一)优化培养方案和改革课程体系

应用技术大学人才培养方案的优化,总的目标是使学科教育与能力培养相结合,以求能培养出具有较强职业适应性与就业竞争力的应用型创新人才。为此,应用技术大学人才培养目标应力求具体,最好能有一定的职业针对性。比如,机械工程类专业的培养目标定为现场工程师或工程师,建筑工程类专业的培养目标定位为施工技术员或工程预算员等。这是因为,应用技术大学应用型创新人才是一个范畴广大的群体,是多种多样的,只有人才培养目标具体明确,培养方案制定才易于切合实际需要,也才便于在教学实践中贯彻实施。

改革课程体系,调整教学内容,是实现应用技术大学培养方案、构建应用型创新人才培养模式的关键环节。要本着加强基础课、注重实践课、扩大选修课的要求,加强课程体系建设。在重视公共基础课、改革专业基础课、加大选修课比重的同时,优化专业课程模块,增设必要的职业技能课为必修课,或者加大原有专业课的实验、实训、实习教学时间。比如,机械设计制造及其自动化专业可以设立机电课程模块和机制课程模块,土木工程专业可以设立建筑工程课程模块和工程造价课程模块。

(二)强化实践教学和品德培育

强化实践教学的根本目的,是全面加强应用技术大学学生的素质和能力培养。应用技术大学应用型创新人才培养模式要十分重视实践教学环节,加强实验、实习、实训和毕业设计(论文)等方面的教学,强调理论在实践中的运用,使知识增长成为培养能力的基础。为此,学校要大力加强实验、实训、实习基地建设，完善教学设施，使第一课堂与第二课堂相结合，校内实践与校外实践相结合，将实践教学贯穿于教学全过程，使其前后连贯，自成体系，与理论教学协同发挥作用。在此基础上，引导学生提高学习能力、实践能力、创新能力、交流能力和社会适应能力，并力求具有一项或两项比较过硬的职业技术技能，能取得职业资格证书。

应用技术大学学生品德培育是人才成长的灵魂，是加强学生素质和能力培养的关键。构建应用型创新人才培养模式要坚持"育人为本、德育为先"，把德育摆在首要地位。既要改革创新思想政治理论课教学，使政治理论课更具时代性和针对性，更有亲和力和说服力，又要抓好思想品德的养成教育，促使学生养成良好的思想行为习惯。要通过党建和思想政治工作，引导学生追求真理、追求进步、明确政治方向，把握做人的真谛，树立爱国报国、服务人民的思想，坚持自强不息、奋发有为的精神。

(三) 加强师德建设，引进"双师型"教师

在应用技术大学引进和培养"双师型"教师是构建应用型创新人才培养模式的一个重要条件。培养现代社会急需的应用型创新人才，要求教师不仅要善于给学生讲授学科理论、专业知识，还要善于运用这些理论知识去解决实际问题。如果教师没有实践能力，只会"纸上谈兵"，那就不可能培养出具有实践能力的应用型创新人才。因此，应用技术大学专业教师队伍中一定要有适当比例的"双师型"教师，学校可以从科研机构、大型企事业单位对口引进人才，以充实教师队伍、改善师资结构。

师德建设对于提高应用技术大学教师队伍的思想政治水平、增强教书育人的自觉性至关重要。教师是高道德含量的特殊职业，教书育人是教师的天职，教师不仅要有广博的知识，还要有高尚的人格，不仅精于

教书，还要善于育人。因此，要以师德为核心，促使应用技术大学的教师增强敬业意识，提高育人水平，塑造师德风范，努力做到严谨治学、敬业爱生、为人师表、乐于奉献，使教师真正成为学生健康成长的指导者和引路人。

综上所述，应用技术大学人才培养目标的实现，要依靠与之相匹配的人才培养模式。民办本科高校转型为应用技术大学的应用型创新人才培养模式的构建，要在明确培养目标的基础上，改革创新人才培养方案和课程体系，使学科教育与能力培养相结合，突出实践教学和品德教育，并使师资队伍建设和教学场地建设能适应人才培养的要求。用这种模式培养出来的应用型创新人才，是知识、能力、素质协调发展、具有较强创新精神和实践能力的人才，是德才兼备、具有就业竞争力的社会主义建设者和接班人。

第二节　应用技术大学人才培养方案设计

创办应用技术大学的落脚点是培养应用型创新人才。应用型创新人才蕴含着应用型人才和创新人才的两个概念。它是一种典型的复合型人才，一方面它具备应用型人才的典型特征，另一方面它又表现出创新型人才的基本特征。[①] 本节以势科学的人才成长理论为基点，拟从德尔菲法的视角，运用李克特五级量表、SPSS 软件、因子分析法等对应用技术大学应用型创新人才的内涵特征进行实证研究，在地方本科高校创建应用技术大学设计人才培养方案时，起到一定的决策咨询作用。

---

① 杜才平、邢晓红、陈昌兴：《地方本科院校应用型创新人才培养的课程体系构建》，《当代教育科学》2012 年第 21 期，第 41—44 页。

一、应用技术大学人才培养的内涵特征

(一) 应用技术大学人才培养目标定位

应用技术大学培养的应用型创新人才既不是传统本科教育的学术精英型人才,也不是专科层次高职教育在时间上的简单延伸的人才,他们解决生产第一线问题的能力比高职强,但不需要也没必要在工艺课上超过高职教育。

应用技术大学人才培养目标定位：一是要考虑办学定位的地方性,二是要具有服务地方的主动性,三是着重于人才培养与科学研究的应用型（如图5-1所示）。

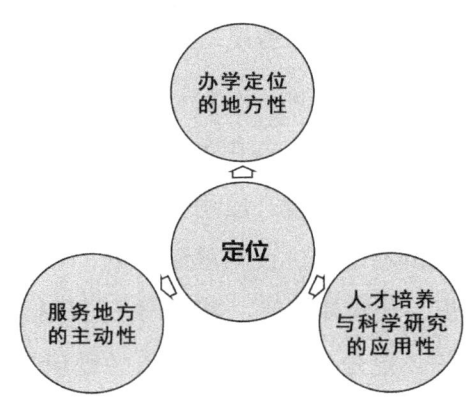

图5-1　本科应用型创新人才培养目标定位

1.职业要求定位：强调技术应用

应用技术大学的人才培养要求各专业根据特定职业需要,培养从事实际工作的技术应用型、复合型高层次人才。在职业要求方面,必须有较高的专门技术层次、专门的知识领域、严格的入门标准和鲜明的实践特征。对学生的业务培养规格要兼顾学术型和职业性,在原有的课程体系中加大职业教育的比重,使学生具有基础知识扎实、实践能力强、职

业素养高的特点。

2. 培养要求定位：突出能力本位

应用技术大学更重视人才能力本位的培养，强调由知识本位向能力本位的转变，力求做到知识、能力、素质三方面的有机统一。在处理三者的关系中，对理论知识的深度和广度不做过高要求，做到"必需、管用、够用"。在能力结构上，强调学生具有较强的知识应用和转化能力，职业适应面较宽，具有一定的创新能力。在素质方面，要求学生具有良好的职业素养、科学精神和人文修养。

（二）应用型创新人才培养的三要素

知识、能力、素质是应用技术大学应用型创新人才培养的三要素。知识是基础，能力是知识外化的表现，素质则是知识内化的结果。

1. 知识要素

个体通过与环境相互作用后获得的信息在心理学上称之为知识。知识的结构形式在于其广度和深度。应用技术大学人才的知识要素应包括专业基础知识、专业技术知识、公共基础知识、管理知识、营销加技术复合知识、外语知识、经验知识等，其结构又可概括如下：

一是工具性知识。这是任何高级专门人才都应具备的知识。工具性知识包括外语知识、计算机知识、信息技术应用和文献检索知识和方法论知识。能够较好地掌握归纳、演绎、推理、总结、研究等方面的知识是方法论知识。

二是人文社会科学与自然科学知识。应用技术大学应用型创新人才作为高级专门人才应了解和掌握哲学、政治学、历史学、法学、社会学、心理学等人文社会科学方面的基本知识，了解数学、物理、化学、生命科学等自然科学方面的最新发展趋势。

三是专业知识。专业知识是应用型创新人才应该重点掌握的知识，包括两方面：（1）专业基础知识，也称为学科基础知识，即本学科的基础知识与基本理论。（2）专业方向知识，是直接面向职业或岗位的知识。理论知识与实践知识是专业方向知识的重要组成部分。

四是相关学科专业知识。应用技术大学应用型创新人才是直接面向职业的人才，必须具有较强的解决专业实践问题的能力，因此，也要了解相关学科专业的基本理论和基础知识，具有多种相关学科知识融会贯通的能力。

2. 能力要素

能力是完成一项目标或任务所体现出来的素质。在知识、能力与素质的要素中，能力要素是三要素中的核心要素。学习知识的根本目的是获得能力和提升能力。应用技术大学人才培养应具备以下三方面的能力（如图 5-2 所示）①：

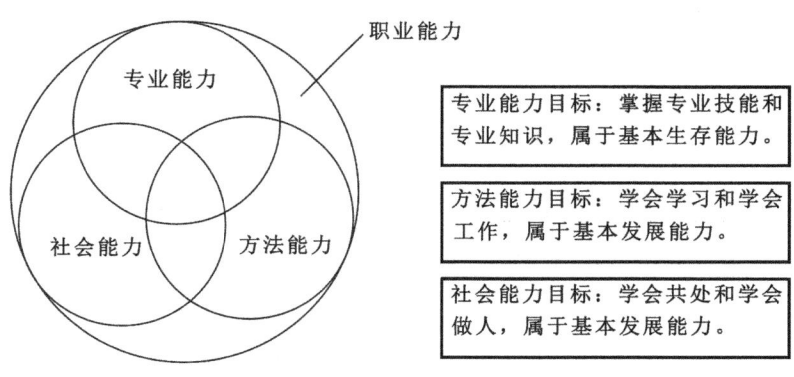

图5-2 应用技术大学职业能力组成情况

一是专业应用能力。专业应用能力包括专业基本技能和专业核心应用能力两部分。专业基本技能是专业核心应用能力的重要支撑。每一个

---

① 宋克慧、田圣会、彭庆文：《应用型人才的知识、能力、素质结构及其培养》，《高等教育研究》2012 年第 7 期，第 94-98 页。

专业都要明确所培养的人才应具备哪些专业应用能力，然后根据每一项专业应用能力来设置相应的课程。

二是方法能力。"方法能力"也称为"职业核心能力"和"关键能力"，是人们职业生涯中除岗位专业能力之外的基本能力，它适用于各种职业，能适应岗位不断变换，是伴随人终身的可持续发展能力。

三是社会能力。学会共处和学会做人，属于基本发展能力。社会能力可概化为两种成分：适应性行为和社会技能。

3. 素质要素

素质是指人或事物某些方面的本来特点和基础及后天修养（《辞海》定义）。李德昌教授从势科学的角度赋予了素质新的定义，素质是"对象结构和功能的秩序（有序）"。例如，同样的知识量（同样的学历文凭），知识有序程度不一样，能力就不一样。[①]

工作毅力、敬业精神与责任心、承受风险能力、良好心理素质、竞争意识、团队合作精神、工作自信心等均属于素质要素的范畴。占有"信息量"是人才素质的本质，人才素质结构中最重要的素质是学习素质，学习素质的具体表现是学习能力。学习素质中由消息、信息到智慧素质的嬗变是情感推动和理性分析的动力学机制形成过程，数据是最原始的信息表达方式；从数据中可梳理出信息，信息升级为知识，知识是用于解决问题的结构化信息；知识可升华为智慧，智慧是为达到目标而运用知识的能力。智慧素质是消息、信息、知识和方法的"有序"（如图 5-3 所示）。

---

① 李德昌、田东平、薛宇红：《素质与序秩——基于耗散结构理论的教育学原理探析》，《系统科学学报》2006 年第 2 期，第 71-74 页。

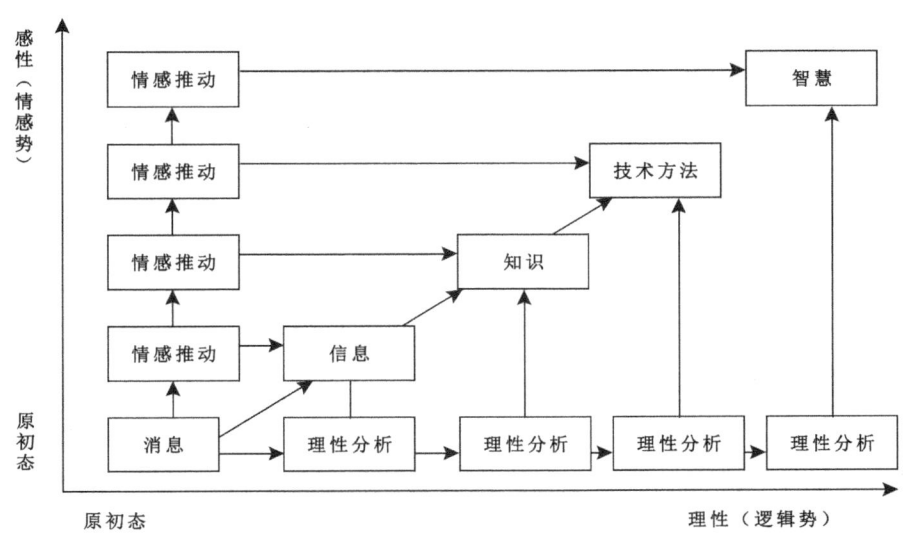

图5-3　由消息、信息、知识到智慧素质形成的动力学过程

学习能力的形成取决于两个要素：学习者对有关知识的有序结构和对有关知识的兴趣；"情感势"就是学习中的"兴趣"和"激情"，即对该类知识的喜欢程度。两种要素可把消息、信息转化上升到智慧素质的高度，并抽象为信息力即信息势。因此，人才成长学习能力是个体或组织具有的内在信息力即信息势。[①]

（三）应用技术大学的人才培养目标

大众化大学组织结构对人才的专业化水平要求更高，分工与职能上的变化也导致人才培养的层次性和多元化。大众化大学的组织结构要求应用型创新人才具有不同的层次和水平，可细分为工程型、技术型和技能型人才，每一类应用型创新人才都是社会生产链条上不可或缺的一环。工程型人才主要依靠所学专业基本理论、专门知识和基本技能，将

[①] 樊继轩、贾全明：《信息力学视阈下创新人才学习能力数理模型的构建》，《中国成人教育》2015年第5期，第109-112页。

科学原理及学科体系知识转化为设计方案或设计图纸；技术型人才主要从事产品开发、生产现场管理、经营决策等活动，将设计方案与图纸转化为产品；技能型人才则主要依靠熟练的操作技能来具体完成产品的制作，把决策、设计、方案等变成现实，转化为不同形态的产品，主要承担生产实践任务。① 应用技术大学应以培养工程型创新人才和技术型创新人才为主。因此，大众化大学组织非常适用于应用技术大学。

大众化大学组织还十分强调民办本科院校转型后的应用技术大学的"地方性"特征（如图5-4所示）。"地方性"决定了学科专业的建设要与地方社会经济的需要密切结合；"地方性"决定了教学内容和课程体系要具有地方技术、职业教育与技术培训的特色；"地方性"决定了人才培养模式的应用型，其人才要"下得去、留得住、用得上"。

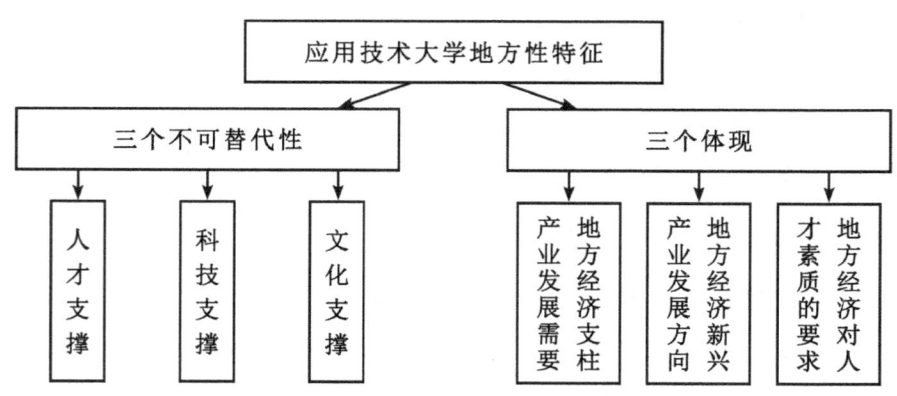

图5-4 应用技术大学的"地方性"特征

应用技术大学的人才培养目标：在知识面上，既有"厚基础、宽专业、强能力、高素质"的本科人才一般要求，又突出"能设计、会施

---

① 范健文、吴彤峰：《应用型本科人才培养策略研究》，《高教论坛》2004年第5期，第68—70页。

工、懂管理"应用型人才特点；在能力方面，应具有相应的组织、管理、营销能力，有较强的工程意识、工程兴趣和工程实践能力；在技术上，应掌握本行业生产原理和操作技术、管理运行技术、营销与服务技术、技术谈判和商务谈判技术，获取和综合运用信息的技术等；在素质方面，应具备包括思想道德素质、业务素质、文化素质、身心素质在内的较高综合素质，具有创新精神、团队精神、敬业精神以及较强的应变和适应能力。①

综上所述，应用技术大学应用型创新人才应该具有如下的内涵特征：

一是知识结构方面：应用技术大学应用型创新人才应具有完整、系统和科学的知识体系，本科应用型创新人才不但要具有广博的历史、哲学、文学、艺术、科学等多学科的基础知识，还要具有较强的专业知识。

二是能力结构方面：应用技术大学应用型创新人才是应具有应用现代科技手段去解决实际问题的能力、较强的科技应用和创新能力、善于发现和解决问题的能力、具备处理多学科课题的意识和能力、终身学习的能力的人才。

三是素质结构方面：应用技术大学应用型创新人才应具有较高的思想道德素质和职业素质、建设国家的社会责任感、勇于开拓进取的精神，是有理想、有信念的人才，既要有正确的价值观、崇高的道德品质和对人类的责任感，又应受到系统的实践训练和锻炼，具有适应社会科技发展的较强的职业素质和实践能力。②

---

① 钱国英、王刚、徐立清：《本科应用型人才的特点及其培养体系的构建》，《中国大学教学》2005 年第 9 期，第 54-56 页。

② 李高申：《基于 WSR 方法的本科应用型创新人才培养目标体系研究》，《黄河科技大学学报》2015 年第 5 期，第 108-111 页。

四是职业能力方面：应用技术大学应用型创新人才应运用所学的专业知识从事实践活动，完成实际工作任务，在推动经济社会发展中通过创新产品生产技术和工艺、提升产品科技含量、进行科学管理等方式创造价值。

五是创新能力方面：应用技术大学应用型创新人才的知识、能力、素质结构应围绕工程应用和科技创新而构建，不但能够运用所学知识在实践中创造性地完成工作任务，而且能够产出运用于实践的创新成果。[①]

二、应用技术大学人才特征实证分析

（一）应用型创新人才内涵特征问卷调查

综上所述，根据对应用技术大学应用型创新人才内涵特征的理论分析，初步归纳了应用型创新人才内涵特征。课题组组织相关专家，包括教育方面的专家和企业高管，运用德尔菲法（Delphi），即采用背对背的通信方式，把初步归纳的应用技术大学应用型培养人才特征（第一版）及各特征的含义等资料发给有关专家，征询专家小组成员的意见，请他们对此进行修改、补充和完善。一周后收回专家的意见和建议，对专家的意见和建议进行汇总，得到第二版的应用型创新人才内涵特征。最后，分别对教师和学生进行座谈和访谈，把修改后的应用型创新人才特征与教师和学生进行沟通，得到了第三版的应用型创新人才内涵特征。其内涵特征可分为四个方面：知识与技能、素质、职业能力以及创新能力（见表5-1）。

其中，知识与技能是指学生通过教师的指导而掌握的知识、科学的学习方法以及专业技能。素质包括人文素养、科学素养等六个具体特征。职业能力主要是指人的能动性和探索现实世界的一切社会性物质活

---

① 郭广生：《创新人才培养的内涵、特征、类型及因素》，《中国高等教育》2011年第5期，第12-15页。

动中所具备的解决实际问题的能力。创新能力是指个体运用一切已知信息，包括已有的知识和经验等，产生某种独特、新颖的解决问题的方法及有社会或个人价值的产品的能力。①

表5-1 应用型创新人才内涵特征

知识与技能	素质	职业能力	创新能力
1. 外语知识 2. 计算机知识 3. 本专业知识 4. 本专业技能 5. 相关专业知识	6. 人文素养 7. 科学素养 8. 思想道德素养 9. 职业素养 10. 身体素质 11. 心理素质	12. 逻辑思维能力 13. 口头表达能力 14. 书面表达能力 15. 与人沟通能力 16. 计划能力 17. 组织协调能力	18. 创造思维 19. 创新能力 20. 创新成果

为了验证理论构建的应用型创新人才特征的科学性和合理性，依据表5-1所示的应用型创新人才特征，设计了调查问卷，让负责招聘的专家就以上20个项目进行评价和打分。在选择调查企业时，项目组随机抽取黄河科技学院毕业的校友所在企业及校企合作企业作为研究样本，共发放问卷150份，获得有效问卷103份。

从参与调研的企业类型来看，国有企业有10家，约占总样本的9.71%；民营企业77家，约占74.76%，外资企业（独资或合资）9家，约占8.74%；其他7家，约占6.80%。从企业规模来看，1000人以下63家，约占总样本的61.17%；1000－9000人的31家，约占30.10%；9000人以上9家，约占8.74%。从专家的构成来看，负责招聘的专员51人，约占总样本的49.51%；负责招聘的主管（经理）30人，约占29.13%；负责招聘的高管22人，约占21.36%。从专家的文化程度来看，本科以下16人，约占总样本15.53%；本科57人，约占55.34%；研究生30人，

---

① 陈丽丽：《立足创新本质，促进思维发展——例谈"创新能力培养项目"的设计》，《教育周刊》2016年第18期，第22-23页。

约占 29.13%。

(二) 问卷调查数据实证分析及结果[①]

1. 均值比较与 t 检验

问卷是通过李克特五级量表（不重要 1 分，不太重要 2 分，一般重要 3 分，比较重要 4 分，非常重要 5 分）测量企业对应用型创新人才的知识与技能、素质、职业能力、创新能力的要求，因此通过单样本 t 检验来检验各个评价均值是否显著高于常数 3。SPSS（"统计产品与服务解决方案"软件）分析结果见表 5-2、表 5-3。

表5-2　单个样本统计量

	N	均值	标准差	均值的标准误差
外语知识	103	2.75	1.091	0.108
计算机知识	103	3.55	0.871	0.086
本专业知识	103	3.98	0.960	0.095
相关专业知识	103	3.77	0.854	0.084
本专业技能	103	4.15	0.912	0.090
人文素养	103	4.28	0.868	0.086
科学素养	103	3.71	1.025	0.101
思想道德素养	103	4.50	0.712	0.070
职业素养	103	4.51	0.608	0.060
身体素质	103	4.16	0.711	0.070
心理素质	103	4.44	0.605	0.060

---

① 王威：《基于德尔菲法的应用型创新人才内涵特征实证研究》，《中国成人教育》2017 年第 18 期，第 61-64 页。

续表

	N	均值	标准差	均值的标准误差
逻辑思维能力	103	4.15	0.677	0.067
口头表达能力	103	4.21	0.621	0.061
书面表达能力	103	3.91	0.841	0.083
与人沟通能力	103	4.41	0.617	0.061
计划能力	103	4.06	0.739	0.073
组织协调能力	103	4.00	0.728	0.072
创新思维	103	3.91	0.781	0.077
创新能力	103	3.85	0.833	0.082
创新成果	103	3.65	0.893	0.088

表5-3　单个样本检验

	检验值=3					
	t	df	Sig.(双侧)	均值差值	差分的95%置信区间	
					下限	上限
外语知识	-2.348	102	0.021	-0.252	-0.47	-0.04
计算机知识	6.445	102	0.000	0.553	0.38	0.72
本专业知识	10.369	102	0.000	0.981	0.79	1.17
相关专业知识	9.114	102	0.000	0.767	0.60	0.93
本专业技能	12.750	102	0.000	1.146	0.97	1.32
人文素养	14.986	102	0.000	1.282	1.11	1.45
科学素养	7.014	102	0.000	0.709	0.51	0.91
思想道德素养	21.304	102	0.000	1.495	1.36	1.63

续表

	检验值=3					
	t	df	Sig.（双侧）	均值差值	差分的95%置信区间	
					下限	上限
职业素质	25.274	102	0.000	1.515	1.40	1.63
身体素质	16.499	102	0.000	1.155	1.02	1.29
心理素质	24.102	102	0.000	1.437	1.32	1.56
逻辑思维能力	17.162	102	0.000	1.146	1.01	1.28
口头表达能力	19.842	102	0.000	1.214	1.09	1.33
书面表达能力	11.008	102	0.000	0.913	0.75	1.08
与人沟通能力	23.143	102	0.000	1.408	1.29	1.53
计划能力	14.540	102	0.000	1.058	0.91	1.20
组织协调能力	13.948	102	0.000	1.000	0.86	1.14
创新思维	11.860	102	0.000	0.913	0.76	1.07
创新能力	10.406	102	0.000	0.854	0.69	1.02
创新成果	7.389	102	0.000	0.650	0.48	0.83

从表5-3可以看出，除了外语知识外，其他变量的双边P值（Sig.）（双侧）均非常小（小于0.001），进而可知道单边P值也很小（小于0.002）。这说明除了外语知识外，其他评价均值都显著不等于3，而表5-2中均值显著大于3（外语知识除外，为2.75），说明该量表设计的项目是比较合适的。

通过访谈，发现外语知识得分偏低的原因是：调研的企业大都是国内中小民营企业，它们目前还处于发展壮大阶段，而且企业大部分岗位暂时还用不到外语知识，因此一般岗位对本科毕业生的外语知识要求不高。

2. 信度检验

对量表的信度要进行检验。如果所设立的度量项目无法获得相应便利的同一特征，则表示该量表可靠性差，即信度低，也就是说，需要了解量表中各度量项目之间的一致性（同质信度考核）。

本研究使用内部一致性系数（Cronbach's α）来进行信度分析。由于外语知识没有通过 t 检验，所以在后续的分析中剔除该项目。通过 SPSS 软件，计算出各个层面变量的内部一致性系数，计算结果见表5-4到表5-7。

表5-4　知识与技能项总计统计量

	项已删除的刻度均值	项已删除的刻度方差	校正的项总计相关性	项已删除的Cronbach's Alpha 值
计算机知识	11.89	5.292	0.230	0.796
本专业知识	11.47	3.663	0.651	0.550
相关专业知识	11.68	4.239	0.570	0.611
本专业技能	11.30	3.997	0.589	0.595

Cronbach's Alpha=0.714
项数 =4

表5-5　素质项总计统计量

	项已删除的刻度均值	项已删除的刻度方差	校正的项总计相关性	项已删除的Cronbach's Alpha 值
人文素养	21.31	6.569	0.613	0.717
科学素养	21.88	6.045	0.585	0.733
思想道德素养	21.10	7.304	0.581	0.729
职业素养	21.08	7.817	0.547	0.741
身体素质	21.44	7.797	0.440	0.761

续表

	项已删除的刻度均值	项已删除的刻度方差	校正的项总计相关性	项已删除的Cronbach's Alpha 值
心理素质	21.16	8.211	0.424	0.765

Cronbach's Alpha=0.776
项数 =6

表5-6 职业能力项总计统计量

	项已删除的刻度均值	项已删除的刻度方差	校正的项总计相关性	项已删除的Cronbach's Alpha 值
逻辑思维能力	20.59	7.911	0.664	0.847
口头表达能力	20.52	7.958	0.730	0.838
书面表达能力	20.83	7.440	0.600	0.863
与人沟通能力	20.33	8.243	0.642	0.852
计划能力	20.68	7.514	0.702	0.840
组织协调能力	20.74	7.548	0.706	0.839

Cronbach's Alpha=0.869
项数 =6

表5-7 创新能力项总计统计量

	项已删除的刻度均值	项已删除的刻度方差	校正的项总计相关性	项已删除的Cronbach's Alpha 值
创新思维	7.50	2.449	0.758	0.781
创新能力	7.56	2.268	0.777	0.758
创新成果	7.77	2.298	0.670	0.865

Cronbach's Alpha=0.858
项数 =3

表 5-4 至 5-7 列出了应用技术大学应用型创新人才特征涉及的四个方面：知识和技能、素质、职业能力及创新能力的内部一致性系数，若将某一项目从量表中剔除，则相应的 Cronbach's α 值会是多少。若删除该项目可以使 Cronbach's α 值得到显著提高，则应将该项目从问卷量表中删除。一般而言，Cronbach's Alpha 值大于 0.7，表明可靠性较高。

从表 5-5、表 5-6、表 5-7 中可以看出，素质度量项目、职业能力度量项目以及创新能力度量项目的 Cronbach's Alpha 值都大于 0.7，说明这四个度量项目比较可靠。但在表 5-4 的知识与技能度量项目中，如果将计算机知识删除，可靠性系数会得到显著提高（从 0.714 提高到 0.796）。通过访谈，很多人认为相关专业知识已经包含了计算机知识，因此，在后续的效度分析时，也不再包含计算机知识这个选项。

3. 效度检验

应用型创新人才内涵特征研究在问卷设计前经历了大量文献的阅读、专家访谈、小组讨论等过程，经过多次修订才最终定稿，因而量表的开发具备内容效度。对于结构效度的检验，可采用因子分析的方法，检验测量结果所体现出来的某种结构与测值之间的对应程度。

（1）因子分析的适宜性判断在进行因子分析前，首先需要对指标进行 KMO 抽样适当性检验和 Bartlett 球面性检验。KMO 抽样适当性检验和 Bartlett 球面性检验见表 5-8。由表 5-8 可知，所选的项目在进行主成分分析时，KMO 检验的结果为 0.834，Bartlett 球面性检验的显著水平小于 0.001，说明各变量之间的相关性显著，适合用因子分析法进行分析和评价。

表5-8 KMO 和 Bartlett 的检验

取样足够度的 Kaiser-Meyer-Olkin 度量		0.834
Bartlett 的球形度检验	近似卡方	931.057
	Df	153
	Sig.	0.000

（2）抽取公共因子（用主成分法抽取公共因子），结果见表5-9。

表5-9 解释的总方差

成分	初始特征值			提取平方和载入			旋转平方和载入		
	合计	方差的%	累积%	合计	方差的%	累积%	合计	方差的%	累积%
1	6.642	36.898	36.898	6.642	36.898	36.898	3.869	21.497	21.497
2	2.000	11.114	48.012	2.000	11.114	48.012	2.505	13.914	35.411
3	1.727	9.594	57.606	1.727	9.594	57.606	2.439	13.550	48.961
4	1.254	6.964	64.570	1.254	6.964	64.570	2.302	12.790	61.751
5	1.186	6.590	71.160	1.186	6.590	71.160	1.694	9.408	71.160
6	0.739	4.107	75.267						
7	0.694	3.858	79.125						
8	0.596	3.309	82.434						
9	0.519	2.884	85.318						
10	0.457	2.541	87.859						
11	0.385	2.138	89.997						
12	0.366	2.031	92.028						
13	0.310	1.721	93.749						
14	0.289	1.605	95.354						
15	0.245	1.363	96.717						
16	0.222	1.235	97.952						
17	0.213	1.184	99.136						

续表

成分	初始特征值			提取平方和载入			旋转平方和载入		
	合计	方差的%	累积%	合计	方差的%	累积%	合计	方差的%	累积%
18	0.155	0.864	100.000						
提取方法：主成分分析。									

从表 5-9 可以看出，经过旋转后的第 1 个公共因子的特征值 λ_1 为 6.642，大约占去方差的 21.497%；第 2 个因子的特征值 λ_2 为 2.000，大约占去方差的 13.914%；第 3 个因子的特征值 λ_3 为 1.727，大约占去方差的 13.550%；第 4 个因子的特征值 λ_4 为 1.254，大约占去方差的 12.790%；第 5 个因子的特征值 λ_5 为 1.186，大约占去方差的 9.408%。SPSS 默认以特征值大于 1 作为公共因子保留的标准，因此保留前 5 个公共因子，前 5 个公共因子的累积方差贡献率为 71.160%，说明前 5 个公共因子已经提供了原始数据的大部分信息。

根据 SPSS 输出的碎石图，从图 5-5 中可以看出陡线从第 6 个公共因子开始，曲线坡度变得较为平坦，从而也说明了抽取 5 个公共因子是较为适宜的。[1]

---

[1] 王威：《基于德尔菲法的应用型创新人才内涵特征实证研究》，《中国成人教育》2017 年第 18 期，第 61-64 页。

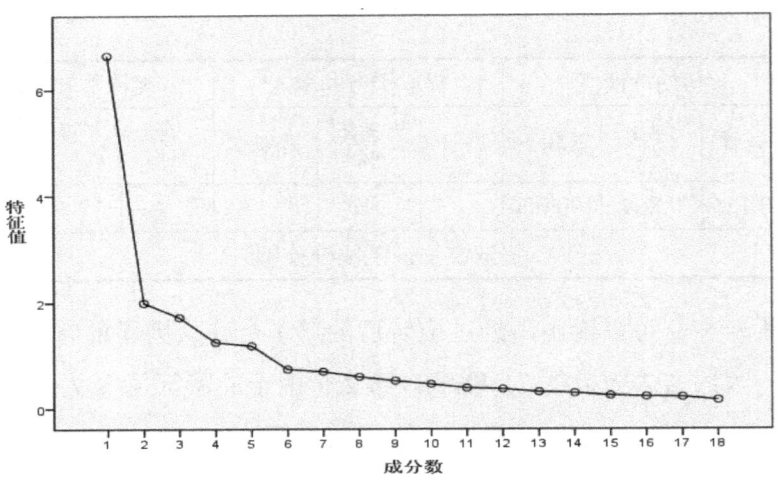

图5-5　SPSS输出的碎石

（3）指标解释 SPSS.19 也给出了成分矩阵。表 5-10 就是初始因子负荷矩阵。

表5-10　成分矩阵

	成　　分				
	1	2	3	4	5
创新能力	0.756	-0.001	0.002	-0.244	-0.388
创新思维	0.749	-0.077	-0.068	-0.181	-0.395
计划能力	0.717	-0.234	-0.214	0.072	0.122
与人沟通能力	0.706	-0.265	-0.052	0.280	0.155
逻辑思维能力	0.696	-0.066	-0.412	0.064	0.072
组织协调能力	0.684	-0.407	-0.109	-0.039	0.152
职业素养	0.662	-0.203	0.286	-0.174	0.177
口头表达能力	0.655	-0.384	-0.268	0.388	0.102
创新成果	0.650	0.202	-0.199	-0.272	-0.467
书面表达能力	0.646	-0.192	-0.209	-0.173	0.236

续表

	成分				
	1	2	3	4	5
科学素养	0.617	0.192	0.363	-0.436	0.032
人文素养	0.549	0.104	0.531	-0.200	0.273
本专业知识	0.341	0.757	-0.057	0.135	0.241
本专业技能	0.471	0.653	-0.321	-0.063	0.093
相关专业知识	0.435	0.585	-0.264	0.185	0.210
思想道德素养	0.455	-0.005	0.631	0.065	0.271
身体素质	0.460	0.194	0.378	0.526	-0.249
心理素质	0.457	0.073	0.353	0.468	-0.418

提取方法：主成分。

从表5-10中可以看出第1个、第2个、第3个、第4个、第5个因子在有些原变量上的载荷值相差不大，不容易解释他们的含义。为了使因子直接的信息更加独立和更加容易对因子作出解释，进一步对因子载荷矩阵进行方差最大化旋转，旋转后的因子载荷矩阵如表5-11所示，可以看出集结程度比未进行旋转之前要好，更加直观明显。

表5-11 旋转成分矩阵a

	成分				
	1	2	3	4	5
口头表达能力	0.859	0.052	-0.032	0.028	0.258
组织协调能力	0.739	0.225	0.263	-0.070	-0.008
与人沟通能力	0.737	0.076	0.212	0.080	0.272
计划能力	0.731	0.236	0.155	0.123	0.069
逻辑思维能力	0.693	0.307	-0.011	0.305	0.012
书面表达能力	0.635	0.250	0.261	0.139	-0.174
创新成果	0.199	0.823	0.037	0.256	0.106

续表

	成分				
	1	2	3	4	5
创新能力	0.324	0.759	0.245	0.080	0.185
创新思维	0.400	0.731	0.164	0.040	0.195
人文素养	0.133	0.114	0.804	0.143	0.111
思想道德素养	0.151	-0.089	0.743	0.024	0.316
科学素养	0.070	0.465	0.695	0.190	-0.004
职业素养	0.439	0.229	0.610	-0.035	0.065
本专业知识	-0.033	0.007	0.177	0.847	0.137
本专业技能	0.117	0.301	0.041	0.810	-0.035
相关专业知识	0.201	0.062	0.028	0.790	0.106
心理素质	0.116	0.229	0.128	0.027	0.806
身体素质	0.111	0.092	0.200	0.179	0.798
提取方法：主成分 旋转法：具有 Kaiser 标准化的正交旋转法					
a. 旋转在 7 次迭代后收敛					

从表 5-11 可以看出，口头表达能力、组织协调能力、与人沟通能力、计划能力、逻辑思维能力、书面表达能力这 6 个变量主要在第 1 个主因子上的载荷较大，可以命名为职业能力因子；第 2 个主因子主要与创新成果、创新能力、创新思维这 3 个变量有关，因此可以命名为创新因子；第 3 个主因子主要与人文素养、思想道德素养、科学素养、职业素养这 4 个变量有关，可以命名为素质因子；第 4 个主因子主要与本专业知识、本专业技能、相关专业知识这 3 个变量有关，可以命名为专业知识与技能因子；第 5 个主因子主要与心理素质和身体素质这 2 个变量有关，可以命名为身心健康因子。

从检测结果来看，结构效度较好。至此结果表明：应用技术大学应用型创新人才特征由5个核心因子组成，他们分别是职业能力、创新能力、素质、知识与技能以及身心健康。

三、应用技术大学人才特征权重分析 [①]

在权重的确定过程中，需要考虑二级指标权重和三级指标权重（一级指标应用型创新人才特征为目标层，不用考虑其权重问题）。

（一）二级指标权重计算

二级指标为运用因子分析法提取出的5个主因子，根据该方法的基本原理，二级指标是在对大量数据进行主成分分析后所提取，并根据其所包含的题项（变量）的含义重新命名后得出的。在统计分析中，由于贡献率的概念所表达含义是主因子对总目标贡献程度，因此，对二级指标层的权重，可以根据各个主因子的方差贡献率 F_i 来确定，即对主因子的贡献率进行归一化处理。

运用归一化公式：

$$P_i = \frac{F_i}{\sum_{i=1}^{5} F_i}$$

其中，i=1，2，3，4，5，所得出的结果即为该主因子在一级指标上的权重值 P_i。

在本科应用型创新人才目标指标体系建立的统计分析过程中，5个主因子的累积贡献率为71.160%，提取的5个主因子的贡献率分别为21.497%、13.914%、13.550%、12.790%、9.408%。根据以上公式可以

[①] 王威：《基于德尔菲法的应用型创新人才内涵特征实证研究》，《中国成人教育》2017年第18期，第61-64页。

计算出二级指标的权重：

职业能力指标： $P_1=30.2094\%$

创新能力指标： $P_2=19.5531\%$

素质指标： $P_3=19.0416\%$

专业知识与技能指标： $P_4=17.9736\%$

身心健康指标： $P_5=13.2209\%$

（二）三级指标权重计算

三级指标是各主因子所包含的具体题项。根据因子分析法的基本原理，因子得分系数矩阵是在因子分析过程中通过数学变换而得到的，该系数矩阵可以将主因子表示为其所包含的各个变量的线性组合（见表5-12）。

表5-12 成分得分系数矩阵

三级指标	成分				
	1	2	3	4	5
本专业知识	-0.059	-0.131	0.055	0.418	0.030
相关专业知识	0.043	-0.118	-0.055	0.384	0.014
本专业技能	-0.035	0.062	-0.048	0.371	-0.098
人文素养	-0.063	-0.076	0.411	0.021	-0.610
科学素养	-0.147	0.183	0.328	0.009	-0.146
思想道德素养	-0.017	-0.202	0.373	-0.021	0.112
职业素养	0.063	-0.016	0.267	-0.082	-0.082
身体素质	-0.050	-0.057	-0.032	0.027	0.524
心理素质	-0.067	0.061	-0.087	-0.066	0.540
逻辑思维能力	0.210	0.013	-0.127	0.100	-0.067

续表

三级指标	成分				
	1	2	3	4	5
口头表达能力	0.325	-0.165	-0.153	-0.023	0.131
书面表达能力	0.186	-0.012	0.074	0.025	-0.226
与人沟通能力	0.243	-0.160	-0.007	-0.006	0.109
计划能力	0.224	-0.041	-0.030	0.007	-0.039
组织协调能力	0.227	-0.033	0.050	-0.090	-0.101
创新思维	-0.024	0.360	-0.067	-0.102	0.047
创新能力	-0.070	0.381	-0.016	-0.086	0.029
创新成果	-0.112	0.455	-0.124	0.009	-0.002

提取方法：主成分
旋转法：具有 Kaiser 标准化的正交旋转法

因此，根据因子得分系数矩阵可建立起各个主因子与其所包含的各变量的线性回归方程，而回归方程中自变量的回归系数，即因子得分系数 A_{ij}，反映了自变量的变化对因变量的影响程度。基于此，可以运用以下公式：

$$\beta_j = A_{1j}F_1 + A_{2j}F_2 + A_{3j}F_3 + A_{4j}F_4 + A_{5j}F_5$$

其中，F_1、F_2、F_3、F_4、F_5 是5个主因子的贡献率。A_{1j} 表示第1个主因子在第 j 个指标的得分系数；A_{2j} 表示第2个主因子在第 j 个指标的得分系数……以此类推，A_{5j} 表示第5个主因子在第 j 个指标的得分系数。再由归一化公式：

$$W_j = \frac{\beta_j}{\sum_{j=1}^{17} \beta_j}$$

即可计算出三级指标的权重。其见表 5-13。

表5-13 应用技术大学应用型创新人才特征指标权重

一级指标	二级指标及指标权重	三级指标	三级指标权重	三级指标权重排序
应用型创新人才特征指标	知识与技能（17.9735%）	本专业知识	0.059649%	7
		相关专业知识	0.065059%	3
		本专业技能	0.059655%	6
	素质（19.0416%）	人文素养	0.051824%	12
		科学素养	0.046739%	16
		思想道德素养	0.048393%	15
		职业素养	0.053229%	11
	身心健康（13.2209%）	身体素质	0.054033%	10
		心理素质	0.044806%	17
应用型创新人才特征指标	职业能力（30.2094%）	逻辑思维能力	0.065835%	2
		口头表达能力	0.064614%	5
		书面表达能力	0.055017%	8
		与人沟通能力	0.069984%	1
		计划能力	0.064707%	4
		组织协调能力	0.054456%	9
	创新能力（19.5531%）	创新思维	0.049477%	14
		创新能力	0.050017%	13
		创新成果	0.042508%	18

四、应用技术大学人才的特征指标

从以上理论分析和实证分析可以看出应用技术大学应用型创新人才

的内涵特征二级指标包括 5 个方面，由 5 个核心因子组成，它们分别是职业能力、创新能力、素质、知识与技能以及身心健康。

三级指标有 18 个，分别为与人沟通能力、逻辑思维能力、相关专业知识、计划能力、口头表达能力、本专业技能……（见表 5-13）。根据二级指标和三级指标所占的不同权重，研究发现，由于国内中小民营企业正处在发展壮大阶段，所以在二级指标中目前最重视本科生的职业能力（30.2094%），其次是本科生的创新能力（19.5531%）、素质（19.0416%）及身心健康（13.2209%）；在三级指标中最重视本科生与人沟通能力（0.069984%）、逻辑思维能力（0.065835%）、相关专业知识（0.065059%）、计划能力（0.064707%）、口头表达能力（0.064614%）、本专业技能（0.059655%）。

中小民营企业是我国经济发展的重要支撑力量。民办本科高校转型为应用技术大学的高校属于地方本科高校，学生在毕业时大多到中小民营企业工作，因此，民办本科高校在向应用技术大学发展转型时要特别注重学生职业能力和创新能力的培养。值得注意的是，随着社会经济发展，随着我国中小民营企业的发展壮大，对人才的要求也会有所变化，从而导致目前看来比较合适的特征指标变得不合时宜，所以，应用型创新人才特征指标应随着时代的发展不断地修订和完善。①

---

① 王威：《基于德尔菲法的应用型创新人才内涵特征实证研究》，《中国成人教育》2017 年第 18 期，第 61-64 页。

第三节　应用技术大学人才培养路径设计
——基于大学组织结构理论的视角

在高等教育大众化阶段，大学组织结构已从精英化大学组织结构转化为"为社会服务"的大众化大学组织结构。大众化阶段的高等教育存在着精英化教育和大众化教育两种不同的价值体系和实践体系。由民办高校转型后的应用技术大学为了适应新经济常态下区域经济建设的需要，必须十分鲜明地确立大众化的发展路径，以大学的组织结构理论构建应用技术大学应用型创新人才的培养模式，由创业者组织结构向大众化大学组织结构转型。因此，确立"本科学历教育与职业技能培养相结合"的人才培养模式，应是应用技术大学培养应用型创新人才的途径。

本节以马丁·特罗理论和大学的组织结构理论为依据，从理论和办学实践上论证在应用技术大学中培养应用型创新人才的有效途径和构建"本科学历教育与职业技能培养相结合"的人才培养模式。

一、民办高校人才培养面临的问题

民办本科高校也称为地方本科高校。2000年后批准招生的民办本科高校、独立学院也属于新建本科高校的范畴，均已成为高等教育大众化阶段我国高等教育事业的重要组成部分。与普通公立高校相比，民办本科高校的整体实力还较为薄弱，部分民办高校还地处省会之外的地级市，所以，其发展过程常常受到区域社会经济条件和各种因素的制约。

一是民办本科高校在高等教育体系内处于劣势地位。民办本科高校属于三本录取的高校（近年来，三本均已合并到二本），前有一本录取的国家重点高校、地方名校，后有就业特色鲜明、异军突起的高职院校，许多民办本科高校办学特色、培养目标模糊不清，处于不伦不类的尴尬角色。

二是民办本科院校区域优势不强且投入严重不足。部分民办本科院校处于经济欠发达的地级中小城市，多为民办高职高专院校建制基础上升格而成。其区域优势不强，教育资源相当短缺，生源质量相对一般；投入也严重不足，政府对民办本科院校没有生均拨款，仅靠收取学生学杂费维持，因此，发展资金严重短缺。

三是民办本科院校难以引进和留住高层次人才。民办本科院校高学历、高职称人员数量不足，且结构不尽合理，质量不高。由于人事政策的歧视，教师不能享受事业编制待遇，使高端人才望而却步，博士层次的高学历人才凤毛麟角，人才结构呈现"哑铃型"，青年和老年教师比例偏大，中年高端人才极为缺乏。中青年教师一旦评上高级职称或考上博士，一走了之，进入了条件更好的公办高校，民办本科高校被戏称为"普通高校的高级人才培训基地"。

四是民办本科院校缺乏本科管理人才和办学经验。民办本科院校校级主要领导尽管可以在公立本科院校已退休校长、副校长等校级领导中聘请，但校内的中层干部，尤其是业务主管部门的中层干部和院系负责人是难以由其他高校大量"天降"的，大部分是从建校以来本校毕业留校生中选拔的，虽然忠诚、有实践经验并具有工作奉献精神，但教学与管理的综合水平偏低。特别是民办本科高校和独立学院由于资产体制政策不到位，资金缺乏，为减少人员开支，创办人更愿意用近亲、本校培养的本土人才。

五是部分民办本科院校升本后，反而不知所措，办学特色不鲜明。民办本科院校升本后，在人才培养方面还未形成自己的特色，尤其是实践创新能力较差，公众认可度偏低。与此同时，民办本科院校培养目标定位模糊，盲目与公立高校攀比，高不成、低不就，毕业生就业困难。

以上原因已成为制约民办本科院校发展的重要社会性因素。

面对如此问题与压力,民办本科院校应积极转变观念,适应高等教育大众化阶段对人才培养多元化的需要,从大学组织结构上向大众化大学组织结构转型,创建应用技术大学,其专业也要适应区域经济建设的需要,培养适应地方经济建设需要的应用型创新人才。

二、创业者组织向大众化组织的转型

1972年,美国著名社会教育学家马丁·特罗(Martin Trow)教授通过对美国、西欧国家高等教育发展轨迹的研究,以高等教育毛入学率为指标(注:高等教育毛入学率指当年各类高等教育在校生占18—22周岁人口的比率),提出了可以将高等教育发展历程分为"精英、大众和普及"三个阶段的著名论断。当高等教育毛入学率在15%以下时属于精英教育阶段,15%—50%为高等教育大众化阶段,50%以上为高等教育普及化阶段。

从世界发达国家高等教育发展历史看,地方高校(新建本科院校)的快速发展和它在整个国家高等学校系统中所占比重的增加,往往是高等教育从精英化阶段迈入大众化阶段的重要标志,同时也是高等学校社会功能发生重要转折的历史时期。这种转折的最显著特征就是高等学校着力于为地方经济社会发展服务,并在服务地方经济社会发展的过程中形成地方特色。[①]在以往我国加快扩大高等教育规模的重要历史时期,民办高校对加快我国高等教育大众化的进程发挥了重要的作用。

随着工业化和信息化进程的推进,社会生产和生活不断涌现出大量的新技术、新成果,使企业对应用型和实用型人才的需求不断增加和细化。高等教育大众化阶段存在着精英教育和大众教育两种不同的价值

---

① 贺新:《中原经济区建设的教育支撑之人才培养篇》,《河南日报》2012年5月30日理论版,第10版。

体系和实践体系，我国的研究型大学和高职高专院校是这两种教育体系的典型代表。徘徊于精英教育和大众化教育两种体系之间的民办本科高校，为了适应区域经济建设的需要，应十分鲜明地确立大众化的发展路径，创建应用技术大学，从大学组织结构上向培养应用型创新人才模式上转型。

民办本科高校属于地方高校，与地方社会有着千丝万缕的联系，更接近社会文化的基层，并把职业课程逐步引入了大学课堂，越来越注意培养应用型、职业型专门人才，以满足更广泛的社会需求和公民个人需求。"直接为社会服务"成了这些大学的第三功能。大学功能的分化促使了大学类型的多样化，促进了新类型大学的产生，这类大学兼有普通高等教育和职业教育的特点，即在人才培养上，一方面要培养符合教育部要求的具有普通本科知识的高级专门人才，另一方面又要突出职业能力的培养，这就是以新建本科高校和民办本科高校为主体的应用技术大学。

综观高等教育发展史，高等教育"精英""大众""普及"的三个发展阶段对大学组织结构产生了不同的影响。因此，在高等教育不同的发展时期，民办高校也一定应有与之适应的大学组织结构。

（一）高等教育精英化阶段的创业者组织结构

高等教育精英化阶段的大学规模普遍很小，大学类似"部落"。例如，1640年成立之初的私立哈佛大学，仅有1位校长、2—3名导师、1名财务管理员、1名厨师、1名总管和几名仆人、20—50名住宿学生。此时的大学组织结构是典型的创业者组织结构。

创业者组织结构亦称简单结构。一是组织中的中层人员少，劳动分工松散，管理层次小，活动正规化程度低，很少有计划程序或培养方案；二是这种组织结构中，权力高度集中在主要负责人手中，决策简单而灵活，其过程往往倾向于直觉；三是在创业者组织结构的战略制定中,主要负责人的战略远见起重要作用。民办高校大学组织的初始阶段就是这种组织结构,规模小,组织层级少。精英化阶段大学组织结构的特征是把大学定位在"传授知识的场所",大学是象牙塔,教学是其主要的功能。至今为止,相当部分的民办本科高校大学组织结构的特征仍然是定位在以教学为主的"传授知识的场所"。

(二)高等教育大众化阶段的大学组织结构

高等教育大众化阶段的最大特征是量的高扩张性。这种高扩张必然引起民办高校组织规模的扩大,由小型组织到大型组织。民办高校大学组织结构由于量的扩张,逐渐更趋向于多层级。随着科学技术的发展和学科的不断分化,学科由大类向一级、二级学科分化,大众化阶段民办高校的大学组织开始由学院向系、专业分化,出现了名副其实的多层次特征结构(如图5-6所示)。同时,由于组织结构由二级延伸到三级,相应的管理重心也由原来的学校向学院下移(如图5-7所示)。①

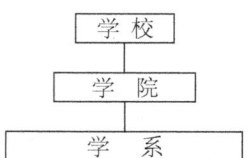

图5-6 高等教育大众化民办高校大学组织结构

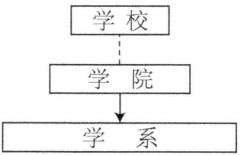

图5-7 大众化大学的管理重心下移

---

① 郭石明:《社会变革中的大学管理》,浙江大学出版社,2004,第9页。

大众化阶段民办高校的大学职能应由教学向科研延伸，科研应成为与教学并存的独立的职能系统，并作为高等教育的独立层次存在和发展。高等教育大众化阶段的民办高校大学职能应扩展为"为地方区域社会服务"的职能。其资源和能力直接用于解决公共问题，直接为地方区域社会服务。

从传授知识的场所到教学与科研相结合，再到为社会服务，这是大学理念发展的轨迹。前两个理念是从大学内部的教学、教学与科研的关系上来认识大学组织的，后一个理念是基于大学与社会关系的视角来认识大学组织的。从大学组织职能结构分析，为社会服务的理念使大学原有的两个职能（教学和科研）向第三个职能（社会服务）拓展和延伸，使大学组织形成了比较合理和完善的组织结构职能体系。

（三）创业者组织转型为大众化大学组织

毋庸置疑，我国民办高校建校初期均是创业者组织结构，时至今日，虽然办校规模有了大幅度的扩张，但大部分民办院校还基本停留在创业者组织结构阶段。学校组织的运作主要靠创始人个人的能力和魅力，创始人一言九鼎，民办高校创业者组织结构特征十分明显。

从规模上讲，我国民办高校已具有高等教育大众化阶段的大学特征，但其大学组织结构和办学理念还滞留在创业者组织结构阶段。尤其是民办高职院校和独立学院，大部分还是单一的教学职能。例如，独立学院 15%－35% 的学费收入还要上交母体大学，兼有母体大学创收的功能。这些院校基本上没有科研职能，或者科研职能极弱，更谈不上为社会服务的大学职能。缺乏科研和为社会服务职能的纯教学职能型大学是不可能培养出应用型创新人才的。民办高校现有的大学组织结构已不能适应大众化高等教育培养人才多元化的需求，而要确立应用型创新人才的培养目标，就必须从组织结构上向应用技术大学大众化大学组织结构转型。强化学术科研的功能，尤其要强化为"为社会服务"的功能。

三、民办本科院校转型发展的路径选择

在服务地方经济社会转型升级的过程中建设应用技术大学,是民办本科院校实现自身转型发展的必然选择。民办本科高校向应用技术大学转型发展的路径既有其独特性和差异性,也有其共同遵循的基本价值导向和可供借鉴的共性追求。

(一)紧贴地方经济社会及产业转型升级需求,确立办学定位和发展方向

应用技术大学是集职业技术教育、高等教育、继续教育于一体的新的大学类型①,地方性、应用型、多元化是其基本特征。因此,民办本科高校在向应用技术大学转型过程中要遵循以下两点:

一是要科学进行创建应用技术大学顶层设计。民办本科高校应充分利用其市场竞争意识较强的先天优势,确立紧贴地方经济社会发展需求、培养行业转型升级急需的应用技术型人才,开展应用型科研服务的基本定位和发展方向。例如,宁波财经学院根据浙江地区民营经济发达、中小企业聚集的基本特征,确立了"建设以应用型为特征的教学型大学,培养区域中小企业中高端技术管理岗位高素质应用型人才……逐步构建服务型办学体系"的办学定位与发展思路。

二是创建应用技术大学要加强办学理念的落地与深化。服务区域经济社会发展这一总体办学方向能否得到确立和巩固,关键还在于其能否得到学校各级部门领导、全体教师的认同理解,并自觉地将其贯彻落实到实际工作中。因此,民办本科高校在向应用技术大学转型中要通过举办教育思想大讨论、完善教师业绩考核评价机制、调整科研方向等

---

① 应用技术大学(学院)联盟、地方高校转型发展研究中心:《地方本科院校转型发展实践与政策研究报告》,[R/OL](2013-11-30)[2015-04-15].http://wapwenku.baidu.com/view/1e6c9c3feff9aef8941e0691.html。

举措，将服务的理念贯穿并融入学校文化培育、学科专业建设、科学研究、群团活动等各个方面，深入到全体师生员工的思想和具体行动中，并在大学组织结构设计、管理制度改造、资源配置等方面予以全力支持，从而确保学校各项改革顺利推进。[①]

（二）强化校地互动互融，建设地域特征和行业特色鲜明的学科专业

通过加强校地联动，构建与地方支柱产业和战略性新兴产业紧密相关的学科专业，突出学科专业的地方性、行业性、特色性。这既是民办本科院校立足地方、服务地方价值取向的直接体现，也是其实现向应用技术大学转型的关键所在。

一是着力建设应用型学科专业。要围绕区域经济发展和产业调整升级的迫切需求，科学布局学科专业，并通过专业链与产业链的有效对接互动，重点建设与地方主导产业、优势产业、新兴产业紧密联系的应用型学科专业。

二是大力培育特色学科专业。打破以学术体系为标准进行学科专业建设的传统思路，面向地方新产业、新业态发展，大力推进学科交叉、创新和融合，通过创新发展、错位发展和合作共建来构建新兴特色学科专业。例如，宁波财经学院面向浙江海洋经济战略，与行业领先企业合作建立了大宗商品经济学以及大宗商品交易（物流、金融）专业。

三是建立学科专业动态调整机制。根据科技发展和企业技术进步的现实需求，优化学科专业结构，及时调整学科专业方向，建立与地方产业急需的高素质应用型技术人才相适应的学科专业动态调整机制，以保证人才培养与经济社会发展的吻合度和适切度。

---

① 白海雄：《新建民办本科院校向应用技术大学转型发展的比较优势与路径》，《教育与职业》2016年第20期，第20-23页。

(三) 促进校企深度融合，构建多样化的应用型人才培养模式

一是构建多样化的人才培养规格体系。区域不同，产业集群或岗位类型对人才培养的知识、能力、素质有不同要求，而以互联网为代表的信息技术革命又加剧了学生价值观念、知识结构、发展潜力等的复杂性和多样性，因此，应鼓励支持各专业在充分开展社会调研的基础上，细分人才培养的岗位特征与规格要求，基于岗位类型的多样性和学生对教育的个性化需求，面向产业行业，建立与学校人才培养总体目标定位一致、具有多样化特征的人才培养规格体系。

二是改革应用型课程与教材体系。按照专业核心能力和综合应用能力构成要素的规格要求，以模块化结构构建教学内容，采用由行业企业管理技术人员参与的分阶段、团队式授课形式，实行成果导向的课程评价方法，建立"通识课程＋学科专业基础课程＋专业课程＋专业拓展课程＋集中实践教学"的应用型课程体系，改变传统的以统编权威为标准的教材选用、建设方法，开展自编特色教材或讲义建设，建立内容反映行业需求、理论与实践高度融合的特色教材体系。[1]

三是开展企业深度介入的实践教学。民办本科院校可参照德国应用技术大学以企业为主导的实践教学模式，通过集聚行业企业、政府、社会专业团体等多方力量，建立一批支撑学生有效进行实验、实习、实训的校内外实践教学基地，同时改革实践教学方式方法，组织学生加入导师团队，开展相关的应用研究，以培养学生对知识的综合应用能力和自主解决问题的能力。[2]

四是重构人才培养质量评价机制。要围绕应用型人才培养目标要

---

[1] 白海雄：《新建民办本科院校向应用技术大学转型发展的比较优势与路径》，《教育与职业》2016年第20期，第20-23页。

[2] 孟庆国：《应用技术大学办学现实性与特色分析》，《职业技术教育》2014年第10期，第10页。

求，灵活采用闭卷、大作业、课程论文、技能测试、读书报告等多元化的考评方式；重视对应用型专业建设质量的系统评价，构建由专业建设年度绩效考核、专业建设专项评估、专业建设水平综合评估构成的专业评估制度。同时，将合作企业、家长等第三方评价作为评价人才培养质量的重要标准，着重建立由人才培养社会贡献度、毕业生岗位适应能力、毕业生职业发展能力、人才培养工作满意度等指标构成的专业人才培养质量的社会评价制度。

（四）创新教师发展机制，建立应用型教师队伍和教学团队[①]

德国应用技术大学对教师聘任非常严格，要求教师具有博士学位且有至少五年的职业实践，其中至少三年是在高等学校范围外进行，并在有关应用或科技开发方面取得特殊成就。[②] 民办本科院校要尽快建立满足应用技术技能型人才培养需要的、专兼结合的应用型教师队伍。

一是促进现有教师的转型提升。要重视校内教师的培养培训，建立教师发展中心等专门机构，通过组班、专题讲座、考察交流等多种形式，系统提升教师的教学、科研能力；搭建应用型教师快速发展的渠道与平台，鼓励教师下企业挂职锻炼，大力推进教师参与企业或政府部门的应用型项目研究，促使校内专职教师通过提升自身实践能力和职业素养来向应用型教师转型。

二是建立专兼结合的应用型教学团队。从行业部门、企业引进或聘请一批具有较强实践教学能力的工程技术骨干或管理专家任兼职教师，逐步建立由擅长专业理论教学的教师和由实践教学能力突出的应用型教师或来自行业企业的技术专家共同组成的教学团队，通过发挥知识、能

[①] 白海雄：《新建民办本科院校向应用技术大学转型发展的比较优势与路径》，《教育与职业》2016年第20期，第20-23页。

[②] 董大奎、刘钢：《德国应用科技大学办学模式及其启示》，《教育发展研究》2007年第1期，第42页。

力的团队优势来完成学生专业综合应用能力的培养。

三是完善促进应用型教师发展的制度体系。要制定出台应用型教师资格认定及考核评价制度，明确应用型教师类型及其相应的认定标准，建立分类、分层的应用型教师引进、培养、认定、考核的动态管理体系。同时，制定区别化的应用型教师专业技术职务评聘标准，出台符合应用型教师发展特征的人事管理制度，打通其职业发展渠道。

（五）多方协同联动，开展应用研究与实用技术研发

通过开展创新性的应用研究来服务社会需求，是欧洲应用技术大学的另一项重要职能和使命。目前，各国的相关政策在途径、观点、政策工具上呈现出多种模式。[①]但总体来看，多元合作是欧洲应用技术大学推进应用研究和技术研发的主要手段。而我国民办本科院校在实施应用技术大学战略改革的过程中，需做到以下几点：

一是确立以实用技术研发与应用为主的科研方向。要将科研的服务面向聚焦于区域中小企业，主动承接来自企业委托研究的实践性横向项目，开展技术研发、新产品开发，帮助中小企业解决生产过程中遇到的工程技术问题，并提供相关技术服务，同时积极促进应用研究成果的推广、转化和应用，提升其辐射产业链的延伸效益。

二是组建应用型科研团队。与传统老牌本科大学相比，民办本科院校教师的科研能力普遍较弱，为此，必须打破院系界限，整合校内研究力量，以共同研究方向为基础，以扁平化矩阵组织结构为组织体系，建成一批人员结构合理、攻坚能力强的应用型科研团队，通过加强条件保障、建立竞争激励机制等举措，充分激发团队成员集体智慧，合力开展重大横向课题研究、应用技术研发及成果转化。

---

① 孙诚、杜云英：《欧洲应用技术大学的发展思路》，《中国高等教育》2014年第12期，第62页。

三是整合资源,搭建协同创新平台。要成立应用科技研究中心或科研基地,通过多学科、多专业的交叉融合,协同进行应用研究。同时,发挥体制机制灵活的优势,借助外力,联合地方政府、行业企业、科研机构及其他高校,组建产学研战略联盟或产学研协同创新中心,利用各方资源进行跨单位、跨地区的联合攻关。①

四、应用技术大学人才培养模式设计

应用技术大学组织结构注重培养人才"服务于社会"的能力,所以,构建能力本位的"本科学历教育+职业技能培养"的人才培养模式,应是应用技术大学可持续发展的应用型创新人才培养路径。这种人才培养模式包括知识要素、能力要素、素质要素三个方面(如图5-8、图5-9、图5-10所示)。

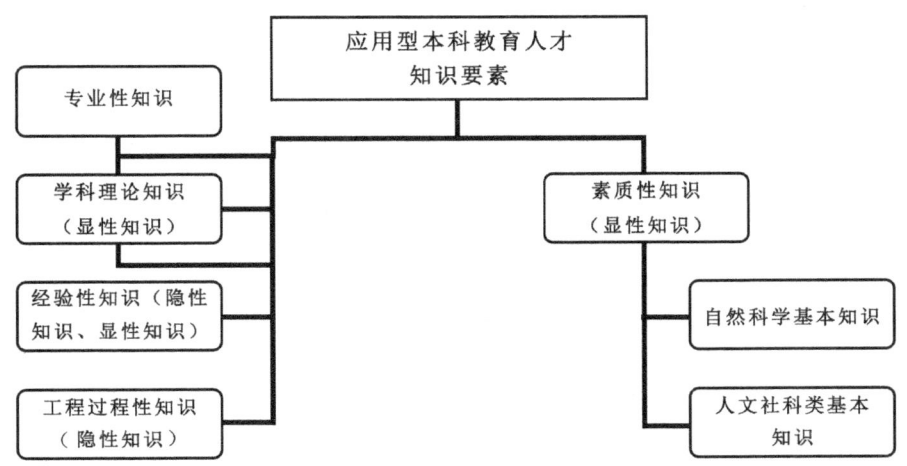

图5-8 应用型本科教育人才知识要素结构

---

① 白海雄:《新建民办本科院校向应用技术大学转型发展的比较优势与路径》,《教育与职业》2016年第20期,第20-23页。

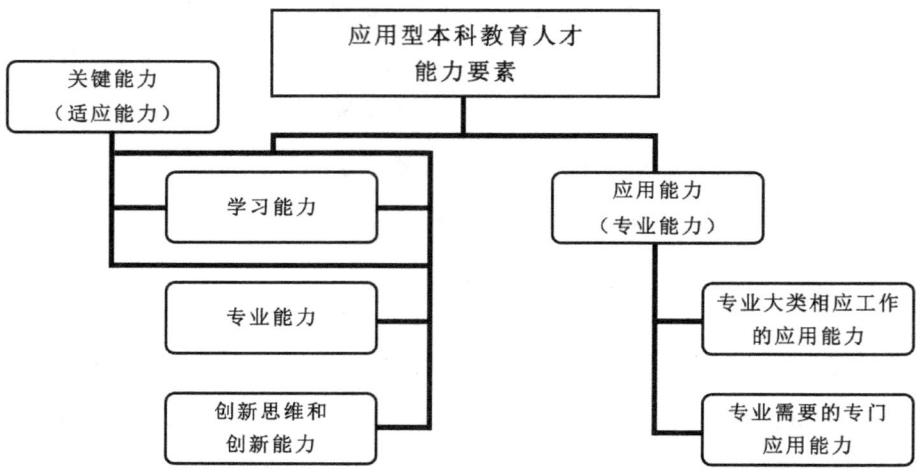

图5-9 应用型本科教育人才能力要素结构

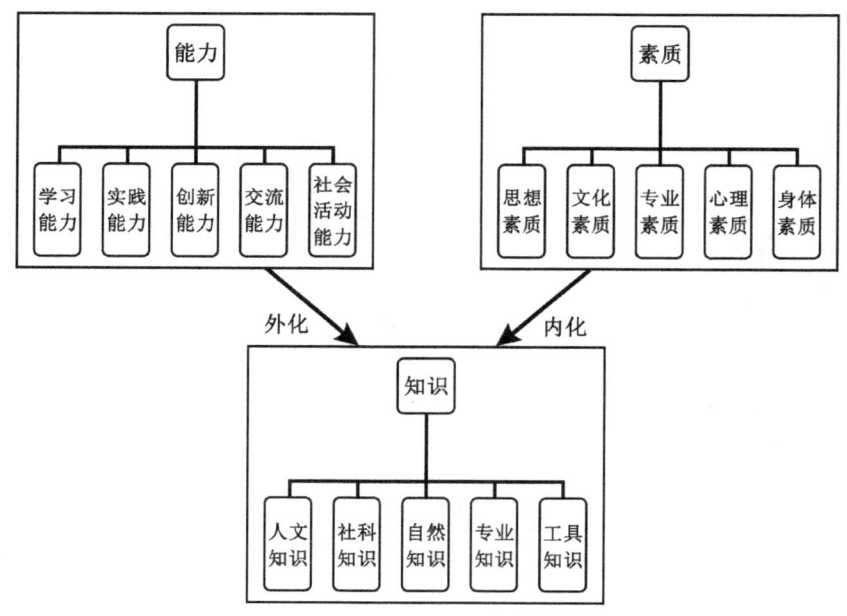

图5-10 知识、能力、素质关系结构

应用技术大学如何构建"本科学历教育与职业技能培养"相结合的应用型创新人才培养模式，培养本科应用型创新人才？我们认为应做好以下五个方面的工作。

(一) 以社会和行业需求为目标科学设置和调整专业，加大课程建设与改革的力度

专业设置应适应社会和市场的需求，要主动开展劳动力及人才市场的需求分析和毕业生跟踪调查，根据产业结构的调整和劳动力市场的变化，及时改造老专业，开办新专业，拓宽专业的适应性；要积极与行业企业合作开发课程，根据技术领域和职业岗位（群）的任职要求，参照相关的职业资格标准，改革课程体系和教学内容，以增强学生的职业适应性。

(二) 优化课程体系，以课程结构模块化为基础，构建应用型人才培养课程体系

贯彻多元整合的策略思想，打破原有课程、学科之间的壁垒和界限，摆脱学科知识系统的束缚，实现课程设置模块化。要冲破学科型课程体系的基础课、专业基础课、专业课的单科分段式模式，以职业技能培养为目的，根据市场变化和学生职业要求设计模块，按照"宽基础、活模块"的原则设置灵活实用的课程体系，每一模块的课程应与职业所需的学识、技术和能力要求相对应，与职业资格考试相结合（见表5-14，如图5-11所示）。

表5-14 黄河科技学院本科人才培养方案各课程平台学分比例及选修课学分要求

类　别	普通教育课程平台	学科核心课程平台	专业核心课程平台	集中实践环节和课外创新平台
占总学分比例	35%－40%	25%－30%	15%－20%	15%－20%
其中选修课学分	≤8	不限	≥6	创新性选修课≥4

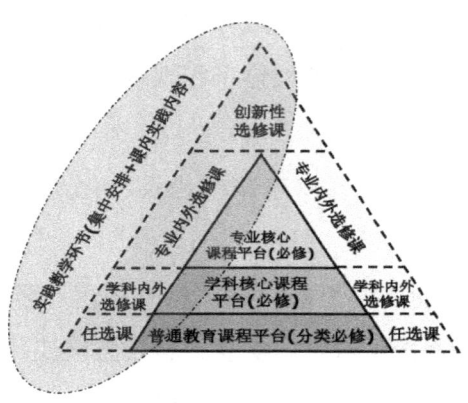

图5-11 应用技术大学人才培养方案课程体系

（三）以就业为导向，构建学生实践动手操作能力和职业创新能力培养的保障体系

应用技术大学组织结构也是以就业为导向的大众化大学组织结构。因此，应用技术大学要以就业为导向确定培养目标：一是构建课堂教学、实践教学和模拟操作"三位一体"的立体教学模式（如图5-12所示）；二是建立以人才、教材和器材为支撑的"三位一体"教学模式实施的保障体系；三是建立学生反馈、同行间相互评价和教学督导评估的"三条保障线"保障培养模式的实施体系（如图5-13所示）；四是构建

校内考试标准、职业资格证书标准和行业考核标准的"三条评估标准"的教育质量保证体。①

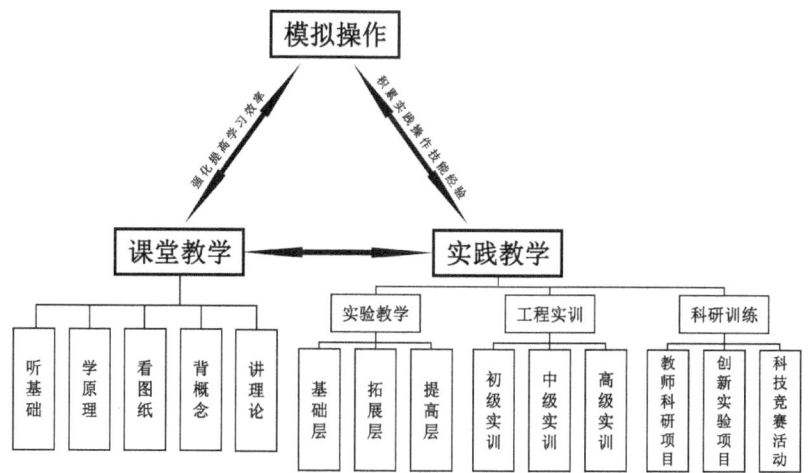

图5-12 课堂教学、实践教学和模拟操作"三位一体"教学模式

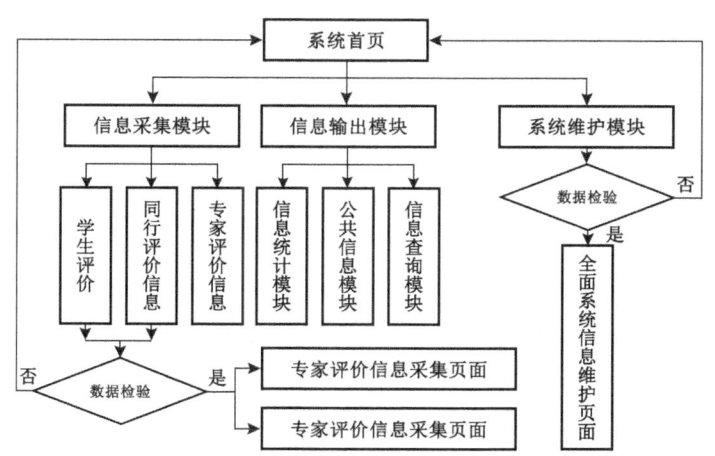

图5-13 应用技术大学人才培养教学督导评估系统流程

---

① 付立彬:《创新民办高校应用型人才培养模式研究》,《黄河科技大学学报》2012年第2期,第11-15页。

(四) 实施"三结合"产学研人才培养模式,实现学生无缝式就业培养

"三结合"(校企结合、工学结合、虚实结合)产学研人才的培养可以概括为:以就业为导向,充分利用学校和企业各自的教育环境和资源,采取课堂教学和学生参与实际工作、现场实训与仿真模拟实训相结合的形式和校企双方在人才培养中全过程、全方位合作的办学模式,这是新建本科院校实现校企合作比较理想的模式(如图5-14、图5-15所示)。

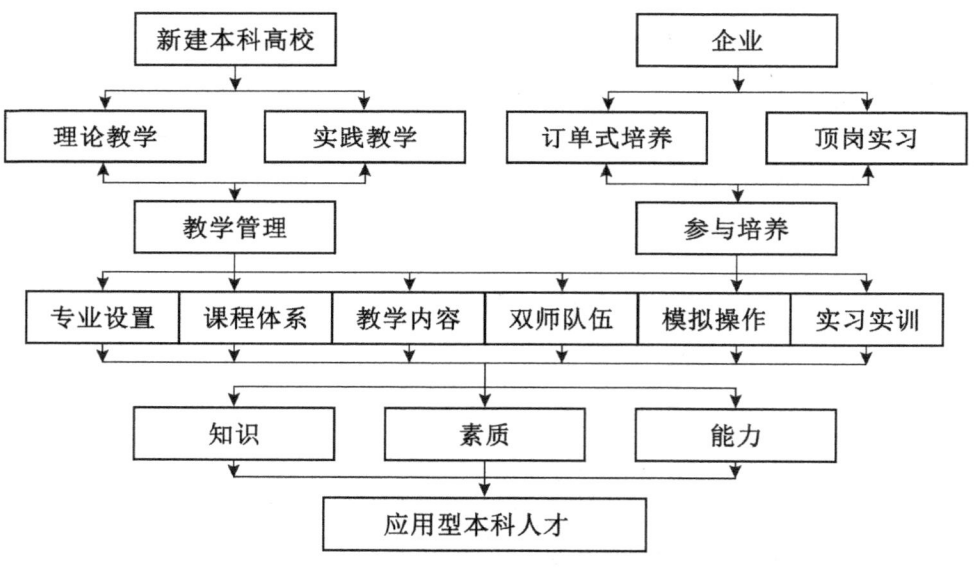

图5-14 应用技术大学"订单式"培养应用型创新人才

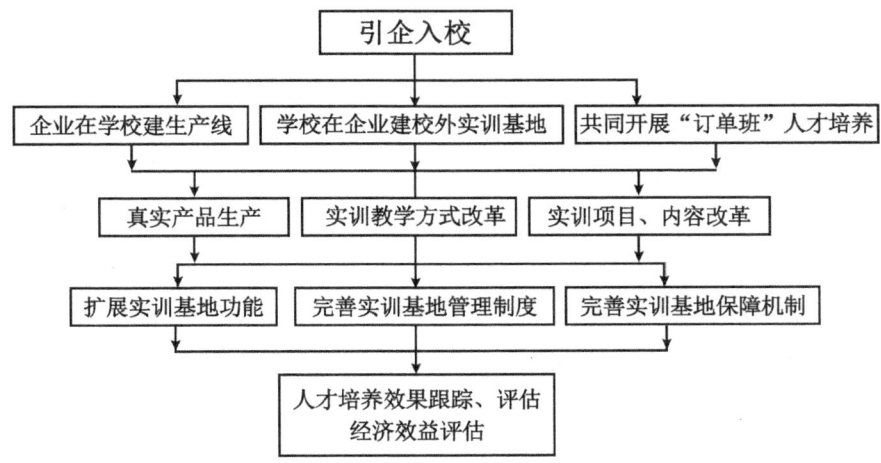

图5-15 应用技术大学"引企入校"共建生产性实训基地思路

（五）加强"双师型"教师队伍建设，加强教学评估，完善教学质量保障体系

在应用技术大学的大众化大学组织结构中，新建本科院校教师队伍建设要适应应用型创新人才培养模式改革的需要：一是按照开放性和职业性的内在要求，增加专业教师中"双师型"教师比例，以提高实践教学能力；二是要强化质量意识，尤其要加强质量管理体系建设，重视过程监控，吸收用人单位参与教学质量评价，逐步完善以学校为核心、教育行政部门引导、社会参与的教学质量保障体系。

（六）结论及建议

根据对大众化大学组织结构中的应用型创新人才问题研究，提出以下建议，供创建应用技术大学和政府决策部门咨询参考。

（1）为了适应地方区域经济建设的需要，应用技术大学必须十分鲜明地确立大众化教育的发展路径，以培养服务社会的应用型创新人才为己任。具体地说，就是从组织结构上由创业者组织向大众化大学组织结构转型。

（2）创业者组织结构是偏重于类政府组织（官僚制）结构，学科中的学术权力十分微弱，权力过分集中，行政权力往往凌驾于学术之上。这是必须引起应用技术大学校级领导重视的问题，民办本科院校向应用技术大学的大学组织结构转型，首当其冲的是领导班子思想观念的转型，敢于分权，把部分权力向二级学院下移。

（3）应用技术大学的大众化大学组织结构是"为社会服务"的组织结构，是"以就业为导向"培养应用型创新人才的组织结构。因此，"本科学历教育与职业技能培养"相结合的人才模式适应了这一需求，是大众化大学组织结构中应用技术大学可普遍采用的应用型创新人才的培养模式。

（4）为适应地方区域经济建设的需要，应用技术大学应注意重点发展工科，大力发展特色学科，稳步发展基础学科，不断提升学术科研水平。[①] 应用技术大学必须保持并发扬面向地方经济服务的特色学科，培养大批"下得去、用得上、留得住"的应用型创新人才，加速科技成果转化和高新技术产业化，为所在地区的经济建设和社会发展服务。同时，对基础学科如数学、物理、化学等要稳步发展，为其他学科的发展提供理论上的支持，增加学科的学术发展潜力。

（5）应用技术大学应用型创新人才的培养要与区域的文化氛围相融合。相当部分的应用技术大学一般位于中小城市，这些城市的地域文化氛围既是学科建设文化氛围的重要组成部分，也是应用技术大学建设特色学科的重要资源和切入点。地域文化特色是地方高校建设特色学科的重要教育资源，将特色学科建设与地域文化特色紧密结合起来，可以促进应用技术大学特色学科的形成，也有利于区域应用型创新人才的培养。

---

① 徐文华：《河南省新建本科高校学科建设现状分析及发展建议》，《南阳师范学院学报》（社会科学版）2009年第4期，第100-103页。

第六章 民办高校组织转型的路径与实践

——基于大学组织结构理论的视角

2005年11月初,时任中国教育学会副会长陶西平总结了民办教育发展的六大转型,即由边缘化地位向主流化地位转型、由补充性作用向发展性作用转型、由行政性管理向法治化管理转型、由指令性调节向加大市场化调节因素转型、由机遇性发展向实力性发展转型、由趋同化模式向多元化模式转型。①十几年来,"转型"已成为民办教育发展的常态化、动态化的持续过程。《国家中长期教育改革和发展规划纲要(2010—2020年)》明确提出,民办教育是教育事业发展的重要增长点和促进教育改革的重要力量。两个"重要"标志着由边缘化地位向主流化地位转型和由补充性作用向发展性作用转型的完成;《纲要》提出的"支持民办学校创新体制机制和育人模式,提高质量,办出特色,办好一批高水平民办学校"和"对具备学士、硕士和博士学位授予单位条件的民办学校,按规定程序予以审批"说明了由机遇性发展向实力性发展转型取得的成果得到了国家和社会的肯定。

河南民办教育产生于改革开放后的20世纪80年代初,经过40多年的探索发展,经历了从无到有、从小到大、从弱到强的成长过程。近年来,河南省民办教育发展转型进入了深化阶段,呈现出向法治化、市

---

① 陶西平:《推动中国民办教育事业的合理转型》,《教育发展研究》2005年第10期,第5-8页。

场化推进的特点。一方面是因为国家政策导向和教育法律法规的完善为民办教育转型提供了法治化、市场化的顶层设计；一方面是各级各类民办学校经过自 2003 年以来的转型发展为近年来的转型提供了经验、实力和动力。① 未来几年，法律法规调整、人口政策变化会为民办教育发展转型带来新的机遇。同时，由于高等教育已从精英化阶段进入大众化阶段，其民办高校的大学组织结构也应该由民办高校初期和发展时期的创业者组织结构向大众化组织结构转型。

第一节　政策牵引、体制创新引领转型

经过改革开放以来 40 多年的发展，民办高校已经成为高等教育大众化阶段河南省高等教育事业的重要生力军。截至 2022 年，河南民办普通高等学校和独立学院共有 44 所，分别分布在河南郑州、焦作、商丘、开封等 14 个地级市，其中，本科 19 所，专科 25 所，占河南省普通高校 156 所的 28.21%；2022 年，河南民办高校和独立学院在校生总数 80.87 万人，其中，普通、职业本科生 44.17 万人，专科 36.70 万人，占全省普通本专科在校生 282.33 万人的 28.64%（见表 6-1）。② 由此可见，河南民办高校具有了一定的区域竞争力，已初步完成了由边缘地位向主流地位的转化，实现了由补充性作用向发展性作用的转化。但是，从整体上说，全省民办高校人才培养位序不高，影响不强，44 所民办高校中有 25 所专科高校，本科高校中不仅没有硕士、博士学位授予点，而且

---

① 胡大白主编《河南民办教育蓝皮书：河南民办教育发展报告》(2017)，社会科学文献出版社，2017，第 49 页。
② 《2022 河南省教育事业发展统计公报》https://www.doc88.com/p-78161086801660.html?r=1。

还长期处于招生的二本批次和人才培养层次的低端位序,这就直接导致河南民办高校一方面对学术型教师吸引力差,另一方面向社会提供学术型人才的服务能力弱化。河南民办高校一方面采取追随发展的战略,向同一办学层次的公办高校或民办高校看齐,缺乏特色化发展的能力和动力;另一方面河南民办高校面临着转型拐点,传统的高效率、低成本、大规模的快速扩张的发展模式难以为继,相较于公办高校,河南民办高校的转型来自"顶层设计"的改革意愿更强,转型摩擦成本更低,转型压力传导迅速且内部自组织效率较高。

表6-1 2012－2022年河南省民办高校及普通高校数和在校生数统计

年份	民办高校		普通高校		民办高校数占全省比例（%）	民办高校学生数占全省比例（%）
	学校数（所）	在校生人数（万人）	学校数（所）	在校生人数（万人）		
2012	34	28.96	120	155.9	28.3	18.6
2013	35	33.04	127	161.83	27.6	20.4
2015	37	38.65	129	176.69	28.7	21.9
2016	37	41.72	129	187.47	28.7	22.3
2017	37	45.66	134	200.47	27.6	22.8
2018	39	51.05	140	214.08	27.9	23.8
2019	39	59.47	141	231.97	27.7	25.64
2020	43	67.12	151	249.22	28.48	26.93
2021	45	74.30	156	268.64	28.85	27.66
2022	44	80.87	156	282.33	28.21	28.64

注：数据来自2012—2022年河南省教育厅教育事业发展统计公报。

一、政策牵引为转型提供科学的顶层设计

大学组织是开放的社会系统,外部环境的变化和复杂性对大学组织设计和运行有重大影响,大学组织的绝大多数决策、活动和成果源于对外部环境的刺激反应。因此,高校组织设计必须考虑环境的影响。作为一个系统,高校组织的构成要素一般包括四个方面,即大学组织目标、大学组织结构与设计、大学组织文化和组织内的群体。而大学组织目标又是对组织结构进行设计的基础,不同的组织目标需要设计不同的组织结构去实现它,以满足组织的高效运作。在我国经济社会发展进入创新驱动的新常态下,河南省民办高校的组织结构也应转型为适应河南经济建设需要的大学组织结构。

进入新世纪以来,我国经济社会发展由过去靠资源、市场等要素驱动和投资驱动的发展方式逐渐向主要依靠创新驱动转变。特别是在2015年全国两会《政府工作报告》中首次提出"推动大众创业、万众创新,培育和催生经济社会发展的新动力"后,大众创业、万众创新蔚然成风,"双创"成为创新驱动发展战略的代名词。通过"双创"把创新驱动发展战略落到实处,使创新真正居于国家发展全局的核心位置,成为引领发展的第一动力,成为全社会的共识。"双创"对高技能人才的需求大量增加,这就为民办高校培养更多适应经济发展所需的应用技术型人才提出了新的要求,也为河南民办高校找准发展路径,在组织结构上完成由教学型高校向应用型或应用技术型高校转型,明确办学定位,提高办学质量,增强服务社会的能力,建设更具特色、更具竞争力和影响力的社会主义民办大学提供了历史机遇。

民办高校在转型发展过程中能够凸显其体制性优势,建立完善的动力体系。河南省民办高校转型发展的动力系统,即依靠顶层设计的牵引和指导,经由管理部门的推行和落实,以师资队伍的承受能力为底线,

不断激发广大学生的创新与创业力；反过来，学生创新、创业能力的培育将会提升就业率，带来招生规模的扩大，进一步将收益回馈到民办高校的各个主体，产生动力循环体系，走上良性循环的内涵式发展模式。[①]

早在世纪之交，教育部就开始筹划高等教育体制的结构改革，核心是改变以往单一的学术型或研究型办学模式。2001年，教育部出台了《关于做好普通高等学校本科学科专业结构调整工作的若干原则意见》，强调要大力发展与地方经济建设紧密结合的应用型专业。2010年5月，《国家中长期教育改革和发展规划纲要（2010—2020）》提出："到2020年，形成适应发展方式转变和经济结构调整要求、体现终身教育理念、中等和高等职业教育协调发展的现代职业教育体系。""建立高校分类体系，实行分类管理。""支持民办学校创新体制机制和育人模式，提高质量，办出特色，办好一批高水平民办学校。"开始把高职、新建地方本科院校（民办高校）、独立学院纳入现代职业教育体系，高等教育进入转型期。

教育部在2010年5月颁布了《关于大力推进高等学校创新创业教育和大学生自主创业工作的意见》（教办〔2010〕3号），提出加强创新创业教育课程体系建设。把创新创业教育有效纳入专业教育和文化素质教育教学计划和学分体系，建立多层次、立体化的创新创业教育课程体系。2012年8月，教育部办公厅印发《普通本科学校创业教育教学基本要求（试行）》，对在高校开展创业教育的教学目标、教学原则、教学内容、教学方法、教学组织做了基本要求，并随文颁发了"创业基础"教学大纲（试行），标志着创业教育进入全面推进阶段。

2014年5月教育部颁发《关于加快发展现代职业教育的决定》，当年6月，李克强总理召开国务院常务会议，强调"发展现代职业教育是

[①] 李庆阳：《河南省民办高校转型发展模式研究——体制特征、动力机制、路径选择》，《商丘师范学院学报》2017年第7期，第94-99页。

促进转方式、调结构和民生改善的战略举措",要"打通从中职、专科、本科到研究生的上升通道,引导一批普通本科高校向应用技术型高校转型"。这标志着地方本科高校,包括民办高校的转型发展已上升为国家意志。

2015年5月,国务院办公厅印发了《关于深化高等学校创新创业教育改革的实施意见》,指出深化高等学校创新创业教育改革是国家实施创新驱动发展战略、促进经济提质增效升级的迫切需要,是推进高等教育综合改革、促进高校毕业生更高质量创业就业的重要举措。2015年6月,国务院发布《国务院关于大力推进大众创业万众创新若干政策措施的意见》,提出"要把创业精神培育和创业素质教育纳入国民教育体系,实现全社会创业教育和培训制度化、体系化,引导和推动创业孵化与高校、科研院所等技术成果转移相结合,完善技术支撑服务"。2015年10月1日,修订后的《中华人民共和国促进科技成果转化法》正式颁布实施,把科技成果的使用权、处置权和收益权正式下放至高校。2015年10月,教育部、国家发展改革委、财政部联合发布《关于引导部分地方普通本科高校向应用型转变的指导意见》。2015年12月27日,第十二届全国人民代表大会常务委员会第十八次会议通过了《中华人民共和国教育法》和《中华人民共和国高等教育法》,新修订的《中华人民共和国教育法》将第十一条第一款修改为:国家适应社会主义市场经济发展和社会进步的需要,推进教育改革,推动各级各类教育协调发展、衔接融通,完善现代国民教育体系,健全终身教育体系,提高教育现代化水平。

一系列优化组合的政策从国家层面做出系统设计、全面部署,促使各层次、各类高等学校根据各个地区的科技经济社会发展状况和需求,准确定位自己的目标,不趋同,不攀比,避免资源配置重复浪费以及人才培养与社会需求错位,各占其位,各司其职,办出特色,创出名牌。

2015年6月，由清华大学发起，137所高校和50家企事业单位、社会团体共同组成的中国高校创新创业教育联盟（简称"高校双创联盟"）成立，新疆、甘肃、陕西、青海四省区的16所大学科技园联合建立了"丝绸之路经济带众创空间"。据教育部统计，2015年以来，全国已有82%的高校开设了创新创业的必修课或选修课，开设的创业教育课程门数比上年增加了14%；设立的创新创业资金达到了10.2亿元，吸引校外资金达到了12.8亿元。高校设立的创业基地数量增加了18%，场地面积增加了近20%，大学生参与创业创新活动的人次达到了300多万人次。2016年，教育部明确提出所有高校都要设置创新创业教育课程。

2013年1月，河南省启动了本科学校转型发展试点工作，确定了黄河科技学院等5所本科院校作为第一批试点学校，并于2014年9月对试点学校进行了中期评估（根据教育部"应用科技大学"改革试点建设要求，2013年，黄河科技学院与济源市人民政府共建黄河科技学院应用技术学院）。2014年4月，应用技术大学（学院）联盟在河南驻马店召开会议，并达成了"驻马店共识"。2014年10月，省教育厅下发《关于做好本科学校转型发展试点工作的通知》，河南省又选择了10所普通本科高校向应用技术大学转型。2015年，河南省教育厅、河南省财政厅联合下发《关于启动示范性应用技术类型本科院校建设计划的通知》，确定黄河科技学院、许昌学院、周口师范学院、黄淮学院等4所高校作为河南省第一批应用技术类型示范校，在"十三五"期间，每年每个示范校省财政将给予1000万元用于学校建设和发展。

2016年5月，根据《国务院办公厅关于建设大众创业万众创新示范基地的实施意见》，河南省人民政府办公厅下发了《关于支持大众创业万众创新基地建设的实施意见》。《实施意见》指出，河南要依托双创资源集聚的区域、高校科研院所和骨干企业，布局建设三种类型的双创基地，集成高校、科研院所、企业和社会力量，强化双创要素投入，加大政策支持力度，探索形成不同类型的双创模式。河南省发展和改革委员会对河南省首批高校科研院所双创基地进行了申报与评选工作。2016年，河南省有3所独立学院转设为独立设置民办本科学校：河南理工大学万方科技学院转设为郑州工商学院，信阳师范学院华锐学院转设为信阳学院，安阳师范学院人文管理学院转设为安阳学院。2017年，商丘学院在开封市设立商丘学院应用科技学院。2021年，除新乡医学院三全学院（正在转设，拟转设为新乡第二医学院）外，所有独立学院均已转设为民办高校。河南省民办高等教育进入了转型发展阶段，以建设应用技术大学为抓手发展本科层次职业教育成为全省的共识。

二、体制创新增强了民办高校的办学活力

河南省民办高校在办学实践中对办学体制机制进行了有益的尝试。郑州商学院2004年率先在省内高校成立大学生创业园，培养校园"商界精英"。为了给在校大学生提供校内实践平台，培养学院学生创新和创业能力，创办人王广亚博士还特别出资50万元设立了创办人创业基金，对申请入驻的创业团队无偿提供办公场所和必要的办公用品。几年来，创业园已有几十支创业团队入驻，有十多支创业团队在孵化成功后走出了创业园，参与社会竞争。已经孵化成功的郑州美信软件有限公司的创业事迹成为河南省大学生创业成功典型案例。

郑州工业应用技术学院根据培养高素质应用型本科人才要求，结合专业特点，依托中原华信商贸集团及其他旗下单位的市场优势，开辟了郑州工业应用技术学院国际学术交流中心、高尔夫学院、皇宫大酒店、驾校、数控机床、模具、汽修、护理康疗等一大批实习基地。2016年，郑州工业应用技术学院聘请北京斯坦迈德生物科技有限公司王影博士为专职教师，与北京斯坦迈德生物科技有限公司共同开发再生干细胞，促进生物技术研发能力的提高。2017年6月，学院与中国工程院院士、国

家安全技术及工程专家张铁岗签订了建设工业安全院士工作站合作协议，对该校安全科学与工程学科及边缘交叉学科的发展将会起到重要的引领作用。这些对该校的科研、人才培养、社会服务和师资建设工作也会发挥重要的指导和促进作用。

黄河科技学院牵头成立了河南省高校创新创业协会，建设首批示范性应用大学系列创新教材，建成了"创客工厂－众创空间－孵化器－加速器－产业园"全链条创新创业生态体系，集聚了"中国风投""秉鸿资本"等金融资源，为大学生创业提供了工商、税务、融资等"一站式"服务。学校依托自身创新基因、创业坚守和创造成果，以国家创新驱动发展战略为引领，认真贯彻实施郑州市委开放创新双驱动发展战略，主动融入地方经济发展。学校主动提出与二七区政府合作，集聚学校科技、人才、载体资源，发挥政府公共服务和政策支持，共建"U创港"创新创业综合体。该综合体作为郑州市唯一一个校政共建综合体，被郑州市人民政府列为重点建设项目。不到一年时间，专业技术支撑平台、科技金融服务平台、综合公共服务平台和创新创业教育四大平台形成完备的服务体系，黄河众创空间、"U创"孵化器、"U创"加速器、配套公寓及服务设施等载体规模初显。规划面积10万平方米，建成投入使用面积57560平方米，入驻企业130余家，年产值500万以上加速器企业15家，国家高新技术企业3家。郑州飞轮威尔实业有限公司发展成为一家产品出口50多个国家、产值近亿元的企业。

2013年，黄河科技学院获批教育部首批"应用技术大学改革试点"，并成为中国应用技术大学联盟的首批成员与河南省首批转型发展的试点高校；2014年，获批"全国毕业生就业典型经验高校"，学校创新创业成果获得国家级教育教学成果二等奖；2015年，获批"全国首批众创空间""河南省首批'十三五'示范性应用技术类型本科院校"；2016年，获批"国家级科技企业孵化器"，获评"全国民办高校创新创业教育示范学校",荣膺首批"全国创新创业五十强高校";2017年,获批"教育部首批深化创新创业教育改革示范高校""河南省首批高校双创示范基地",大学生创业园荣获"全国大学生创业示范园"。

黄河科技学院以建设应用技术大学为目标,以教育教学创新和教育管理创新为切入点,基于大数据技术和人工智能,开启了创新发展的新路径:以"学生发展"为中心,以国家需求、社会需求和学生需求为导向,构建一个以信息数字化为基础、以数据智能化分析为支撑的全新的教育教学管理模式,切实提高人才培养目标与社会需求的符合度、人才培养质量的达成度和教学质量保障体系的支撑度,促进教育教学质量和人才培养水平持续提升。

在打造无线网络全覆盖的智慧校园基础上,黄河科技学院开发和建设了基于移动端的教育教学管理应用平台——"翻转校园"。翻转校园以全面提高教育教学质量为主旨目标,全方位、多角度地采集、统计教育教学数据信息,通过教育教学多领域大数据分析,生成可视化报表,为教育教学改革、教育质量管理和高校发展决策提供数据依据。

翻转校园坚持反向设计、需求导向、产出导向。以最终目标(最终学习成果)为起点,利用移动互联网技术面向用人单位、毕业生开展多主体、全方位调研,对调研数据进行智能化分析,指导学校科学制定人才培养质量目标,细化专业人才培养质量标准,完善课程体系和实践教学体系。课程与教学设计从最终学习成果反向设计,以确定所有实现最终学习成果的教学的适切性。

课堂教学、综合评教、学业预警、教学督导是翻转校园主要的四个功能模块,利用移动互联网技术对学风、课堂教学、综合评教等教育教学过程中动态数据进行广泛收集,并对数据进行分类、合并、分析和智能化反馈,建立全程质量监控,形成一个循环上升的闭环结构。

学生成长支持系统是整个智能化平台的核心,也是完全从学生角度，以服务学生成长为目的设计的一个智能化系统。这个系统以学生发展为主线，是对教育教学、学生管理、就业创业、质量监控相关平台的有机整合。学生成长支持系统通过建立学生入学到在校期间再到毕业就业全过程数字化档案，对课内课外学习实践活动进行数据收集和智能分析，基于智能技术为学生提供课业指导、学习预警、过程性评价、就业创业指导与支持，提高学生学习积极性、主动性，促进学生学业成长和综合素质发展。[①]

体制机制的创新为民办高校的健康发展提供了直接的动力。截至2022年底，全省共有普通高等院校156所，其中民办本科院校19所、专科院校25所。全省高等教育在校生282.33万人，其中民办高校在校生80.87万人。民办高校数量和在校生人数分别占全省普通高等院校数量和在校生人数的28.21%和28.64%（见表6-1）。

分析2022年河南省44所民办高校办学所在地情况，明显可以看出，集聚文化、交通、区域优势的郑州市民办高校数量偏多。在19所民办本科院校中，郑州市有10所，占全省民办本科院校总数的52.63%，其余为新乡市3所，商丘市2所，开封市、焦作市、安阳市、信阳市、漯河市各1所。同时，对比2012—2022年河南省民办高校数和在校生数（见表6-1），可以看出，从2012年到2022年，河南省民办高校数量和在校生人数都呈现逐年递增趋势。河南省民办高校已经不再是公立高等教育的有益补充，已经成为河南高等教育事业的重要组成部分，为服务地方经济社会发展培养高素质应用型创新人才作出了突出贡献。

---

① 杨保成：《智能时代高等学校教育教学创新的理念与路径》，载杨雪梅《"互联网＋"创新创业概论》，河南人民出版社，2017，第1—7页。

第二节　双创背景下创建应用技术大学

党的十八大以来,国家高度重视推进高等教育综合改革,大力引导支持地方高校向应用技术型大学转型发展,应用技术大学成为我国高等教育事业的一个新的增长点和推动改革的重要力量。"大众创业、万众创新"为应用技术大学深化改革提供了难得的政策机遇和社会环境。河南民办高校在应用技术大学建设中充分发挥主动性,快速出击,抢抓机遇,创新体制机制,率先打造适应自身转型发展及创新创业教育的大学组织,逐步改变以往简单模仿公办大学的发展模式,从盲目追随向主动创新转变,在向高水平应用技术大学转型及创新创业教育工作中蹚出了一条特色发展道路,在新一轮竞争中实现跨越发展。

一、民办高校组织结构存在问题及矛盾

组织功能的有效发挥依赖于组织结构的合理配置,取决于组织结构内部各要素的存在形式与组合方式。目前,河南省民办本科高校20所,大都把办学定位于应用技术大学,也就是这些高校的组织目标是定位于培养应用型、技术型、实用型高技能人才。但是,大多数民办高校在组织结构设计上长期采取追随战略,模仿同层次的公办高校的组织结构。河南省民办高校的院系、专业的设置与同级同类公办院校趋同,追求小而全、大而全,而专业设置的分散、专业教师的严重匮乏严重影响了专业特色建设。河南民办高校在组织结构设计和组织目标间呈现以下突出问题和矛盾:

第一,以学术标准为主的学校评估制度导致民办高校在师资队伍建设上,普遍存在引进教师时注重学历、注重理论水平,而忽视教师将理论转换为技术、将技术转换为现实生产力的专业实践能力。这样实际上

就是与应用技术大学注重以技术积累创新和服务产业实际贡献的大小为价值基准的矛盾。既造成了师资的浪费，使那些出了校门（作为学生）又进校门（成为教师）的硕士、博士的能力得不到应用，又不能让那些具有丰富实践经验的企业高级工程技术人员、高技术技能人才进入学校。

第二，是以学科体系为基础建立起来的专业结构与按照应用技术大学职业和岗位需求设置专业的矛盾。以学术为标准的评估与建设必然导致学校的院系建设以学科体系为基础，这样就导致一方面院系设置是以学术体系为主导，人才培养却要以学生将来的职业岗位要求来开展，显然是很难做到的。

第三，是以学术资格为基础建立起来的教师制度与"双师型"教师团队建设和灵活用人制度的矛盾。以学术资格为基础的教师制度，教师注重学术知识体系的系统传承，偏重于传统的授业解惑；而"双师型"教师偏重于知识的应用型，偏重于根据实际问题、工作场景设疑导创。强调创造性解决问题的方法和形成探究精神，而不是简单地获得结果。

第四，是民办高校内部自成一体相对封闭的治理结构与应用技术大学、行业企业直接参与治理的矛盾，以知识教学为基础建立起来的内部运行机制与真实应用为基础实现培养与需求无缝对接的矛盾。

造成这些问题的内外部因素很多，既有传统的影响，比如我国高校包括民办高校传统的组织结构是自上而下的垂直管理模式，管理者是决策层，全体员工是执行层，这种组织结构强调的是等级制度，这是我国长期以来的社会环境形成的，既有国家高等教育不合理的分类设置、单一的评估体系、统一的拨款方式及高校自主权不落实等体制机制原因，也有民办高校自身发展历史较短、实力不强、治理和管理水平不高的原因。随着民办高校开始转变发展策略，由外延式发展向内涵式发展过渡，紧随社会经济发展的需要，依据国家的宏观发展规划，制定学校的发展战略规划、学科和教师队伍建设规划、校园建设规划，并自主决定学校的学科建设、专业设置和教师聘任等事务，随着向更高层次的发展也必然是"走出去"与"引进来"的不断螺旋上升，持续地颠覆传统、跨界融合、协同创新，未来河南民办高校中的这些矛盾会在发展中逐一得到解决。

二、双创背景下应用技术大学的组织结构

黄河科技学院创办于1984年10月，是《民办高等学校设置暂行规定》颁布以后全国第一所独立设置的民办普通高校，也是全国第一所民办本科高校。该校的发展史就是一部成功的创新创业史，曾两次被美国弗吉尼亚大学商学院写进教学案例，被《人民日报》、中央电视台等著名媒体多次报道。建校以来始终将创新创业作为引领学校发展的第一动力，重视发挥创新创业文化在思想引领与精神锻造方面的核心作用，凝练出"开拓、拼搏、实干、奉献"的"黄科院精神"，"敢为天下先"成为全校师生的品质特征。全校师生关注创业、积极创新，形成了浓郁的创新创业校园文化。

（一）双创背景下应用技术大学的组织建设

进入新世纪，随着民办高校内外部环境的多元化发展，组织功能的发挥越来越依赖于组织全体成员的参与。学院领导认识到传统的限制人的主观能动性的组织结构已经落伍，经过探索与总结，学校创新"教育＋科技"集团化办学体制（如图6-1所示），建立"学校－企业"教师队伍新体系，实现了创新创业人才的双向流动。学校出台了《关于柔性人才引进的暂行管理规定》《关于专业教师到企业挂职锻炼的暂行管理规定》《学校体系人才队伍管理办法》《企业体系人才队伍管理办法》《企业人员到高校任教薪酬管理办法》等相关政策，逐渐形成了包括人才引进、培养、激励、流动、退出、服务在内的比较完善的人才政策体系。

一是支持科研人员双向兼职。学校科研人员可以到企业兼职,为实现技术成果转化、技术攻关等提供有偿服务,并获取兼职报酬。学校设置一定比例的流动岗位,吸引有创新创业实践经验的企业家和企业科研人才到学校兼职。二是鼓励科研人员离岗创业。学校的科研人员自主申请,经学校同意,可带着科研项目和成果离岗创业。离岗创业人员及所在创业企业可以通过协商形式,明确创业孵化期限、聘用合同变更、科研成果归属、收益分配等事项。这些措施促进了人才自由流动。

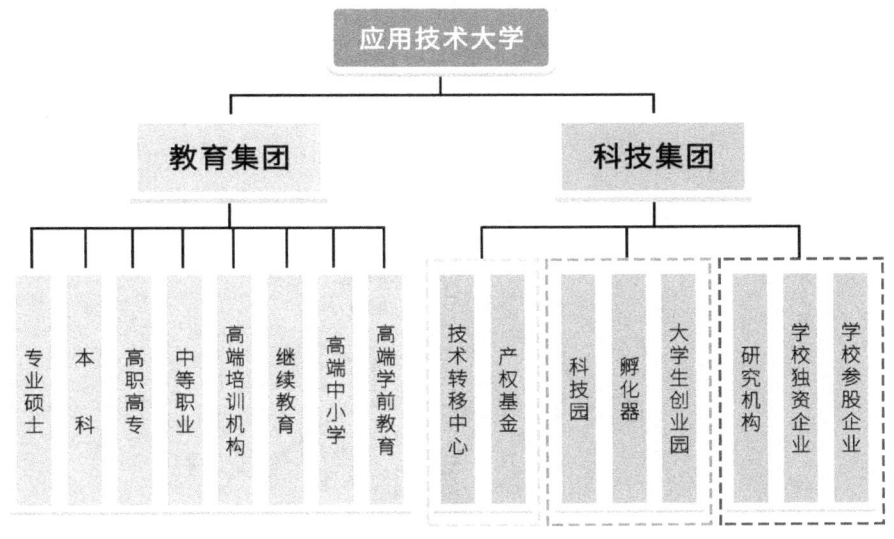

图6-1 黄河科技学院的应用技术大学组织结构

学院建立了"三联系、三挂钩"的工作机制("三联系"即校领导联系二级学院,学院领导联系班级,辅导员联系学生。"三挂钩"即创新创业工作与工作经费、绩效工资、评先选优挂钩)。实施了三种考核办法,即《就业创业工作考核细则》《创新创业专题调研观摩考核办法》《教学单位绩效考核办法》,将垂直型的组织结构向扁平化的组织结构转变。学校成立了由校长、党委书记任组长的创新创业工作领导小组,统一组织协调全校创新创业工作，下设创新创业办公室，负责策划、组织、协调、落实、推动各项建设工作。出台了《关于进一步加强创新创业教育工作的实施意见》《关于深入推进校企合作创新办学模式的意见》等制度，以搭建"三个平台"为途径，实现学校的组织结构转型。

（二）搭建校企战略合作平台，为人才培养提供支撑

在创建应用技术大学过程中，黄河科技学院为了搭建协同创新综合体，打破原有的院系设置和专业界限，重新按照相关产业方向、专业方向整合研究机构、产业实体、学科专业、行业学院等资源，架构一个有机融合的研发、产业、教学协同创新综合体。图6-2是黄河科技学院向应用技术大学转型中拟建的研发、产业、教学协同创新综合体组织架构。

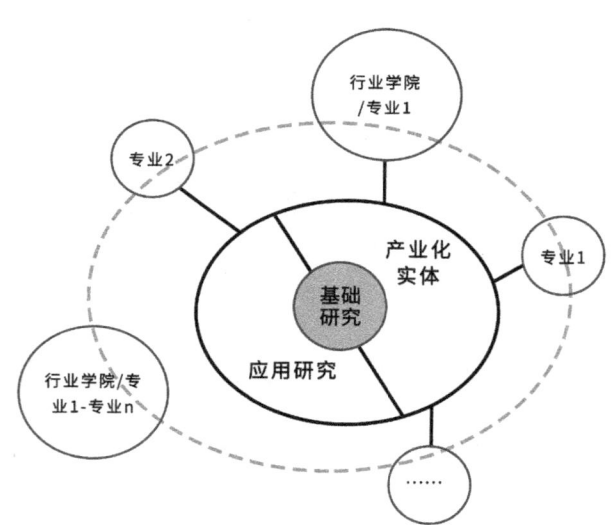

图6-2 黄河科技学院研发、产业、教学协同创新综合体组织架构

黄河科技学院和企业签订战略合作协议，形成规范的合作伙伴关系，使企业由单纯的用人单位变为联合培养单位。通过校企双方互相支

持、双向介入，实现了优势互补、资源互用、利益共享。同时，学校通过与企业建立产学研战略联盟，搭建高层次科研服务平台，形成科研反哺教学的机制。

黄河科技学院已建成河南省院士工作站、河南博士后研发基地、河南省工程技术研究中心等省级科研平台3个，建成河南省高校工程技术中心等地厅级科研平台11个，建成新药研发中心、纳米功能材料研发中心等高层次研发平台16个并全部孵化了企业。新药研发中心集聚了美国默克公司的高级研究人员，在减肥药、丙型肝炎药和抗癌药的项目上已研制出一个临床化合物，受到多家风投公司关注。该中心已连续承办了2014年、2015年两届（河南）国际新药研发交流与技术转移对接会，全球一流专家汇集，包括诺贝尔化学奖获得者美国艺术与科学院院士、美国普渡大学根岸英一教授，中国科学院院士林国强教授，英国皇家化学会院士等。设立3000万元研发基金，面向全省新药研发提供支持，成功孵化了河南晟翔医药有限公司和美国Sunnylife Pharma, Inc.公司。纳米功能材料研发中心承担了10多项国家自然科学基金项目，发表高水平学术论文近50篇，其影响因子在3.0以上。杨小兰教授主持的河南省科技计划项目研究成果"混沌振动系统制备纳米粉体新技术"解决了微纳材料关键技术的研发，获得2014年度河南省科学技术进步奖，被新乡太行振动机械有限公司等采用，企业实现新增销售9965万元，新增利润3712万元。成功孵化了省级高新技术企业河南奥孚森高分子材料科技有限公司，目前已有2项科技成果转化，被认定为河南省高校工程技术研究中心。学校与科宝智慧医疗科技（上海）有限公司协同建立技术共享平台，协同成立"河南细胞形态学智慧中心"，运用互联网平台、大数据、物联网技术等连接医院、医生、实验室，实现医学研究成果共享最大化。学校所有实验室对校内外企业开放，仪器设备实现开放共享。核磁共振仪、场发射扫描电镜、高分辨率透射电镜等一批性能处于国内先进水平的大型科学仪器设施已纳入河南省大型科学仪器协作共用网，为省内外高校、科研院所和企业提供测试等技术服务3000余次。

学校分别与安阳市凤凰光伏科技有限公司、洛阳高新四丰电子材料有限公司联合组建了"河南省太阳能硅片及电池片工程技术研究中心""河南省高校新型高分子基光伏材料工程技术中心""洛阳市钨钼靶材工程技术研究中心"等研究机构，重点在新材料、新能源产业等领域开展研究。学校与河南省电力公司、光维新电子科技有限公司等多家企业合作成立了"物联网技术""光电信息技术"等9个科研创新工作室，组建了科研团队，对中原经济区建设的物联网技术、电子信息技术、新材料新能源技术等战略性新兴产业，进行联合科技攻关，承担科研项目，研发产品。现已产业化，利用专利成果孵化公司6个。

（三）搭建创新创业平台，为学生拓展实践空间

黄河科技学院创客工厂设置智创工坊、圆梦工坊、配件超市和五个创客工作室，配置高速网络、开源软硬件等，帮助创客将创意变为现实。"一秒快速折叠电动车""智能开门机""桌面3D打印机"等学生创客作品在这里诞生。从2011年起立项的"大学生创新创业实践训练计划"项目已经先后立项建设378个，投入经费35万余元，参与学生近1900人。鼓励推荐大学生创新创业项目参加国家和省级创业大赛，并和相关企业、金融机构、风险投资机构积极对接，利用大学科技园，对有转化潜力的项目进行重点孵化，为学生自主创业创造条件。在校生创业团队近300个，674人参与创业。2014年，学校有13个创业项目分获省人社厅、教育厅大学生创业扶持资金97万元。在2015年首届全国大学生"互联网＋创新创业大赛"中，黄河科技学院学生报名参赛项目274个，居全省高校首位，占全省项目总数的11.09%；其中，2个实践类项目成功入围全国决赛，占全省的1/6。在校生获得各类创业扶持资

金近 300 万元，2015 年被哈佛录取后选择休学创业的赵杰，创办公司入驻园区，获得真格基金创始人徐小平投资 1300 万元，公司经过发展，市值 1.5 亿元。

（四）搭建团队建设平台，集聚高素质师资队伍

黄河科技学院依托教育集团和科技集团吸引人才的互补优势，打造了一支"校企互通、专兼结合"的高素质师资队伍。打通高校教师与科研人员、技术人员之间的身份壁垒，对人才队伍体系进行重新架构，实现人才队伍在教育教学、科学研究和企业生产不同领域之间无缝对接、自由流动（如图 6-3 所示）。新体系利用教育集团、科技集团吸引人才的互补优势，建立"学校体系"和"企业体系"，承担人才队伍的管理职能、服务职能和培养职能，分别建立相应的认定标准、管理办法和评价标准。教育集团和科技集团所有的教学人员、科研人员、企业技术人员可以根据特长优势和职业规划有所侧重地选择不同体系和发展路径。

黄河科技学院引进了中国工程院院士刘人怀、长江学者王志功、国家杰出青年科学基金获得者王聪等一批专家学者与海外留学归国人员和创新创业人才。组建创新创业团队，指导师生创新创业。欧美同学会 2005 委员会委员李开复、杨澜等知名人士加入学校科技导师和创业导师团队。获批首批"智汇郑州·1125 聚才计划"创业领军团队和创新领军人才各 1 个，获得产业化扶持资金 400 万元。制定了《关于教师到企业挂职锻炼的管理办法》，鼓励教师到企业挂职锻炼；通过产学结合等方式组织教师参与工程实践。分别与中国电信河南分公司、洛阳惠普公司、汉威电子科技等知名企业进行项目开发合作，陆续派出 30 名青年教师到企业挂职锻炼。

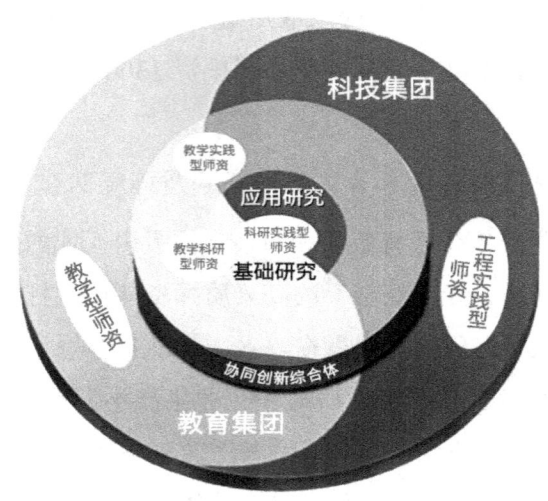

图6-3 "校企互通、专兼结合"的高素质师资组织架构

三、双创背景下应用技术大学的办学实践

2015年,为了与组织转型相配套,学校制定了《黄河科技学院关于进一步加强创新创业教育工作的实施意见》《黄河科技学院关于提升学生创新创业能力培养的实施意见》,对优势特色专业集群建设、开设多形式创新创业实验班、健全创新创业教育课程体系、完善创新创业教育实践平台、加强创新创业教师队伍建设、完善创新创业教育管理体制和激励政策等作出了详细的规划和部署。出台了《黄河科技学院关于修订本科专业人才培养方案的指导意见》,指导各专业从人才需求调查、教育思想观念变革、课程体系改革、课程建设、教学模式改革、教育评价体系改革等多个方面开展人才培养方案综合设计。建立了有利于创新创业人才培养的管理制度。一是制定了《黄河科技学院培养创新创业人才跨专业选修课程实施办法(试行)》,允许学生跨专业选修课程,计入学分。二是建立创新创业学分积累与转换制度,制定了《黄河科技学院创新创业学分转换实施办法》,学生获得各类技术技能等级证书、学科

竞赛、课外科技活动（含课外实验活动）、创业训练与实践等情况可折算为学分；制定《黄河科技学院创新创业在线课程学分认定办法》，鼓励学生在线学习创新创业课程，提高学生自主学习能力，并给予认定学分。三是完善《黄河科技学院学籍管理实施细则》，实施弹性学制，放宽修业年限为10年，允许调整学业进程、保留学籍休学创新创业。修订《创新创业奖学金评选与管理办法》，加大创新创业奖学金评定工作，通过支持项目及成果孵化，为学生创业提供金融服务和资金支持。制定《黄河科技学院创新创业课程建设要求》，挖掘和充实各类专业课程的创新创业教育资源，丰富创新创业课程体系，面向全校相关专业学生开发开设研究方法、学科前沿、创业基础、就业创业指导、创业实训、创业案例等方面的必修课和选修课，纳入学分管理，建设依次递进、有机衔接、科学合理的创新创业教育专门课程群。从结构上分析，黄河科技学院的组织结构系统形成了4个子系统：教育教学子系统、实践平台子系统、协同创新子系统、公共服务子系统（如图6-4所示）。

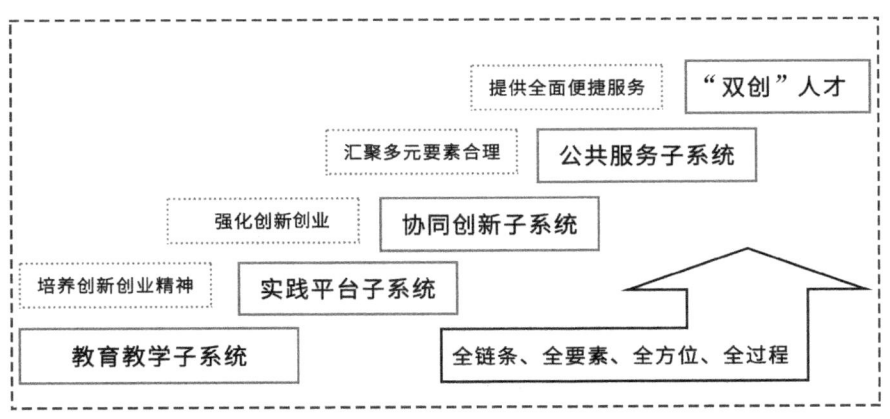

图6-4 黄河科技学院应用技术型大学组织结构

经过几年来的努力，黄河科技学院组织转型、教育教学、人才培养、服务社会等方面，取得了令人瞩目的成效。学校建成"创客工作室—众创空间—孵化器—加速器—产业园"全链条创新创业生态体系，获批国家级众创空间、国家级科技企业孵化器、河南省大学科技园、河南省科技企业孵化器、河南省创业孵化示范基地等高层次创新创业平台（如图6-5所示）。

2016年9月，学校承办"2016中国创客大会暨第三届中国创客大赛"，吸引了毛振华等50多名创投大咖、商界精英和500多名创客参会，在全国引起了极大的关注。学校创新创业工作引起了各级领导、著名企业、兄弟院校、名人创客的广泛关注，共计3万多人次到校指导、考察、交流。时任省委常委、郑州市委书记马懿，副省长徐济超，省政协副主席、民建省委主委龚立群，郑州市代市长程志明，团中央学校部部长杜汇良等先后到学校调研。华谊兄弟（天津）实景娱乐公司、中关村软件园等著名企业和团体也来校考察，商谈合作事宜。清华大学、德国雅各布大学等40余家国内外兄弟单位前来考察交流。著名企业家王石、美国Wintec董事陈拱辰、哈佛明星讲师团等名人创客到校指导工作。

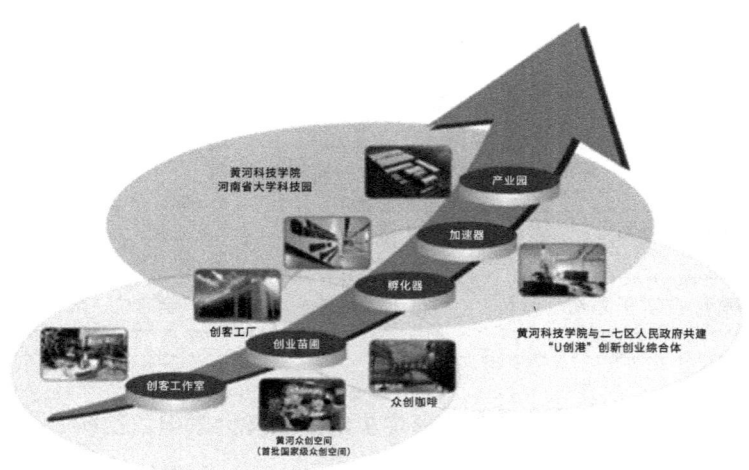

图6-5 黄河科技学院全链条创新创业生态体系

学校创新创业工作被中央电视台新闻联播、河南新闻联播等媒体广泛报道。2015年5月8日,《光明日报》以《黄河科技学院深化产教融合、校企合作,让学子人生更出彩》为题进行了报道;2015年11月4日,河南日报报业集团以全媒体视角着力打造的大型访谈栏目——《"四个全面"大家谈》走进黄河科技学院;2016年4月8日,《河南日报》理论版整版刊登该校河南"十三五"重大问题研究课题组研究成果《"双创"助力中原崛起的探索与前瞻——黄河科技学院"双创"实践及启示》,专题报道了该校创新创业的成绩与经验。

多年来,黄河科技学院持续创新"本科学历教育与职业技能培养相结合"的人才培养模式,积极推进数字化改革,推进翻转英语、翻转体育和其他核心课程改革,建设"智慧校园",为国家和社会输送了20万余名高素质应用型人才,涌现出"中国大学生自强之星标兵""全国优秀共青团员""河南最美大学生"等一批优秀学子,"全国优秀县委书记""全国优秀乡村医生""全国优秀大学生村官"等一批优秀毕业生。

学校人才培养模式改革成果获国家教学成果二等奖、河南省高等教育教学成果特等奖,学校被评为"全国毕业生就业典型经验高校"(全国高校毕业生就业工作50强);荣登首批"河南省示范性应用技术类型本科院校""全国普通高校竞赛评估(本科)TOP300"榜单;学校连续多年位居武书连中国民办大学综合实力排行榜第一名,连续多年在《广州日报》全国应用型大学排行榜位居民办高校第一名,在全国872所本科高校(非博士培养单位)综合排名中位居第87名。

学校围绕创新创业,广泛开展校企、校政深度合作,形成了特色鲜明的产学研相结合的创新创业人才教育模式,搭建了多元化创新创业服务平台,构建了立体化创新创业支持体系。学校"黄河众创空间"被科技部备案为全国首批众创空间,并纳入国家级科技企业孵化器管理体系。学校大学科技园被科技部认定为优秀(A类)国家级科技企业孵化器，创业园入选团中央首批"全国大学生创业示范园"，大学生创业孵化园获批全国创业孵化示范基地。学校入选教育部"互联网＋中国制造2025"产教融合促进计划建设院校，荣获教育部首批"全国创新创业典型经验高校""全国首批深化创新创业教育改革示范高校""河南省学分制改革试点高校"等。

第三节　民办高校组织转型途径及建议

通过对黄河科技学院组织转型的考察和体验性研究，我们认为，民办高校，特别是民办本科高校，只要坚持以社会主义核心价值观为引领，以政府引导和市场导向为指引，坚持以人为本，以学生成才为中心，以创新人才培养机制、完善人才培养模式为旨归，解放思想，勇于创新，就能找到适合校情、省情的组织转型路径，形成一套具有民办高校特色、可复制可推广的双创背景下的办学模式和建设经验，为加快推进教育供给侧改革，实现发展动力转换、结构优化，促进河南省经济提质增效升级，推动国家大众创业万众创新战略深入实施，做出积极贡献。

一、民办高校组织结构的构建途径

从黄河科技学院、郑州工业应用技术学院、郑州商学院的经验来看，对转型后的民办高校的大学组织构建，应注重以下几方面工作。

（一）要建立教育、科技、产业实体一体化的创新型组织架构，实现创新资源的共享和统一配置

在进一步完善现代大学制度建设的基础上，依托大学科技园，建立

科技、教育两大集团，形成集团化办学体制。根据"学校体系"和"企业体系"的运营实际，分别制定相应的认定标准、管理办法和评价标准，拓宽双体系间人才自由流动的渠道，教学人员、科研人员、企业技术人员可以根据特长优势和职业规划选择不同体系和发展路径。建立有利于激发师生员工创新创业活力的体制和机制，形成教育集团和科技集团互动机制，促进教育链与产业链的有机融合，实现在开放办学中凝聚内外部资源，打造一支德才兼备、富有创新创业精神和实践能力的师资队伍。

（二）组织转型要以人才成才为核心，要有利于形成具有鲜明特色的创新创业型人才培养新模式

坚持"产教融合、协同育人"的人才培养思路，深入推进课程体系、教学内容、教学模式、教育质量评价体系等方面的综合改革，构建立体、多元、个性、高效的创新创业教育体系。将创新创业教育理念与教育方法贯穿人才培养的全过程，促进创新创业教育与专业教育有机融合；面向全体学生做好创新创业普及教育，面向创业学生和创业团队，做好个性化的教育服务，实现创新创业教育的常态化和可持续，形成具有时代特征和民办大学特色的创新创业人才培养新模式，增强学生的创新精神、创业意识和创新创业能力。

（三）组织转型要以提高学校服务社会的能力为目的，提升服务区域经济提质增效升级的能力

这是民办高校处理好政府、高校和社会三者关系的基础和前提，是民办高校生存之基和发展之本。河南民办高校要紧密结合六大国家战略需求，通过供需对接和政策引导，打通政产学研用协同创新通道，与政府、行业、企业、高校、科研院所开展深入合作，围绕电子信息、生物医药、文化创意三大产业方向，打造一批集聚创新创业要素的科技创新

平台、创新创业载体、实践实训平台、科技成果转化平台，促进政产学研用紧密结合，加快科技成果转化，使学校成为创新要素集聚区、科技成果转化区和资源共享开放区，才能更好地服务于河南省乃至全国中小微企业和高校学生创新创业。

（四）组织转型要注意吸收智能时代的教育新理念，使用新技术，适应新发展

注意吸收智能时代的教育理念，紧密结合"互联网+"时代高校教育教学管理科学化、智能化需求，着眼于未来校园管理与服务体系创新，融合通信、物联网、移动互联网、云计算等信息化技术，通过融合教育教学、学生管理、就业创业、校园生活的智慧校园信息化网络，搞好大数据应用科技创新平台建设。充分利用各种在线教育平台，引入互联网优质MOOC课程，丰富和完善学校课程体系，利用大数据等基础设施为各类应用提供底层数据和基础驱动力，并在使用中不断积累数据资产，构建多层次教学方法支撑环境，完善"教、学、管、评、考"一体的信息化平台。全面推进在线教学并打造一批优质混合式课程，实现在线教学、在线答疑和教学互动，实现校内私有云平台与校外公有云平台的无缝对接，分享学校建设成果，提升学校影响力，树立学校品牌特色。

二、民办高校组织转型愿景与建议

为了更好地促进民办高校的科学转型、良性健康发展，我们认为还应该从以下几个方面做好工作。

（一）以提高服务区域发展能力为中心，为民办高校组织转型做好顶层设计

要引导各民办高校深入贯彻国家大众创业万众创新的精神，围绕

经济新常态下中原经济区、粮食生产核心区、郑州航空港经济综合实验区、郑洛新国家自主创新示范区、河南自贸试验区、中国（郑州）跨境电子商务综合试验区等河南省"六大国家战略"的现实需求，坚持创新、协调、绿色、开放、共享的新发展理念，紧紧围绕创新创业能力提升这一核心目标，以清障搭台、激活主体、创新创业为主线，以重点工程与项目建设为抓手，培养高素质创新创业人才；构建一体化创新创业教育体系和全程化创新创业服务体系，营造良好的创新创业生态环境；整合和集聚国内外创新资源，建设便利化创新创业载体，培育中小型高新技术企业，推进科技成果成功转化。

（二）相关部门要推动建立开放共享的"信息技术服务平台"

立足于"互联网＋"时代高校教育教学管理科学化、智能化需求，着眼于未来校园管理与服务体系创新，融合通信、物联网、移动互联网、云计算等信息化技术，通过融合教育教学、学生管理、就业创业、校园生活的智慧校园信息化网络，为高校和广大师生全面打造快捷、互动、精准的智慧感知环境和综合信息服务平台，近年内将此平台打造成为全省高校信息交互、资源共享的服务平台，推动全省高校实现现代信息技术与教育教学、管理服务的深度融合，成为促进全省高校创新创业工作开展的又一网络平台。一是结合教学与就业工作实际需求，先期开发翻转课堂评教点名系统和同学派就业服务平台，建立互联互通的平台基础。二是结合学校、教师、学生各方需求，继续开发翻转校园功能模块，先期在学校测试完善、投入使用。三是不断升级完善系统服务功能，开发"互联网＋校园资讯""互联网＋课堂辅助""互联网＋评教调研""互联网＋学生管理""互联网＋求职择业""互联网＋创新创业""互联网＋校友网络""互联网＋社团活动"等特色教育平台。四是依托平台推广，服务更多高校，集聚资源优势，加强信息共享，发挥系统服务能力。

（三）推动建立四创融合的"创新创业教育平台"

整合相关民办高校创新创业教育资源，将创新创业教育融入人才培养全过程，面向所有学生，建设创新创业教育中心，完善"课程－讲堂－训练－竞赛－成果孵化"五位一体的创新创业教学体系，配套创新创业在线教育平台和师资库建设，最终打造形成"创新、创意、创造、创业"四创融合的创新创业教育平台。鼓励学生跨学校、跨院系、跨专业自由组团，根据兴趣将创新创意、奇思妙想、金点子等以创新实践训练项目的形式从抽象变具体、从雏形变成果，力争学生的创意思维、创新意识、创业能力的大幅提升，人才培养质量显著提高。帮助扶持学生创新创业项目成长，对能够落地的"双创"项目予以专项资助进行孵化，积极对接校友企业联合会、众筹网、顺势创投、天鹰资本等校内外创业投资服务机构，增加创业扶持资金。制定《创新创业奖学金评选与管理办法》，加大创新创业奖学金评定工作，通过支持项目及成果孵化，为学生创业提供金融服务和资金支持，充分争取社会资源，促进科技成果转化，为"双创"项目提供稳定发展的支持服务。推动建立学校、院（系）、教师、辅导员"四位一体"的创业教师队伍，按照创业教师、创业导师、创投导师等类别，遴选知名专家学者、创业成功校友、社会企业家、风险投资人、创业培训师等入选学校创新创业师资库，对学生创新创业活动进行全程、持续、有效的帮扶和指导。

（四）推动建立智能制造高技能人才教育培训基地

根据"资源共享、平台共建"的建设思路，推动民办高校和省内外制造业企业开展深入合作，搭建智能制造高技能人才培养平台。充分利用共建实验实训中心的资源优势，充分发挥"双师型"教师的师资优势，探索"项目驱动、技能晋级"的高技能人才培训模式，有针对性地实施技能人才培育。结合智能制造行业人才需求，构建课程内容，设置培训项目，开发培训任务，以具体的培训项目驱动培训过程的实施，同时积极开展智能制造职业技能竞赛和各类学科竞赛活动。和企业共同加强顶层设计人才和跨界人才的培养，支持引导并鼓励师生利用智能技术改造提升传统产业，初步形成从数控机床到智能机器人，从硬件、软件到信息技术集成服务的智能制造产业链，并在相关专业和行业开展智能化制造、设备换人、智能技术应用等智能制造装备和系统应用推广，从而建设成为一流的智能制造高技能人才培训基地，服务"中国工业4.0"建设。

（五）推动建立区域创新"科技能力提升平台"

整合黄河科技学院现有的科技平台和人才资源，加大软硬件投入，重点建设生物医药、新材料、电子信息、人才智能、大数据应用、新型桥梁结构、装配式建筑设计等科技创新平台，服务区域科技创新和经济社会发展。

1. 生物医药科技创新平台

通过生物医药研发、资源共享服务平台和强大人才队伍的建设，为生物医药中小企业研发实验提供设备资源共享服务，为中试提供基地共享服务。开展以产业需求为核心的创新药物和制药技术的研发与应用转化，围绕抗病毒和抗肿瘤药物等的研发做设备配套。在产业完整研发链条的实战下给予学生创新创业探索和实践的机会，培养生物医药产业所需的创新创业人才。培育一批高层次创新科技成果，进一步促进和带动生物医药相关企业在河南省的产业聚集，提升河南省生物医药产业的创新能力。

2. 新材料科技创新平台

依托河南省民办高校中首个省级重点实验室——河南省纳米复合材料与应用重点实验室（黄河科技学院），建设新材料科技创新平台。围绕国家新材料发展战略，针对新材料领域的重大关键、核心技术问题，围绕河南省在能源、环境领域对新型材料的重大需求开展多学科交叉研究，推动河南省科技产业链的迅速增长和科技经济发展。推动实验室与3D打印材料、新能源材料、纳米智能窗材料领域的知名企业开展广泛合作，并面向全社会的科研人员和企业研发人员开放。建立一流的研发平台和顶级研发团队，以需求为导向进行关键技术研发，以产品为目标，进行汇聚创新成果二次研发，通过孵化企业和服务企业实现技术成果工业化。解决新技术成果向工业化生产中所面临的技术难题，建成新材料领域的技术平台，资源共享与服务平台起到技术孵化器和企业孵化器的作用，开发具有自主知识产权的功能器件及生产工艺，通过与相关企业合作转化为高附加值的产品，全面提升河南省在材料产业的前沿地位。

3. 电子信息技术产业创新平台

依托黄河科技学院"通信与信息系统"河南省重点学科、电子与通信工程河南省实验教学示范中心、物联网底层无线传感网络应用技术河南省创新团队以及郑州市电子信息功能材料及器件重点实验室、全国电子信息专业技术资格认证考试中心、华为信息与网络技术学院等多个省市科研平台的建设基础，联合华为技术有限公司、中国电信河南分公司等长期合作企业，构建并不断完善电子信息技术类产业转化的支撑体系。电子信息技术产业创新科技平台将在光电信息技术、物联网传感技术、电子信息功能材料及器件等方面取得并转化一批原始创新性成果，提升电子信息技术相关企业的核心竞争力，依托平台的硬件设施条件和技术服务平台，支撑河南省电子信息类技术产业的进步与发展。与中国电信河南分公司联合成立河南省通信模型研究与测试技术产业研究院，为河南电信各分公司提供通信模型研究与测试技术支持。

4. 人工智能科技创新平台

依托黄河科技学院人工智能研究所建设基础，推进人工智能理论与应用研究，在智慧医疗、步态识别等领域开展关键技术研发。开展以产业需求为核心的生物特征动态识别技术的研发和应用转化。同全社会的科研人员和企业研发人员以及与深度学习、机器学习等人工智能领域的知名企业开展广泛合作，提升产业创新能力。通过步态数据系统研究，在膝关节骨性关节炎、帕金森症等疾病诊断及康复效果评估应用中提供更加精准的量化依据，拓展动态模式识别方法在生物医学工程领域的应用。

5. 大数据应用科技创新平台

由黄河科技学院人工智能研究所牵头，依托黄河科技学院，联合云和数据、中国科学院等省内外著名大数据企业平台，按照数据挖掘、大数据平台与算法、行业实战数据分析三个层次来搭建大数据应用科技创新平台。通过典型的算法展示、算法实现结合大数据分析的应用场景与案例实现数据的综合分析，为数据挖掘与大数据教学及科研提供一个完整的、一体化的实验教学环境，从而打造出全方位的专业大数据分析的实验教学与科学研究平台。

6. 新型桥梁结构工程技术研究中心

依托黄河科技学院建筑工程学院与河南省交通建设工程有限公司的优势资源，联合组建"新型桥梁结构工程技术研究中心"。该中心围绕河南省交通建设工程有限公司的桥梁等结构工程项目开展相关研究工作；通过解决工程中的技术难题，提高项目的安全可靠性，保证工程质量；同时打造出一支结构合理、技术水平过硬的高层次学术梯队；使"中心"建成为具有国内外先进水平的科技研发基地，为企业自身的可持续发展、行业的技术进步和打造国内领先的行业龙头企业提供技术支撑并发挥积极作用。

7. 装配式建筑设计研究中心

依托黄河科技学院建筑工程学院与中机十院郑州分公司的优势资源，合作共建"装配式建筑设计研究中心"。中心主要围绕发展预应力混凝土装配式建筑和钢结构建筑，研究创新装配式建筑设计，推广应用绿色建材。通过积极跟踪和掌握预应力混凝土装配式建筑和钢结构建筑发展前沿动态，为企业提供技术服务；积极与其他科研院所以及国际同行进行交流与合作，为企业引进、集成、创新提供保障；建设人才培养基地，培养和培训装配式建筑技术人才；经过建设，该中心成为具有国内先进水平的预应力混凝土装配式建筑和钢结构建筑技术研发基地，为企业自身的可持续发展、行业的技术进步提供智力支撑。

第四节　结论、对策建议、改进与完善

本书从大学的组织结构理论视角，研究民办本科高校从创业者组织结构向大众化阶段的组织结构转化，探讨创建以应用型创新人才为培养模式的应用技术大学组织结构的途径。有关建议为如下几个方面。

一、结论

一是，在高等教育大众化背景下，由于组织目标的差异，必然有不同的大学组织结构设计。组织理论和高等教育分类发展的理论是构建应用技术大学组织结构的理论基础。民办本科高校的发展方向应是培养应用型人才的应用技术大学。本书首次从大学的组织结构理论角度来研究民办本科高校应用型创新人才的培养体系，并界定了民办高校初创和发展时期的组织是创业者组织结构。以新的视角构建民办本科高校的应用技术大学组织结构，丰富了应用技术大学的相关理论。

二是，本书以我国批准的第一所民办本科高校——黄河科技学院等民办本科高校为案例进行研究。通过该院从传统的本科教育模式向以"本科学历教育与职业技能培养相结合"人才培养模式的转型发展，论证了民办本科高校从组织结构上转型的途径；不仅对数百所民办本科高校（含独立学院）的组织结构转型发展具有很强的实践指导意义，而且对政府相关部门规范民办本科高校的健康发展，向应用技术大学转型，也具有一定的参考价值。

三是，本书借鉴梳理了国外应用技术大学的发展经验。研究认为，民办高校的办学定位经历了三次"转移、改造、提升"的转型历程；探讨了大学组织、大学组织结构理论及大学组织结构类型，从古典组织理论的直线制大学组织结构到职能制大学组织结构、直线－职能制大学组织结构，再到当代的事业部制大学组织结构、矩阵制大学组织结构、网络型组织结构。系统的组织理论经历了古典组织理论、行为科学组织理论到现代组织理论的发展进程。具有集中统一的领导和指挥权的直线－职能制大学组织结构是民办高校规模扩张后，从创业者组织转型普遍采用的组织结构。

四是，本书探讨了多元化大学组织结构设计的路径。人才培养、科学研究和为社会服务是现代大学组织设计的指向。马丁·特罗的三阶段理论有助于对大学组织结构设计的研究。随着高等教育从精英化阶段到大众化阶段的发展，大学规模扩大，组织结构也从精英化的集权简单组织结构开始由学院向系、专业分化，相应的管理重心也由原来的学校向学院下移，其组织结构也从简单到复杂，从科层组织到事业部组织。民办高校也由初创发展时期的创业者组织演化到直线－职能制大学组织。研究认为：民办高校组织结构的演化具有滞后性特征。

五是，在上述研究的理论基础上，本书首次提出并构建了民办高校由精英阶段向大众化阶段转型的适宜组织结构。研究认为，民办高校在长期的发展过程中，从初创时期由创办人及亲属组成的"一级核心行政组织"管理到发展时期形成的由留校生和创办人人脉关系形成的"二级核心行政组织"创业者组织结构，经过"转移—改造—提升"的三次转型，形成了一种以创办人和家族为核心的、独特的、超稳定的"三级核心行政组织"管理体系。以该组织管理体系与直线—职能制大学组织构成了当代万人、数万人大型、巨型民办高校的大众化组织结构。

六是，本书根据对应用技术大学组织结构的设计，提出了民办高校向应用技术大学转型的"延展型院系结构"和"无系层级扁平结构"等多元化组织结构。通过实证研究探讨了创建应用技术大学人才培养设计方案，从黄河科技学院的多年实践论证了适宜大众化大学组织的"本科学历教育与职业技能培养相结合"的应用型创新人才培养模式，从大学组织结构理论的视角设计了民办高校转型后创建应用技术大学人才培养体系的路径。

二、对策和建议

一是，明确"学校定位"，坚持面向应用。建立教育、科技、产业实体一体化的创新型组织架构，实现创新资源的共享和统一配置。为了适应地方区域经济建设的需要，民办高校转型后的应用技术大学必须十分鲜明地确立大众化教育的发展路径，由创业者组织向大众化大学组织结构上转型。构建完善"本科学历教育与职业技能培养"相结合的人才培养模式，以产教融合为重心，确立服务行业或区域经济发展的应用技术型办学定位。注重突出专业技术与应用能力培养，面向生产一线培养高层次的技术技能型人才，为行业或区域经济发展提供人才支撑和技术支撑。

二是，转变思想观念，部分权力下移。组织转型首先是"三级核心行政组织"中一级和二级核心管理层思想观念的转变。创业者组织结构是偏重于类政府组织结构，学科中的学术权力十分微弱或者根本不存在，权力过分集中，行政权力往往凌驾于学术之上。民办本科院校由类似创业者组织向应用技术大学的大学组织结构转型，首当其冲的是领导班子思想观念的转型，"大权独揽，小权分散"，敢于分权，把部分权力向二级学院下移。在完善"三级核心行政组织"基础上，根据学校规模和发展，小规模、单校区高校可采用直线－职能制的组织结构；大规模多校区高校可采用事业部制组织结构。

三是，做好"两个服务"，促进"校企双赢"。组织转型要以提高学校服务社会的能力为目的，提升服务区域经济提质增效升级的能力。应用技术大学的大众化大学组织结构是"为社会服务"的组织结构，是"以就业为导向"培养应用型创新人才的组织结构。因此，"本科学历教育与职业技能培养"相结合的人才模式适应了这一需求。两个服务主要是指既服务于产业与区域经济社会发展，又要服务于学生的就业、成长、成才。学校要将注意力从专科生、本科生、硕士生、博士生这种层次性递进上，转变到打造为产业与区域经济社会发展服务的实力以及为学生谋取就业的能力上。高校不仅要跟科研院所合作，以借梯登高、提升科研水平，还要探索与企业、行业之间"双赢"的合作机制，以促进技术创新、提升技术服务水平。

四是，强化"三基一训"，完善"四实"环节。组织转型要以人才成才为核心，要有利于形成具有鲜明特色的创新创业型人才培养新模式。为适应地方区域经济建设的需要，应用技术大学必须保持并发扬面向地方经济服务的特色学科。建立符合本科技术教育特点的模块化的课程体系及相应的教育教学资源，建构学生应该掌握的基础理论、基础知识和基本技能以及在校期间应该完成的基本训练平台。合理搭建科学研究平台、实验教学平台、技术应用平台、大学生创业实践平台四个平台。要科学设计与规划"四实"环节（指实验、实践、实训、实习四个环节），建立仿真企业的"四实"环境（工程环境、商务环境或其他应用环境），使学生四年里能完成工程师或商务人才的基本训练。

五是，组织转型还要从人才组织结构做起，加强师资队伍建设，构建"引、聘、训、评"组织管理体系。师资队伍结构应由具有较高学术水平并能引领产业发展的复合型教授（引领层）、具有良好产业实践背景及高等教育经验的专业教师（基础层）以及掌握产业前沿先进技术的工程师、管理人员构成的动态兼职教师队伍组成。建立符合应用技术大学特点的"引、聘、训、评"体系。"引"是指完善人才引进政策，增强人才吸引力；"聘"是指加大具有丰富产业实践经验人员的引进力度；"训"是指通过企业技术专家来校培训、委派教师赴企业实践等措施，不断提升教师的工程实践能力和其他应用型能力；"评"是指改革教师职位管理与绩效评估体系，将教师的实践能力作为考核评价教师的重要指标。①

六是，组织转型还应融合区域文化，培养特色学科。应用技术大学应用型创新人才的培养要与区域的文化氛围相融合。相当部分的应用技术大学一般位于中小城市，这些城市的地域文化氛围既是学科建设文化氛围的重要组成部分，也是应用技术大学建设特色学科的重要资源和切入点。地域文化特色是地方高校建设特色学科的重要教育资源。将特色学科建设与地域文化特色紧密结合起来，可以促进应用技术大学特色学科的形成，也有利于区域应用型创新人才的培养。

七是，从政府层面，本书建议做好顶层设计，完善配套政策，加大财政扶持，推行示范引领。（1）应用技术大学的建设是一项牵涉面很广的系统工程，必须在国家层面上做好顶层设计，明确建设标准，在体制机制和制度政策上给予明确定义。（2）结合应用技术大学特点，调整完善应用型高校设置标准；建立针对应用技术大学的教师职称评审政策与流动制度；制定奖励制度激发企业参与高校人才培养的积极性；建立符合

---

① 王维坤、温涛：《应用技术大学：新建本科院校转型发展的现状、动因与路径》，《现代教育管理》2014 年第 7 期，第 80-83 页。

应用技术大学特点的本科人才培养评估指标体系，扩大应用技术大学的专业设置权。（3）加大财政扶持，推行示范引领：建议国家培育和树立一批应用技术大学的示范院校（或试点院校），并在财力上给予大力扶持，以发挥引领和示范作用。

八是，坚持党的领导，加强民办高校党组织的建设，是民办高校实现持续健康发展的根本保证。大学是一种典型的利益相关者组织。最符合我国现阶段民办高校实情的关键利益相关者分类是：教师、学生、行政人员、出资者、政府。在民办高校上述关键利益相关者中，政府不是学校的出资者，其主要通过制度和政策等方式规制学校内外部治理。因此，通过委派党组织负责人加强党对民办高校的领导，充分发挥民办高校党组织的政治核心作用，并参与学校重大决策，贯彻党的教育方针，确保民办高校始终坚持社会主义的办学方向。

三、改进与完善

应用技术大学的建设在中国还处于起步阶段，大多数只是有关应用技术大学相关讨论的理论研究，实践落实不够，民办高校更是少之甚少。通过本书的研究和推广，能在很大程度上推动民办高校推进政策创新，服务创业，建立一系列鼓励创新、倡导创业的规章制度，强化师生的创业意识；改变以科研成果为主的单一评价体系，构建"科研价值""商业价值""创新价值"三种价值相结合的科研成果评价体系，形成多样的评价制度和薪酬制度等。但是，研究成果还需要在更大的范围内加强实践的检验。应该说，应用技术大学是建立在产学研合作基础上的新型大学，这对于基础相对薄弱的民办高校来说，是具有较大难度的。无论是组织管理、教学、服务社会、科研成果转化，与公办大学相比，对民办高校来说，都还有很大的差距，因此，本研究还需要在更大的范围内接受办学实践的检验。

应用技术大学是建立在社会政治、经济、文化需求基础上的，具有极强的创新精神和极大的适应性，因此，今后要加强这种类型高校在我国进入社会主义建设新时代之后的改革创新研究。应用技术型大学的构建离不开社会和政府的支持，但民办高校从组织结构上向应用技术大学转型中，与政府关系的互动和政府如何引导民办高校向应用技术大学转型是本研究的薄弱环节，尚需在进一步深化应用技术大学建设和发展之后，加强与社会和政府间进一步互动的研究和探索。

参考文献

一、专著

[1] 吴霓. 中国民办教育发展报告（2012）[M]. 北京：教育科学出版社，2013.

[2] 伯顿·R. 克拉克. 高等教育系统——学术组织的跨国研究[M]. 王承绪，徐辉，殷金平，等译. 杭州：浙江教育出版社，1994.

[3] S.E. 佛罗斯特. 西方教育的历史和哲学基础[M]. 吴元训，张俊洪，宋富钢，等译. 北京：华夏出版社，1978.

[4] 阿什比. 科技发达时代的大学教育[M]. 滕大春，滕大生，译. 北京：人民教育出版社，1983.

[5] 吴式颖，李明德. 外国教育史教程[M]. 北京：人民教育出版社，2006.

[6] 邓泽民，董慧超. 德国应用科学大学研究[M]. 北京：科学出版社，2017.

[7] 罗珉. 组织管理学[M]. 成都：西南财经大学出版社，2003.

[8] C.I. 巴纳德. 经理人员的职能[M]. 孙耀君，译. 北京：中国社会科学出版社，1997.

[9] 任浩. 公共组织行为学[M]. 上海：同济大学出版社，2006.

[10] 许激.效率管理——现代管理理论的统一[M].北京：经济管理出版社，2004.

[11] 周三多.管理学（第三版）[M].北京：高等教育出版社，2010.

[12] 刘松博，龙静.组织理论与设计[M].北京：中国人民大学出版社，1998.

[13] 滕大春，姜文闵.外国教育通史（第二卷）[M].济南：山东教育出版社，1989.

[14] 埃里克·弗鲁博顿，鲁道夫·芮切特.新制度经济学：一个交易费用分析范式[M].姜建强，罗长远，译.上海：上海三联联书店，上海人民出版社，2006.

[15] 中国注册会计师协会.公司战略与风险管理[M].北京：经济科学出版社，2014.

[16] 陈春花，杨忠，曹洲涛，等.组织行为学[M].北京：机械工业出版社，2012.

[17] 段万春.组织行为学[M].北京：北京大学出版社，2012.

[18] 彼得·德鲁克.管理：使命、责任、实务[M].王永贵，译.北京：机械工业出版社，2006.

[19] 吴志功.现代大学组织结构设计[M].北京：北京师范大学出版社，1998.

[20] W.沃纳·伯克.组织变革——理论和实践[M].燕清联合，译.北京：中国劳动社会出版社，2005.

[21] 胡仁东.我国大学组织内部机构生成机制研究[M].广州：广东出版集团，广东教育出版社，2010.

[22] D.赫尔雷格尔，J.W.斯洛克姆，R.W.伍德曼.组织行为学（第九版）[M].俞文钊，丁彪，等译.上海：华东师范大学出版社，2001.

[23] 托尼·布什.当代西方教育管理模式[M].强海燕，译.南京：

南京师范大学出版社，1998.

[24] 爱弥尔·涂尔干.教育思想的演进 [M].李康,译.上海：上海人民出版社，2003.

[25] 约翰·亨利·纽曼.大学的理想 [M].徐辉,顾建新,何曙荣,译.杭州：浙江教育出版社，2001.

[26] 黄福涛.外国高等教育史 [M].上海：上海教育出版社，2003.

[27] 徐辉.高等教育发展的新阶段——论大学与工业的关系 [M].杭州：杭州大学出版社，1990.

[28] 贺国庆.德国和美国大学发达史 [M].杭州：人民教育出版社，1998.

[29] 赵文秋.古代教育 [M].开封：河南大学出版社，2005.

[30] 邓洪波.中国书院史 [M].上海：东方出版中心，2004.

[31] 陈谷嘉,邓洪波.中国书院制度研究（前言）[M].杭州：浙江教育出版社，1997.

[32] 郑登云.中国高等教育史 [M].上海：华东师范大学出版社，1994.

[33] 萧超然.北京大学校史（1898－1949）[M].上海：上海教育出版社，1981.

[34] 宋恩荣,章成.中华民国教育法规选编（修订版）[M].南京：江苏教育出版社，2005.

[35] 中华民国教育部.第一次中国教育年鉴 [M].上海：开明书店，1934.

[36] 史万兵.高等教育经济学 [M].北京：科学出版社，2004.

[37] 程勉中.现代大学管理机制 [M].北京：人民出版社，2006.

[38] 伯顿·克拉克.大学的持续变革——创业型大学新案例和新概念 [M].王承绪,译.北京：人民教育出版社，2008.

[39] 张维迎. 大学的逻辑 [M]. 北京：北京大学出版社，2004.

[40] 欧内斯特·L. 博耶. 关于美国教育改革的演讲 [M]. 涂艳国，方彤，译. 北京：教育科学出版社，2002.

[41] 陈劲. 新形势下产学研战略联盟创新与发展研究 [M]. 北京：中国人民大学出版社，2009.

[42] 许慎. 说文解字 [M]. 北京：中华书局，1963.

[43] 魏所康. 培养模式论 [M]. 南京：东南大学出版社，2004.

[44] 奥尔托加·加赛特. 大学的使命 [M]. 徐小洲，陈军，译. 杭州：浙江教育出版社，2001.

[45] 邬大光. 中国高等教育大众化问题研究 [M]. 北京：高等教育出版社，2004.

[46] 杨雪梅. "互联网＋"创新创业概论∥杨保成. 智能时代高等学校教育教学创新的理念与路径 [M]. 郑州：河南人民出版社，2017.

[47] 徐绪卿. 我国民办高校内部管理体制改革和创新研究 [M]. 北京：中国社会科学出版社，2012.

[48] 李维安，王世权. 大学治理 [M]. 北京：机械工业出版社，2013.

[49] 胡赤弟. 教育产权与现代大学制度构建 [M]. 广州：广东高等教育出版社，2008.

[50] 埃伦伯格. 美国的大学治理 [M]. 沈文钦，张婷姝，杨晓芳，译. 北京：北京大学出版社，2010.

[51] R. 科斯，A. 阿尔钦，D. 诺斯. 财产权利与制度变迁——产权学派与新制度学派译文集∥林毅夫. 关于制度变迁的经济学理论：诱致性变迁与强制性变迁.[M]. 刘守英，等译. 上海：上海人民出版社，上海三联书店，1994.

[52] 朱玉：《树人实践》[M]. 杭州：浙江人民出版社，2002.

二、论文

[1] 樊华，周庆贵，刘平昌.应用型创新人才培养目标与途径[J].辽宁教育研究，2006（10）.

[2] 张修哲.民办本科院校向应用技术型高校转型发展研究综述[J].职业教育研究，2016（8）.

[3] 白海雄.新建民办本科院校向应用技术大学转型发展的比较优势与路径[J].教育与职业，2016（20）.

[4] 邹晚霞.民办高校定型发展研究[D].硕士学位论文，长江大学，2016.

[5] 李庆阳.河南省民办高校转型发展模式研究——体制特征、动力机制、路径选择[J].商丘师范学院学报，2017（7）.

[6] 阎光才.大学组织的管理特征探析[J].高等教育研究，2000（4）.

[7] 王乾坤.大学组织特征与管理模式探析[J].武汉理工大学学报，2001（8）.

[8] 刘勇武，张光.组织结构理论的发展和大学组织结构的调整[J].教育科学研究，2000（3）.

[9] 倪辉.多校区大学组织文化的重建[J].南京晓庄学院学报，2002（2）.

[10] 眭依凡.关于大学组织特性的理性思考[J].高等教育研究，2000（4）.

[11] 张玉堂.走向"柔性化"的大学组织[J].高教探索，2000（1）.

[12] 魏玉，王名.大学——一种特殊的非营利组织[J].高教探索，2001（3）.

[13] 杨明.从高校与企业的似与不似看高校组织的性质[J].浙江大学学报（人文社科版），2002（3）.

[14] 胡天佑. 技术本科教育理念的逻辑与拓新 [J]. 职教论坛，2014（19）.

[15] 郑薇薇. 我国应用技术型大学基础组织结构研究 [J]. 教育与职业，2016（4）.

[16] 侯长林，罗静，叶丹. 应用型大学视域下新建本科院校办学定位选择 [J]. 教育研究，2015（4）.

[17] 潘懋元，石慧霞. 应用型人才培养的历史探源 [J]. 江苏高教，2009（1）.

[18] 马陆亭. 应用技术大学建设的若干思考 [J]. 中国高等教育，2014（10）.

[19] 李为民. 大学组织价值定位探析 [J]. 内蒙古大学学报（哲学社会科学版），2011（1）.

[20] 孙泽文. 应用技术大学发展动因与运行机制探寻 [J]. 职业技术教育，2015（13）.

[21] 王新俊，姜峰. 芬兰应用技术大学的现状、问题及对策 [J]. 世界教育信息，2016（6）.

[22] 孙诚，杜云英. 欧洲应用技术大学的发展思路 [J]. 中国高等教育，2014（12）.

[23] 孙诚. 欧洲应用技术大学的七大经验 [J]. 瞭望，2014（23）.

[24] 姜华. 中国民办高等教育组织的变迁及其特性 [D]. 博士学位论文，北京大学，2007.

[25] 胡大白. 民办高校类型定位和办学特色研究成果报告 [J]. 黄河科技学院学报，2005（6）.

[26] 杨雪梅. 转移－改造－提升：民办高校向应用科技大学转型的演进及意义 [J]. 中国成人教育，2013（12）.

[27] 彭鸿源. 河南民办高校能否冲出围城 [N]. 大河报，2004-12-

18.

[28] 黄河科技学院中长期改革和发展规划纲要（2011－2020）[R]. 黄河科技学院，2010.

[29] 刘德深，马凤鸣. 论应用技术大学的内涵与本科职业教育——以黑龙江东方学院为例 [J]. 继续教育研究，2013（10）.

[30] 王冀生. 大学文化的科学内涵 [J]. 高等教育研究，2005（10）.

[31] 段素菊. 论民办职业院校的组织结构及其特征 [J]. 全国商情·理论研究，2010（12）.

[32] 敬义嘉. 学科和范式：组织理论变迁综述 [J]. 社会，2006（6）.

[33] 焦文峰. 韦伯科层制理论分析 [J]. 齐齐哈尔大学学报（哲学社会科学版），1998（2）.

[34] 周颖洁，张长立. 试析西方组织理论演变的历史逻辑 [J]. 现代管理科学，2007（5）.

[35] 张瑞林，李林，王琼. 麦格雷戈 X-Y 理论及其应用 [J]. 中国工业评论，2015（7）.

[36] 宋冯艳. 组织趋同性分析 [J]. 价值工程，2012（4）.

[37] 曹秀娟，刘卫东. 网络型组织结构的特点 [J]. 中国商论，2011（26）.

[38] 曾艳. 组织结构与企业战略匹配关系研究——以大商集团开发本部为例 [J]. 新财经（理论版），2013（12）.

[39] 唐卫东，程勇，陈祖新，韩培立. 组织设计的系统理论与权变理论的统一 [J]. 合肥工业大学学报（社会科学版），1991（1）.

[40] 王敬，汪克夷. 影响组织结构设计的因素分析 [J]. 商业时代，2006（12）.

[41] 刁爱华. 企业组织结构设计影响因素分析 [J]. 商业经济研究，2009（21）.

[42] 张伟坤. 现代大学制度的构建与完善——组织结构的视角 [J]. 云梦学刊, 2013（2）.

[43] 傅志红. 克拉克关于高等教育系统整合的思想与启示 [J]. 高等农业教育, 2010（10）.

[44] 闵维方. 美国大学崛起的历史进程与管理特点分析 [J]. 山东高等教育, 2015（1）.

[45] 刘蕾, 闫建璋. 分化管理：高校管理方式变革初探 [J]. 当代教育理论与实践, 2013（4）.

[46] 李海萍. 大学学术权力现状研究 [D]. 博士学位论文, 湖南师范大学, 2010.

[47] 王娜. 浅谈学校组织机构的设置与管理 [J]. 天津教育, 2013（23）.

[48] 曾晓东, 孙贵聪. 研究大学类企业行为 提升大学管理的专业化水平 [J]. 比较教育研究, 2002（4）.

[49] 陈洪捷. 什么是洪堡的大学思想 [J]. 中国大学教学, 2003（6）.

[50] 刘宝存. 威斯康星理念与大学的社会服务 [J]. 理工高教研究, 2003（5）.

[51] 匡铭杰. 大学组织结构的去行政化研究——以南方科技大学为例 [J]. 高教与经济, 2012（1）.

[52] 李艳华, 王鑫越. 高校科层制组织结构弊端及其优化 [J]. 学周刊, 2013（3）.

[53] 马丁·特罗. 从精英向大众高等教育转变中的问题 [J]. 外国高等教育资料, 1999（1）.

[54] 韦耀波. 独立学院：开启高等教育大众化的另一扇门 [J]. 广西大学梧州分校学报, 2004（3）.

[55] 金维才. 近代英国城市学院和美国赠地学院发展障碍与对策的

比较 [J]. 安徽师范大学学报（人文社会科学版），1997（4）.

[56] 连进军. 美国高等教育早期发展的特征剖析 [J]. 河北大学学报（哲学社会科学版），2004（4）.

[57] 鲍嵘，刘尧. 政府扶持还是市场竞争——兼评一流大学成长的外部环境 [J]. 北京理工大学学报（社会科学版），2002（1）.

[58] 高桥. 关于高等职业教育招生考试制度改革初探 [J]. 中国高教研究，2007（3）.

[59] 樊继轩. 从古代学宫、书院到近代私立大学的转型 [J]. 中国成人教育，2016（3）.

[60] 樊继轩. 中国先秦时期私立教育综述 [J]. 黄河科技大学学报，2004（4）.

[61] 曾文. 略论中国私学的历史贡献和当今民办高校的发展 [J]. 湖南农业大学学报（社会科学版），2005（5）.

[62] 樊继轩. 从"养士用士"到稷下学宫——兼论先秦时期私立大学形成的过程 [J]. 浙江树人大学学报，2010（2）.

[63] 苗素莲. 中国大学组织特性历史演变研究 [D]. 博士学位论文，华东师范大学，2004.

[64] 廖岳玲. 我国近代私立大学的管理模式研究 [D]. 硕士学位论文，湖南师范大学，2010.

[65] 赵旭明. 我国民办高校的组织结构分析 [J]. 科技创新导报，2008（18）.

[66] 阎凤桥. 从非营利组织特性分析我国民办学校的产权和治理结构 [D]. 北京大学教育经济研究所工作论文，2005.

[67] 徐金安. 民办高校运行机制与管理体制探讨 [J]. 人民论坛，2013（5）.

[68] 何彬生. 转型时期我国民办高等院校发展研究 [D]. 博士学位论

文，武汉理工大学，2007．

[69] 王维坤，张德祥．我国民办高校内部治理结构类型及演变路径 [J]．现代教育管理，2018（1）．

[70] 孟贤军，翟振东．地方新建本科院校向技术应用型大学转型的思考 [J]．陕西教育·高教，2014（12）．

[71] 刘莉莉．民办本科院校的转型与发展 [J]．教育发展研究，2007（18）．

[72] 段丽华，白海雄．创新民办高校内部管理体制路径研究 [J]．宁波大学学报（教育科学版），2012（3）．

[73] 徐立清．我国应用型大学的组织特征与体系设计 [J]．江苏高教，2013（5）．

[74] 北京联合大学发展战略研究课题组．探索应用型大学发展之路 [J]．北京联合大学学报，2006（1）．

[75] 金顶兵，闵维方．论大学组织的分化与整合 [J]．高等教育研究，2004（1）．

[76] 王英杰．大学基础组织结构的构建：传统与创新 [J]．探索与争鸣，2013（6）．

[77] 袁东，李爱民．中国大学组织结构同质化探析 [J]．中国高教研究，2013（7）．

[78] 刘根东．大学组织结构与运行机制 [J]．南通大学学报（社会科学版），2005（3）．

[79] 樊继轩，张锡侯．民办本科高校应用型人才培养模式的构建 [J]．教育与教学研究，2010（4）．

[80] 杜才平，邢晓红，陈昌兴．地方本科院校应用型创新人才培养的课程体系构建 [J]．当代教育科学，2012（21）．

[81] 宋克慧，田圣会，彭庆文．应用型人才的知识、能力、素质结

构及其培养 [J].高等教育研究，2012（7）.

[82] 李德昌，田东平，薛宇红.素质与序秩——基于耗散结构理论的教育学原理探析 [J].系统科学学报，2006（2）.

[83] 樊继轩，贾全明.信息力学视阈下创新人才学习能力数理模型的构建 [J].中国成人教育，2015（5）.

[84] 范健文，吴彤峰.应用型本科人才培养策略研究 [J].高教论坛，2004（5）.

[85] 钱国英，王刚，徐立清.本科应用型人才的特点及其培养体系的构建 [J].中国大学教学，2005（9）.

[86] 李高申.基于WSR方法的本科应用型创新人才培养目标体系研究 [J].黄河科技大学学报，2015（5）.

[87] 郭广生.创新人才培养的内涵、特征、类型及因素 [J].中国高等教育，2011（5）.

[88] 陈丽丽.立足创新本质，促进思维发展——例谈"创新能力培养项目"的设计 [J].教育周刊，2016（18）.

[89] 王威.基于德尔菲法的应用型创新人才内涵特征实证研究 [J].中国成人教育，2017（18）.

[90] 孟庆国.应用技术大学办学现实性与特色分析 [J].职业技术教育，2014（10）.

[91] 董大奎，刘钢.德国应用科技大学办学模式及其启示 [J].教育发展研究，2007（1）.

[92] 付立彬.创新民办高校应用型人才培养模式研究 [J].黄河科技大学学报，2012（2）.

[93] 徐文华.河南省新建本科高校学科建设现状分析及发展建议 [J].南阳师范学院学报（社会科学版），2009（4）.

[94] 陶西平.推动中国民办教育事业的合理转型 [J].教育发展研究，

2005（10）.

[95] 杨瑞龙，周业安. 一个关于企业所有权安排的规范性分析框架及其理论含义——兼评张维迎、周其仁及崔之元的一些观点 [J]. 经济研究，1997（1）.

[96] 苗庆红. 民办高校治理结构的演变研究 [J]. 中国高教研究，2005（9）.

[97] 王维坤，张德祥. 我国民办高校章程文本表达现状研究——基于 105 所民办本科高校章程的文本分析 [J]. 中国高教研究，2017（7）.

[98] 阎凤桥. 中国民办高校内部治理形式及国际比较 [J]. 浙江树人大学学报，2007（5）.

[99] 李福华. 利益相关者理论与大学管理体制创新 [J]. 教育研究，2007（7）.

[100] 刘宗让. 大学战略中利益相关者管理策略研究 [J]. 中国高教研究，2010（2）.

[101] Robert Birnbaum.The end of shared governance：Looking ahead or looking back[J].New Directions for Higher Education，2004，（127）：5-22.

[102] 周朝成. 制度变迁与民办高校组织转型——以浙江树人大学四校联合组建为例 [J]. 教育发展研究，2009（6）.

[103] 郭建如. 陕西民办高校的组织转型——以四所民办本科高校为例 [J]. 高等教育研究，2007（9）.

[104] 吴开俊. 公立高校"转制"问题研究文献综述 [J]. 教育发展研究，2006（3）.

[105] 闫丽雯. 优化与新发展格局相适应的高等教育结构——基于对民办高等教育结构的分析 [J]. 中国高教研究，2021（6）.

[106] 饶丽娟. 比较视野下应用技术大学内涵与规定性的分析 [J]. 齐

齐哈尔大学学报（哲学社会科学版），2018（1）.

[107] 郭建如. 社会学组织分析中的新老制度主义与教育研究[J]. 北京大学教育评论，2007（1）.

[108] 阙明坤，武婧，李东泽. 本科职业技术大学的兴起背景、国际经验及人才培养机理[J]. 教育与职业，2019（20）.

[109] 周钢，张凯. 德国应用技术大学的发展历程研究[J]. 山西科技，2019（3）.

[110] 贺新. 中原经济区建设的教育支撑之人才培养篇[N]. 河南日报，2012-5-30（10）.

后　　记

本书是教育部人文社会科学研究规划基金项目（12YJA880021）"基于大学组织结构理论的民办高校转型发展研究"成果、河南省高校哲学社会科学智库研究项目（2021-ZKYJ-09）"新中国70年河南教育的政策演变及发展走向研究"成果。两个课题的主持人胡大白（2021-ZKYJ-09）、樊继轩（12YJA880021）设计了本书的总体框架、思路、目录，并完成了本书大部分内容的撰写工作。其中，贾全明老师撰写了本书的第六章；河南大学历史文化学院樊宇卓同学修改和绘制了书稿中大部分的图表。全书最后由胡大白、樊继轩作整体的补充、删改和统稿。

改革开放以来，波澜壮阔的中国民办高等教育的发展为本书写作提供了丰富的文献资料。作为教育部批准的全国第一所民办本科高校的开创者和在职员工，回顾民办高等教育创业的艰辛和四十多年风雨坎坷的发展历程，让人不胜感慨，久久不能忘怀。本书的写作正是在国内外专家、学者、民办高等教育战线的教职员工的民办高等教育实践和理论研究工作的基础之上进行的。书中所列参考文献参考、吸收、借鉴了其他学者、专家的研究成果及观点，这些专家和学者的成果及观点在本书的撰写中发挥了有效的启迪作用。在本书写作过程中，作者在和国内民办教育界的专家、学者的相互来往和交流中受益匪浅，例如，原民进中央副主席、原中国民办教育协会会长王佐书教授，中国教育学会会长、博士生导师、原北京师范大学校长钟秉林教授,浙江大学民办教育研究中心主任吴华教授,北京大学教育学院郭建如教授,陕西教育厅巡视员李维民教授,博士生导师、原浙江树人大学校长徐绪卿教授,上海教育科学研究院民办教育研究所所长董圣足博士,苏州大学东吴智库(江苏省重点培育智库)研究员和教育学院教授、博士生导师、民办教育研究中心主任王一涛博士,无锡太湖学院副校长、浙江大学国家制度研究院特约研究员、国家高端智库浙江大学教育学院分中心执行主任阙明坤博士,黄河科技学院民办教育研究院王道勋副教授等,他们对中国民办教育博大精深的深邃见解启迪了本书的思路和撰写,深化了本书的理论深度。国内众多民办高校如黄河科技学院等的办学实践经验与理论探索为本书提供了大量翔实的数据和素材。在此,我们对以上诸多专家、学者和同仁一并表示最诚挚的谢意。

  非常感谢河南大学出版社有关领导和编辑,他们对本书的出版做了大量的工作。尤其是河南大学出版社的阮林要副编审、薛建立编辑,对本书提出了重要的修改建议,在目前学术著作出版无利可图、相对冷落的环境下,促成了本书的如期出版。

  由于作者才疏学浅,虽然本书从课题立项到构思、撰写,数易其稿,力求书中尽量少犯语法、病句、错别字的错误,但直到本书的定稿和印刷、出版,总感到还会有一些讹误和不完善的地方,不过能看到自己亲手劳动结出的成果,内心还是感到喜悦和欣慰的。学术专著的写作也许永远就是一件带有遗憾的工作,因此,由衷地希望和欢迎各位专家、学者和同仁批评指正。

作 者
2024 年 3 月 30 日